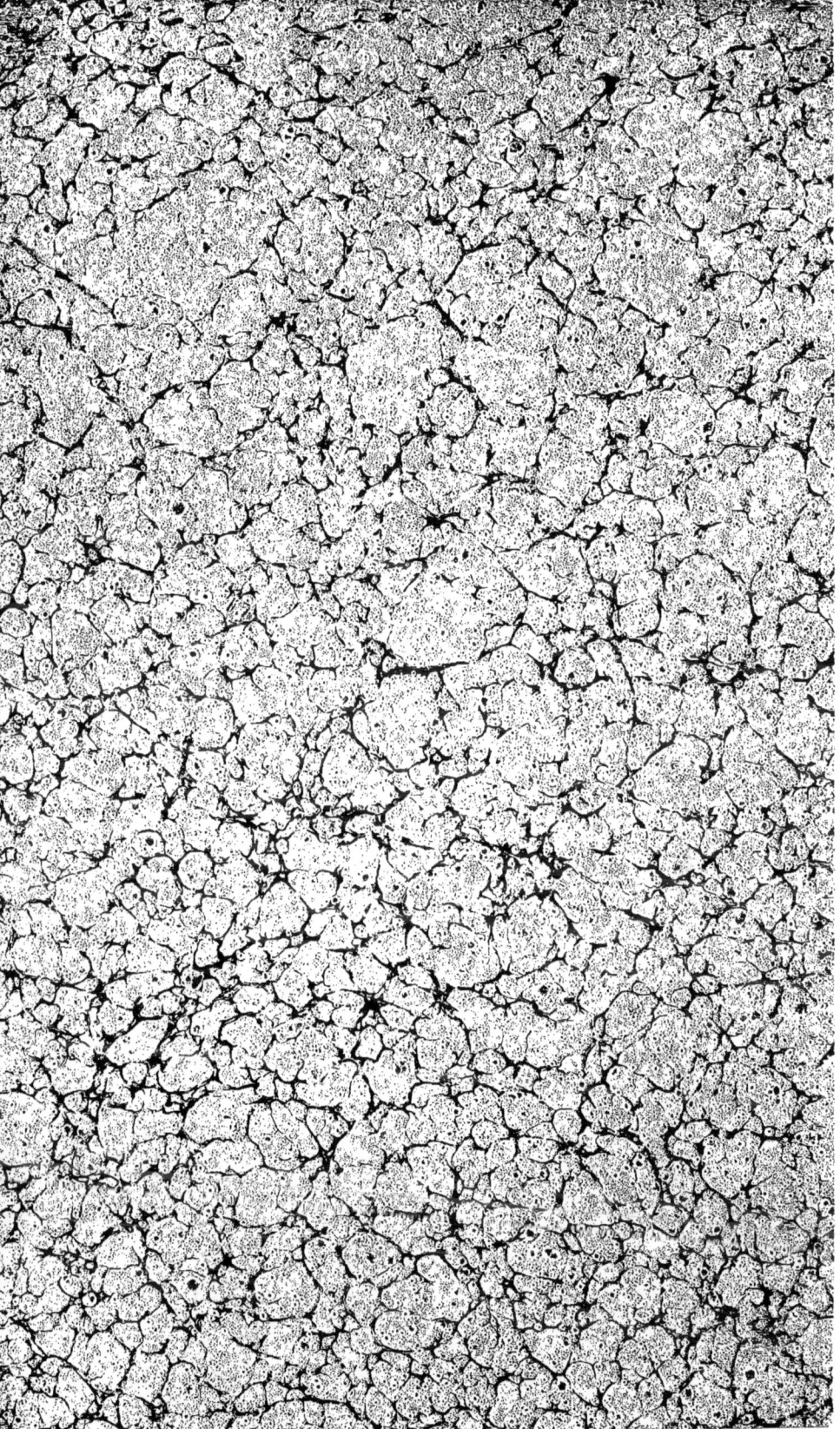

ŒUVRES POSTHUMES

DE

NAPOLÉON III

ŒUVRES POSTHUMES

ET AUTOGRAPHES INÉDITS

DE

NAPOLÉON III

EN EXIL

RECUEILLIS ET COORDONNÉS

PAR

LE COMTE DE LA CHAPELLE

<small>Collaborateur des derniers travaux de l'Empereur à Chislehurst</small>

HISTOIRE ET PLAN DE LA CAMPAGNE DE 1870
PRINCIPES POLITIQUES. — TRAVAUX SCIENTIFIQUES. — MANUSCRITS,
LETTRES AUTOGRAPHIÉES.

ANNOTATIONS DE LA MAIN DE S. M. L'EMPEREUR

PARIS
E. LACHAUD, ÉDITEUR
4, PLACE DU THÉATRE-FRANÇAIS, 4.

1873

Tous droits réservés.

TABLE DES MATIÈRES

	Pages
Avant-propos.	VII
Portrait de Napoléon III.	IX
Lettre autographe à M. Rouher.	XI
La Réception.	1
L'Empereur et les principes.	5
Les principes, par un ancien diplomate	8
Autographe de Napoléon.	16
La Guerre de 1870.	21
Arrivée de l'Empereur à Metz.	23
Annotations de l'Empereur . . . . . 24, 25, 28, 40, 41, 42, 43, 46, 48, 49, 54, 56, 57, 59, 66, 69, 72, 77, 79, 81, 83, 93, 95, 96, 97, 101, 104.	
Les armées prussiennes.	34
A Metz.	46
L'armée de Bazaine rejetée sur Metz.	66
Engagement de Beaumont. — Bataille de Sedan	77
Capitulation de Sedan.	93
Dernières remarques.	105
Le Livre de l'Empereur. — Plan de campagne	113
Trois autographes.	116
Avant-propos.	117
Les forces militaires de la France.	119

	Pages
Note sur la situation de l'armée en 1866	125
Projet de l'Empereur	146
Composition des armées	147
Loi militaire en 1868	193
Projet d'organisation de l'armée du Rhin	201
Début de la Campagne de 1870	211
Réunion au camp de Châlons	223
Réflexions	249
Autographe	252
Les amis de la dernière heure	255
Autographe	256
Autographe	258
Trois autographes	264
Travaux scientifiques. — Derniers jours	265
SURSUM CORDA!	271

AVANT-PROPOS

Ne prenant conseil que de ma conscience, anxieux de remplir un devoir, je viens publier les principaux ouvrages de l'Empereur en exil; mon but est de démontrer par preuves authenthiques que les calomniateurs de Napoléon III ont à plaisir dénaturé la vérité en tout et sur tout, et que l'Empereur n'aurait eu qu'à parler pour repousser victorieusement les attaques auxquelles il était en butte.

En coordonnant divers documents qui m'ont été remis par l'Empereur avec mission de les faire paraître un jour, j'ai dû faire le choix de ceux qui étaient destinés à une publication immédiate; mais à l'examen de chaque nouvelle pièce je me suis demandé : L'Empereur aurait-il trouvé le moment opportun pour la rendre publique ? et chaque fois que j'ai trouvé la négative, ou qu'il y a eu du doute, je me suis abstenu.

Il en a été de même pour bien des conversations importantes, pour nombre de notes et appréciations dont le secret ne m'appartient pas et qui ne seraient appelées à voir le jour qu'au cas où il deviendrait nécessaire de faire connaître les culpabilités et de prouver la duplicité dont l'Empereur fut victime.

Cet ouvrage ne contient donc aucune de ces révélations, mais il renferme des faits importants pour l'histoire de France, et des manuscrits d'une grande valeur, puisqu'ils émanent directement de l'Empereur Napoléon III.

J'ai divisé mon recueil en deux parties. Je reproduis dans la première une brochure politique et des annotations sur certains événements de la dernière guerre ; dans la seconde je donne en entier le livre inédit de l'Empereur sur l'état militaire de la France et le plan, jusqu'ici inconnu, de la campagne de 1870.

Cinquante-cinq lettres ou annotations de la main de l'Empereur, autographiées avec soin sur les originaux en ma possession, sont insérées dans cet ouvrage comme preuves à l'appui de l'authenticité des manuscrits qui m'ont été remis par sa Majesté Napoléon III.

Enfin j'esquisse en quelques lignes les principaux incidents de la vie à Chislehurst de l'illustre Souverain dont les aspirations, dont les actes eurent toujours pour mobile, en exil comme sur le trône, le bonheur et la grandeur de la France.

Cte Alfred de La Chapelle.

Londres, avril 1873.

Chislehurst le 12 J. 1871

Mon cher Monsieur Boucher
Je vous écris pour vous faire
faire la connaissance de Mr
de la Chapelle, littérateur
distingué qui a publié un récit
très bon fait de la campagne
de 1870 et qui m'a donné
des preuves de dévouement
dont je suis fort touché.

Recevez la nouvelle
assurance de mes
sentiments pour vous
                    Napoléon

LA RÉCEPTION

Tout le monde a écrit; quant à moi, j'ai voulu attendre dans le recueillement que ma douleur fût calmée et que mon esprit, retrempé dans les souvenirs précieux de deux années d'intimité, me permît de retracer froidement les incidents qui marquèrent les derniers jours de l'illustre exilé.

Après une absence de dix-huit ans de mon pays, je fus appelé par un concours de circonstances, qu'il serait inutile d'expliquer ici, à être le témoin oculaire du grand drame qui changea si brusquement les destinées de la France; je suivis pas à pas les événements, j'assistai à nos principaux désastres, et malgré le désespoir bien légitime que je ressentis en voyant les revers de mon pays, je fus un des quelques hommes qui, à l'heure suprême du malheur, osèrent prendre ouvertement le parti de l'Empereur Napoléon III.

Inconnu, étranger à toutes les faveurs, attaché à un grand journal anglais, je n'avais d'autre mobile pour diriger ma plume qu'un sens de justice puisé à cette indépendance qu'on acquiert dans les longs voyages, au contact des peuples libres parmi lesquels on a vécu.

Ce fut donc, presque à mon insu et poussé par ma conscience, que dans les jours d'épreuve je devins courtisan du malheur, moi qui n'avais jamais aspiré à un honneur quelconque.

Ma récompense a été grande, et mon dévouement désintéressé a été mille fois trop payé par l'honneur immense d'avoir été l'ami en exil du plus grand prince des temps modernes.

Metz, Sedan, Wilhelmshoe avaient vu tour à tour se dérouler le triste panorama, et le Souverain était arrivé à la dernière étape : l'exil avait remplacé la prison. J'allais retrouver à Chislehurst celui que j'avais perdu de vue à Sedan au moment même où sa grande figure disparaissait au milieu de la mitraille et des obus.

Le 28 mars 1871 je me rendis à Camden Place auprès de l'Empereur Napoléon III, qui était arrivé depuis six jours en Angleterre. Je fus reçu à midi.

L'Empereur et l'Impératrice se trouvaient seuls dans un petit salon ; ils me saluèrent affectueusement et m'invitèrent à m'asseoir, l'Empereur m'indiquant lui-même un siége sur lequel je serais plus confortablement que sur celui que j'avais choisi.

L'Empereur avait physiquement beaucoup changé ; il paraissait vieilli de dix ans. La douleur morale, les chagrins qu'il éprouvait se réflétaient sur sa physionomie d'ordinaire si impassible ; cependant les efforts qu'il faisait pour les surmonter, son calme habituel aurait pu facilement donner le change à un observateur vulgaire.

— J'ai des compliments à vous faire, me dit Sa Majesté, sur le livre que vous avez écrit sur la guerre. J'ai été frappé de son impartialité ; il est fort intéressant, mais il contient quelques erreurs que je tiens à vous signaler.

Après m'avoir désigné plusieurs points sur lesquels mes renseignements manquaient d'exactidude, nous abordâmes l'événement plus important — la catastrophe de Sedan :

— Vous paraissez ignorer, me dit Sa Majesté, que la nomination du général de Wimpffen ait été faite à mon insu et d'après les ordres émanant directement du général de Palikao, ministre de la guerre; nul ne fut plus étonné que moi en apprenant que Wimpffen, arrivé au quartier général depuis vingt-quatre heures, venait d'exhiber, au moment où le maréchal Mac-Mahon était grièvement blessé, des ordres positifs du ministre, lui enjoignant de prendre le commandement en chef, au cas où le duc de Magenta serait prisonnier ou blessé. Je me trouvai impuissant à diriger les événements, et pendant la bataille les généraux vinrent, les uns après les autres, m'annoncer qu'il n'y avait plus d'autre alternative que de capituler. Wimpffen, Lebrun, Ducrot, etc., me déclarèrent que c'était le seul parti à prendre, et qu'ils allaient agir en conséquence. Quant à moi, j'étais résolu à me sacrifier pour essayer de sauver l'armée et la France.

— Mais le plus grand malheur, Sire, répondis-je à l'Empereur, me semble avoir été de vous être dessaisi du commandement et de vous être placé dans une situation où, tout en assumant la responsabilité morale, vous aviez renoncé à toute autorité.

L'Empereur ne répondit pas à cette question ; il secoua légèrement la tête et laissa la parole à l'Impératrice, qui me dit :

— L'Empereur a, en effet, été plongé dans la triste position d'assister aux événements sans avoir eu la moindre influence pour en diriger le cours. Vous le verrez, du reste, car Sa Majesté a annoté votre livre de sa propre main et à votre intention.

Je reçus, en effet, à quelques jours de là, le volume que je reproduis plus loin, devenu si précieux par les remarques diverses écrites en marge de la main de l'Empereur.

L'Impératrice me questionna longuement sur les armées de la défense nationale, et, montrant un patriotisme au-dessus de toute préoccupation politique, elle trouva des paroles indulgentes pour ceux qui l'avaient trahie, qui l'avaient abandonnée, et exprima clairement qu'elle aurait tout oublié, qu'elle aurait pardonné à ses ennemis, s'ils avaient su sauver la France.

Une longue conversation sur mes voyages et mes aventures en Amérique et en Australie; des détails multiples sur ces pays lointains suivirent ces premières explications; je parlai de la presse anglaise, de notre manière de procéder en suivant les armées, en quête de nouvelles, et enfin je quittai l'Empereur et l'Impératrice en les remerciant de leur bienveillance à mon égard, et en leur donnant l'assurance de mon dévouement sur la terre d'exil.

De semaine en semaine je renouvelai mes visites, et de plus en plus fasciné par la merveilleuse attraction qui attirait vers Napoléon III, je suivis le courant, et me trouvai bientôt sous l'influence de ce vaste génie. Mon admiration n'eut plus de bornes ; je demandai à servir le souverain détrôné. Je fus accepté, et je devins passionnément dévoué à sa cause.

L'injustice de mes compatriotes envers celui qui avait tant fait pour eux, la sympathie pour de grandes infortunes, l'espoir d'être utile à mon pays furent les mobiles qui me firent agir.

Je m'attachai sincèrement à l'Empereur, et il le comprit sans doute, car il m'éleva bientôt à la hauteur d'une intimité qui s'accrut jusqu'à ses derniers jours. C'est à ce titre que je viens reproduire quelques incidents de la vie en exil de ce grand monarque et ceux de ses travaux auxquels j'ai contribué et qu'il destinait à la publicité.

L'EMPEREUR ET LES PRINCIPES

Napoléon III était certainement un des hommes les plus remarquables qui aient jamais existé. Tous ses actes le prouvent, et sa vie, qui appartient désormais à l'histoire impartiale, ne tardera pas à se développer dans toute sa vérité et à donner jour à des appréciations qui ont échappé à ses plus intimes, à ses plus proches.

C'était un grand philosophe, un grand penseur, qui aimait à méditer dans le silence les idées qui jaillissaient de son puissant cerveau, pour les laisser éclater lorsqu'il pensait que l'heure était venue, mais jusque-là il s'enveloppait de mutisme et à la moindre question il se repliait sur lui-même.

Il connaissait tout, il savait tout, et pourtant il écoutait patiemment les théories les plus absurdes, les raisonnements les plus hasardés; puis tout à coup, en trois ou quatre paroles, il démontrait à son interlocuteur la fausseté de ses arguments et signalait l'erreur; mais la forme était si courtoise, l'accent de la voix si plein de bonté, que l'autorité du maître disparaissait sous une extrême bienveillance.

Très-réservé avec les gens qu'il ne connaissait pas, l'Empereur se livrait facilement dans l'intimité, et dans sa franchise il ne cachait pas ses impressions; s'il tenait à quelqu'un, il lui donnait des conseils et le mettait en garde contre les écueils où il pouvait échouer.

Il était extrêmement bon, généreux à l'excès, et n'oubliait jamais ceux qui l'avaient aimé ; il adorait son fils, aimait tendrement l'Impératrice, et lorsque ces gracieuses figures faisaient leur apparition dans son cabinet de travail, la physionomie du père ou de l'époux s'illuminait d'un sourire ineffable de tendresse et d'affection.

Je n'oublierai jamais l'accueil bienveillant qu'il me faisait chaque fois que je l'approchais et les remercîments multiples qu'il me prodiguait pour de petits services sans conséquence. Je n'oublierai jamais la facilité avec laquelle il excusait et pardonnait les erreurs. Cependant il était ferme, et une atteinte sérieuse à l'honneur, à certains principes, l'aurait trouvé inexorable.

L'Empereur m'avait habitué à lui parler librement, et dans mes relations presque journalières j'abordais tous les sujets ; m'égarant quelquefois dans les hautes sphères de la politique j'obtenais du Souverain des idées précises, des éclaircissements d'une haute valeur.

Le plus souvent j'étais reçu par l'Empereur dès neuf heures du matin, dans un cabinet de travail attenant à sa chambre à coucher.

Cette pièce était si petite qu'il eût suffi de deux ou trois visiteurs pour la remplir ; elle recevait le jour par une grande croisée donnant sur les prairies de Camden Place et sur le charmant paysage borné par le parc.

Une petite bibliothèque, une panoplie d'armes à feu, deux chaises, un fauteuil et un petit bureau en bois blanc en composaient l'ameublement plus que modeste.

Un portrait en miniature de l'Impératrice, un autre du Prince impérial et une petite pendule de voyage étaient les seuls ornements placés sur le bureau, où des papiers divers, travaux de chaque jour, étaient rangés avec ordre.

Mes visites étaient généralement courtes, même lorsque j'avais à travailler ; mais dans les quelques instants passés auprès de l'Empereur mon esprit était approvisionné de notes, de documents merveilleux que je n'avais plus qu'à développer.

— Tenez, me dit-il un jour, écrivez une brochure sur l'abandon des principes, source première de tous les malheurs qui frappent l'Europe ; car ce sont les principes qui maintiennent les sociétés dans leur état normal et les gouvernements dans le droit chemin. Voici quelques notes à ce sujet.

Quelques jours après je faisais paraître un petit essai (*Les Principes, par un ancien diplomate*) ; c'était peu de temps après les événements de la Commune, et le travail fut à peine connu. On était loin de se douter, il est vrai, qu'il émanait de Napoléon III.

Je ne fis que peu de changements au manuscrit que l'Empereur m'avait remis, et les idées, les pensées que la brochure contient sont écrites de la main de Sa Majesté.

LES PRINCIPES

PAR UN ANCIEN DIPLOMATE

(MANUSCRIT DE L'EMPEREUR.)

La France et une partie de l'Europe sont en proie à une maladie qui a sa source première dans l'abandon des principes.

On disait depuis quelques années que les traités solennellement signés ne lient plus les diverses puissances que dans leurs rapports entre elles : le droit, la justice, les convenances même, sont mises de côté. Dans chaque pays les individus montrent dans leurs rapports entre eux le même cynisme. L'esprit de parti a tué la morale, la Révolution a anéanti le droit. Le bien et le mal ne se jugent plus d'après la conscience, mais d'après l'intérêt politique.

Aussi, que voyons-nous ? L'athéisme religieux, le manque de foi politique, le scepticisme moral. A qui la faute ? Au Gouvernement d'abord, à l'indifférence et à la lâcheté des citoyens ensuite.

Lorsque, en 1792, la France renversa Louis XVI, les souverains de l'Europe maintinrent avec raison le principe de la légitimité et ne reconnurent pas le droit au peuple français de détrôner leur roi.

Ils luttèrent douze années pour défendre la cause des Bourbons, qui était leur propre cause, et quand enfin, vaincus par la force des armes et la résistance du peuple français, ils furent contraints (l'Angleterre exceptée) de reconnaître la nouvelle dynastie de Napoléon Ier, ils comprirent que cette reconnaissance, venant après tant d'efforts infructueux, tant d'événements extraordinaires, ne pouvait être l'abandon d'un principe, mais la sanction d'un de ces grands faits historiques qui se manifestent à des intervalles de plusieurs siècles, comme l'avénement des Carlovingiens remplaçant les Mérovingiens, comme les Capétiens remplaçant ces derniers, comme la maison de Hanovre remplaçant celle des Stuarts.

Une exception basée sur des événements aussi extraordinaires que ceux qui ont illustré la fin du dix-huitième siècle et le commencement du dix-neuvième ne pouvait point faire règle, ni fournir d'exemple dangereux. Aussi la dynastie des Napoléon une fois reconnue et admise dans la famille des souverains pendant dix ans, il fallait la maintenir; car en la renversant en 1814 et en 1815, non-seulement on rouvrait l'ère des révolutions, mais on abattait, au lieu de le relever, le caractère royal. C'était dire au peuple que la royauté était une fonction comme une autre, dont on pouvait être privé sans ménagement, et que l'homme devant lequel on s'était incliné si longtemps, l'homme qui était l'oint du Seigneur, pouvait être destitué comme un simple mortel.

Lorsque l'Europe coalisée détrôna Napoléon Ier, elle prépara donc de nouveaux dangers pour l'avenir et porta un coup fatal aux droits reconnus : aussi le châtiment ne se fit point attendre, et 1830 vint renverser l'édifice que les souverains avaient établi en 1815.

Émus de l'exemple qu'ils avaient sous les yeux, ces mêmes souverains changèrent tout à coup de conduite, et tous, hors l'empereur Nicolas, se décidèrent à reconnaitre dans l'avenir tout gouvernement de fait, quelle que fût son origine, son droit, sa moralité.

Nous ne prétendons pas que pour maintenir le principe

d'autorité l'Europe eût dû faire encore la guerre à la France pour la forcer à conserver la légitimité ; mais elle aurait dû montrer plus de pudeur, et au lieu de se jeter dans les bras d'un gouvernement issu d'une insurrection, et qui n'avait même pas pour lui le droit populaire de l'élection, elle aurait dû attendre, pour reconnaître le gouvernement de Louis-Philippe, que celui-ci, ayant acquis une certaine durée, eût pu être considéré comme ayant reçu tacitement l'acquiescement du peuple français. Car si on admettait ce principe de révolution, la logique exigerait que le nouveau gouvernement reçût son autorité de ce même peuple, ayant seul qualité pour conférer d'une manière légale les droits d'autorité suprême. En dehors de ces droits, il ne pouvait y avoir qu'usurpation.

Mais c'est surtout après le 4 Septembre que les cours de l'Europe ont montré une défaillance et un cynisme révoltant; elles ont non-seulement abdiqué leurs principes, mais elles ont oublié leurs devoirs envers la civilisation et amené les excès de cette démagogie qui tend à s'étendre sur tous les pays du monde.

C'est en laissant fouler aux pieds les droits d'un allié fidèle, c'est en sacrifiant les traités gagnés au prix du meilleur de son sang, que l'Angleterre, ce même pays qui fut l'âme de la coalition européenne pour un principe, a systématiquement laissé échapper les occasions de revendiquer son influence et de soutenir le droit. Du reste, les autres grandes puissances ont suivi cette politique d'égoïsme si dangereuse, si pleine d'écueils pour l'avenir.

Il y avait en France au 4 Septembre un gouvernement issu, non d'une insurrection, mais de la libre volonté de la nation ; dans quatre circonstances solennelles le peuple français avait exprimé cette volonté suprême ; toutes les puissances de l'Europe avaient non-seulement reconnu ce gouvernement, mais elles s'étaient montrées heureuses de conserver les relations intimes qu'il avait entretenues avec elles.

Il y avait trois ans à peine que presque tous les souverains étaient venus à Paris saluer le chef de la nation. Ce fut une fête splendide, un hommage solennel rendu à la puissance de l'héritier de Napoléon Ier, une consécration des droits de sa dynastie, et lorsqu'une poignée de factieux, enhardis par la trahison des principaux chefs militaires, renversa ce gouvernement, qui était bien plus occupé de la défense du pays que de sa propre existence, on assista à un spectacle extraordinaire et douloureux.

On vit toutes les puissances de l'Europe conserver à Paris les mêmes ambassadeurs, les mêmes ministres, et prodiguer d'un jour à l'autre aux insurgés les protestations d'amitié qu'ils donnaient la veille au gouvernement légitime.

Elles sanctionnaient ainsi moralement les actes illégaux de chefs de parti arrivés au pouvoir par surprise et grâce à la défection du général Trochu et d'une minorité de la Chambre.

Elles assistaient froidement à la désorganisation de l'administration française et à cette propagande subversive qui devait forcément amener la guerre civile dans toute sa barbarie, et la destruction des monuments de la capitale des arts et de la civilisation.

On vit le cabinet anglais, répudiant tous les souvenirs d'une alliance intime, donner l'ordre à son représentant de ne point accompagner l'Impératrice régente si elle portait le siége du gouvernement hors de Paris (1), et

---

(1) Dans le cas où Sa Majesté l'Impératrice déciderait de se retirer de Paris, en vue de maintenir le gouvernement impérial, même avec l'ombre d'un pouvoir, vous n'accompagnerez dans aucune circonstance Sa Majesté ; mais vous ferez tout ce qui est en votre pouvoir pour contribuer à sa sûreté et à son confort, si toutefois vous êtes appelé à donner vos conseils ou votre appui.

(Signé) GRANVILLE.

(*Dépêche de lord Granville à lord Lyons, à Paris* 5 *septembre.* 1870. — *Blue Book,* n° 71.)

cependant ce même cabinet, quelques semaines plus tard, enjoignait à son ambassadeur de suivre servilement à Tours MM. Gambetta, Crémieux et compagnie.

Nous ne chercherons pas à approfondir ici quels purent être les motifs qui influencèrent le gouvernement anglais et qui le portèrent à commettre un acte inqualifiable envers son allié le plus fidèle et le plus aimé de la nation britannique ; mais il est certain que cette politique servit puissamment les projets de la Prusse, qui trouva dans l'anarchie gouvernementale inaugurée en France par les hommes du 4 Septembre une alliance formidable dont elle recueillit les fruits. Il n'est que trop prouvé aujourd'hui que la révolution nous perdit et que le régime impérial aurait maintenu l'ordre, créé une résistance sérieuse et rendu impossibles des événements qui effacèrent par leurs désastreux résultats tous les premiers revers de la campagne et plongèrent la France dans l'abîme où elle se débattit, abandonnée à elle-même, et privée de ce chef suprême qui seul pouvait la sauver de l'anarchie.

Comment veut-on que les simples citoyens maintiennent intacte la religion du devoir, quand les puissances de l'Europe les foulent aux pieds et traitent de la même manière, en employant les mêmes expressions et les mêmes intermédiaires, les représentants légitimes d'un pouvoir incontesté et les représentants improvisés des insurrections de carrefour ?

Les souverains, en montrant que le succès justifie tout, ont appris aux peuples à accepter les mêmes principes dissolvants. Le 4 Septembre, les députés qui ont prêté serment à Napoléon III, s'emparent de l'Hôtel de Ville, et, en face de l'ennemi qui s'avance, renversent toutes les autorités existantes ; ils se nomment eux-mêmes membres du gouvernement qu'ils improvisent ; le général nommé par l'Empereur gouverneur de Paris devient président du gouvernement de la Défense nationale, et le pays suit l'exemple des gouvernements étrangers : il ne demande pas compte à ces usurpateurs de quel droit ils vont commander à la nation. On se soumet, on obéit, tout contrôle est mis de côté. Plus d'Assemblée librement élue. Plus de Conseil d'État, plus de Cour des comptes, plus de Conseils généraux. Les trésors du pays sont gaspillés, le sang répandu en pure perte. On donne à des généraux improvisés l'organisation des armées à forfait : Voici tant de millions, leur dit-on, levez, habillez, équipez une armée comme vous le pourrez. L'État était sans garantie ; aussi les armées restèrent sans solde, sans nourriture, sans armes. Tous les hommes tarés furent placés dans l'armée ou dans les fonctions publiques.

Les assassins des pompiers de La Villette, condamnés à mort, furent mis en liberté et placés dans la garde nationale. Le meurtrier Mégy, retiré du bagne de Toulon, reçut le commandement d'un bataillon ; des repris de justice, au nombre de 20,000, furent enrôlés dans la garde nationale. Tous les officiers qui avaient été chassés de leurs corps furent replacés dans les rangs de l'armée. C'est ainsi qu'on apprend à un pays que la révolution vous relève de toutes les infamies, et que, pourvu qu'on se dise républicain, on a pu être voleur, assassin, traître, on est considéré comme un honnête homme.

Les magnifiques ressources dont la France dispose furent gaspillées par les ambitieux et les incapables ; des décrets multipliés sans cesse et des plans insensés furent lancés sur les lignes télégraphiques ; la nation haletante fut plongée dans des illusions funestes, et nos braves volontaires se trouvèrent sans armes et sans équipements devant la mitraille ennemie qui décimait leurs rangs.

Les tribuns spéculèrent effrontément sur le patriotisme des Français, ils ne craignirent pas de rappeler les grandes époques de nos gloires militaires ; ils prétendirent personnifier les héros d'autrefois ; mais tous leurs actes furent empreints d'égoïsme, de préoccupations personnelles et leurs vulgaires esprits s'égarèrent sous l'influence des grandeurs.

Quelle preuve plus flagrante du relâchement des mœurs politiques que l'indifférence montrée à l'égard de la trahison du général Trochu ? Voilà un militaire qui a prêté serment à l'Empereur, qui reçoit de lui dans un moment suprême la plus grande marque de confiance. Il est nommé commandant supérieur de toutes les forces réunies dans la capitale, il doit veiller sur les jours de l'Impératrice, et cet homme qui, le 4 au matin, promet à la Régente qu'on passera sur son corps avant d'arriver jusqu'à elle, laisse envahir le Corps législatif et les Tuileries, et quelques heures sont à peine écoulées depuis sa solennelle protestation, qu'il usurpe le pouvoir et se déclare président du Gouvernement de la Défense nationale.

Jamais trahison plus noire, plus flagrante, plus impardonnable n'a été consommée, car elle s'est produite vis-à-vis d'une femme et en présence de l'invasion étrangère, et cet homme qu'il faut appeler traître, parce que c'est son nom, semble jouir malgré cela de l'estime générale. Il est nommé dans plusieurs départements à l'Assemblée nationale par des électeurs ignorants. On ne rougit pas de lui donner la main et on le nomme président de commissions qui doivent statuer sur des points d'honneur.

Ce fait ne montre-t-il pas, jusqu'à l'évidence, que nous avons perdu le sens moral ? Quel contraste avec ce qui se passait au seizième siècle !

Lorsque le connétable de Bourbon, qui avait trahi François Ier, alla en Espagne, Charles V obligea un des seigneurs de la cour, le marquis de Villena, de loger le connétable. Le marquis obéit, mais lorsque son hôte se fut éloigné, il brûla son propre palais, déclarant qu'il ne voulait plus conserver une maison qui avait abrité un traître... Nous doutons fort que le propriétaire de la maison qu'habite le général Trochu imite cet exemple chevaleresque.

Nous devons aux hommes du 4 Septembre l'extinction du sens moral; en assumant le pouvoir dont ils s'étaient emparés dans un de ces moments suprêmes où l'intérêt du pays devait tenir les Français plus unis que jamais devant l'invasion, et lorsque nous avions le plus besoin de conserver le gouvernement établi, le rouage administratif, ils levèrent à leur profit l'étendard de la révolte, pervertirent la société, et préparèrent une série de désastres sans parallèle dans les annales de la France.

C'était ainsi qu'en assumant le titre trompeur de Gouvernement de la Défense nationale, ils agitèrent les esprits, ils endormirent les instincts du droit et surprirent la bonne foi de la nation. Leur programme était brillant : il s'inspirait des souvenirs glorieux de la Convention, du Consulat et de l'Empire; la gloire, si chère au pays, miroita à l'horizon, et la France entière oublia ses devoirs envers son souverain pour se soumettre aux usurpateurs qui lui promettaient de chasser l'étranger et de venger les premières défaites dans le sang de l'envahisseur.

Mais l'oligarchie fatale n'ignorait pas son impuissance : elle gaspillait les trésors; elle répandait le sang à profusion, dans le seul but de satisfaire les ambitions présomptueuses et de se cramponner au pouvoir sur les ruines de la France.

Ses défaites, en guerre comme en politique, ne manquèrent pas de plonger la nation dans un état de torpeur et d'indifférence qui devait tout lui faire supporter; car après l'avoir illusionnée, lui avoir montré un avenir de gloire et de prospérité, les tribuns purent impunément l'amoindrir, la souiller, lui faire subir toutes les afflictions.

Le scepticisme, en religion comme en politique, avait gagné du terrain, et sous le poids des malheurs de la patrie et des infortunes privées, le peuple se trouva égaré, démoralisé et prêt à mettre en pratique les théories prêchées dans le seul but de renverser le gouvernement établi. De là aux excès de la Commune il n'y avait qu'un pas, qui devait être inévitablement franchi.

Dans les grandes comme dans les petites choses, les hommes du 4 Septembre ont ignoré tous les vrais principes : on peut en voir un exemple dans ce fait d'avoir remplacé le nom de la rue du Dix-Décembre par celui du Quatre-Septembre; car la première désignation rappelait l'exercice régulier, légitime, du suffrage universel : l'élection de Louis-Napoléon à la présidence de la République, malgré l'opposition du gouvernement d'alors, fut l'acte le plus libre de la souveraineté nationale, tandis que le 4 Septembre rappelle la violation la plus flagrante de la légalité et de la justice.

On avait souvent proposé à Napoléon III de rappeler par un monument le souvenir du 2 décembre, et quoique le coup d'État eût été légitimé par près de huit millions de suffrages, l'Empereur se refusa toujours à célébrer une action qui, quoique nécessaire à ses yeux, n'en était pas moins la violation du droit. Les républicains n'ont pas été aussi scrupuleux; aussi tout ce qui se passe aujourd'hui pèche par la base, on ne distingue plus ce qui est bien de ce qui est mal, on cherche vainement où est le droit, et ceux qui défendent la société sont aussi coupables que ceux qui l'attaquent.

Après la révolution du 4 Septembre, le devoir de tout homme consciencieux était tracé par les précédents de nos troubles politiques. Depuis la constitution de 1793, tous les changements opérés par un mouvement populaire ont été légitimés par un verdict de la nation; mais le gouver-

Camden Place,
Chislehurst.

L'Empereur a laissé aux monuments historiques, comme à Versailles, par exemple les armes et les emblèmes de la maison de Bourbon. Les places publiques, ont comme les statues de Louis XIV et de Henri IV. Les successeurs eux reçpelans les règnes précédents n'ont pas été changés.

Bien plus, il existait un pont sur pas de un fer dans la cité à Paris qui se nommait pont Louis Philippe. L'Empereur l'a remplacé par un superbe pont en pierre. Il était juste de lui donner un nouveau nom. Eh bien l'Emp. a voulu que ce nouveau pont conservât le nom de Pont Louis Philippe 1er.

nement du 4 Septembre a cru pouvoir s'affranchir de cette obligation.

Les chefs de l'Émeute inaugurèrent leur entrée au pouvoir en remplaçant tous les principes de la légalité par des actes arbitraires, en déchaînant toutes les haines, toutes les passions de la populace contre le gouvernement qu'ils venaient de renverser, en dénaturant la vérité des faits et en faisant tourner au profit de leur ambition personnelle les malheurs, les revers qui venaient de frapper si rapidement le pays.

Chasser l'envahisseur fut le mot d'ordre avec lequel on trompa le peuple, le prétexte pour commettre tous les excès, tandis que les préoccupations réelles des nouveaux membres du gouvernement tendaient seulement vers la réalisation de leurs projets.

Pendant que les armées du roi de Prusse marchaient sur Paris, que la France affolée se tordait sous l'étreinte du vainqueur, les chefs républicains organisaient une inquisition puérile pour censurer les actes de la vie privée des membres du gouvernement de l'Empereur; ils se montraient bien plus préoccupés de faire des changements dans les hautes fonctions civiles, dans la magistrature; de s'entourer exclusivement de leurs complices et partisans, qu'ils eussent ou non les qualités requises, que de songer au moyen de délivrer le pays de l'invasion allemande.

Des énormités furent commises. Ne sait-on pas aujourd'hui que le ministre des affaires étrangères d'alors supprima des documents qui prouvaient que l'Empire allait avoir des alliances, et que l'intégrité du territoire français serait protégée par plusieurs des grandes puissances? Mais le chef principal du gouvernement de l'Émeute ne recula pas devant un crime inconnu jusqu'alors : il sacrifia la nation à la cause de la minorité républicaine.

Les événements avaient marché avec une rapidité qui

avait donné le vertige ; les populations avaient perdu toute leur énergie, toute leur initiative ; les dictateurs avaient décrété la victoire et promis de purger nos provinces de la présence de l'étranger.

Ce fut encore le prétexte de la défense nationale qui fut mis en avant pour éviter un appel au peuple, et les hommes du 4 Septembre préférèrent se maintenir dans l'illégalité que d'affronter le vote des électeurs.

Aussi la France fut de plus en plus isolée, et l'ennemi profita de l'anarchie pour continuer la guerre avec un pays qui n'avait pas de gouvernement régulier, avec lequel il ne pourrait traiter et qui levait le drapeau de la démagogie. La Prusse influença la diplomatie européenne, qui se tint à l'écart, et on devait s'y attendre ; comment admettre, en effet, que les divers souverains pussent venir au secours d'un gouvernement dont le programme était le renversement de toutes les monarchies ?

Nous ne rappellerons pas ici les nombreux exemples d'incapacité et d'ambition personnelle qui nous furent si fatals, les promesses de victoire tant de fois réitérées, et qui vinrent aboutir à de si honteux désastres. On fut obligé de faire la paix, et forcé, par conséquent, de convoquer une Assemblée nationale.

Cette Assemblée fut élue dans des circonstances exceptionnelles, et quoique M. Thiers ait avancé que jamais élection n'avait été aussi libre, tous ceux qui ont vu de près ce qui s'est passé dans les départements savent à quoi s'en tenir.

Jamais intimidation n'a été exercée avec moins de scrupule, et le décret de M. Gambetta, qui excluait de l'éligibilité tous tous les anciens fonctionnaires et députés de l'Empire, a eu tout son effet, parce qu'il n'a été rapporté qu'au dernier moment. Les éligibles n'eurent plus le temps de se présenter, et la plupart des électeurs ignoraient le rappel de ce décret d'ostracisme.

Il est évident pour tout le monde que l'Assemblée, nommée avec la mission expresse de faire la paix, n'avait pas d'autre mandat à remplir, et quand M. Thiers a déclaré qu'elle était souveraine, il a commis une usurpation.

L'Assemblée, nommée dans un moment suprême, n'a reçu qu'un mandat, celui de faire cesser une effusion de sang inutile. Ce mandat accompli, elle devait se retirer, elle n'avait aucun droit de mettre sa volonté à la place de celle du peuple. Aussi, lorsque, dans un moment de surprise, sans oser aller aux voix, elle a prononcé la déchéance de Napoléon III, elle a commis une nouvelle usurpation: sa décision est un acte nul et sans valeur.

Que dire des ministres, des députés, des généraux de l'Empire qui, présents à cette séance, n'ont pas protesté !

Les désastres que nos armées ont subis dans les dernières campagnes sont immenses ; mais nos défaites morales sont encore plus grandes que nos défaites matérielles. Nous avons perdu non-seulement des batailles, des places fortes, des provinces, mais nous avons perdu le prestige et l'estime dont nous jouissions en Europe.

Pour une nation, comme pour un individu, le malheur n'avilit pas quand il bien est supporté. Or, nous n'avons montré, dans nos revers, aucune de ces vertus chevaleresques qui relèvent les caractères et attirent pour les vaincus le respect et la considération. Quoique les armées se soient vaillamment battues, on n'a vu nulle part le respect du serment, la fidélité à un souverain malheureux, l'observation de la discipline, l'union parmi ceux qui subissaient le même sort.

Le trouble qui existait dans la société s'est reproduit naturellement dans l'armée, et dès que le faisceau a été rompu, il n'est plus resté qu'anarchie, ambition personnelle, oubli de tout devoir.

Ni les Prussiens après Iéna, ni les Russes après la

Moscowa, ni les Italiens après Novare, ni les Autrichiens après Königsgratz n'ont montré le spectacle affligeant que nous avons offert au monde.

C'est à regret que nous rappelons tous ces faits ; mais il faut bien que la vérité se fasse entendre, et le seul moyen de rétablir l'ordre moral et matériel dans notre malheureux pays c'est de proclamer hautement ces grands principes de moralité, de droit et de justice, sans lesquels la société ne saurait vivre.

L'ordre ne peut être établi que si le pouvoir s'appuie sur le droit; or, le droit dans notre pays réside dans l'universalité des citoyens. Il faut donc que la forme du gouvernement soit décidée par un appel loyal fait à la nation tout entière.

La moralité et la justice ne seront rétablies que lorsque chacun sera traité suivant ses œuvres et que, indépendamment de l'esprit de parti, on appellera mal ce qui est mal, trahison ce qui est trahison, usurpation ce qui est contraire au droit, injustice ce qui blesse les principes de légalité, de morale et d'humanité.

Tel est le résumé de cette brochure, premier travail de l'Empereur, auquel j'eus l'honneur de prêter mon concours.

LA GUERRE DE 1870

PAR LE COMTE DE LA CHAPELLE

OUVRAGE ANNOTÉ PAR L'EMPEREUR.

Au retour d'une campagne de trois mois comme correspondant militaire du *Standard* auprès des armées françaises, je collectionnai quelques-unes de mes lettres à ce journal, j'y ajoutai des notes prises à la hâte sur les champs de bataille, et je publiai un premier ouvrage, sous le titre : *La Guerre de 1870*.

C'était au mois de novembre : les comptes rendus officiels n'avaient pas encore été publiés; la guerre était poursuivie avec acharnement, et au milieu des événements qui se succédaient avec une rapidité prodigieuse, il était presque impossible de préciser bien des détails, bien des faits importants.

Les divers incidents, les grands actes du drame ne m'avaient apparu qu'à travers les péripéties les plus émouvantes de la lutte, et quoique mes appréciations ne fussent influencées ni par des intérêts privés, ni par des sympathies personnelles, je me trompai sur quelques points que je fus heureux de rectifier plus tard.

L'Empereur voulut bien m'éclairer sur plusieurs faits dont il m'avait été impossible de me rendre compte au milieu des combats ; il eut la bonté d'annoter de sa propre main mon ouvrage, et ce sont ces notes précieuses, autographiées avec soin, que je reproduis textuellement telles qu'elles sont en marge du livre qui m'a été donné par Sa Majesté.

CHAPITRE PREMIER

ARRIVÉE DE L'EMPEREUR A METZ

Armée du Rhin. — Première apparition des uhlans. Engagement de Saarbrück. — Anecdotes.

Le 28 juillet, l'Empereur et le Prince impérial, accompagnés du prince Napoléon, arrivèrent à Metz. Depuis la station du chemin de fer jusqu'à la préfecture, les rues étaient envahies par une foule bruyante qui attendait impatiemment l'arrivée du souverain.

Les gendarmes, les cent-gardes avec leurs brillants uniformes, les zouaves sous leur vêtement oriental, formaient la haie et contenaient la foule depuis la préfecture jusqu'à la porte Serpenoise et la gare du chemin de fer.

Les régiments appartenant aux différents corps de l'armée campaient entre le chemin de fer et les fortifications; les tentes, les uniformes des soldats, les équipages de l'intendance, les villageois en habits de fête, formaient un cadre très-pittoresque au paysage, déjà fort animé par lui-même.

Un mouvement de la foule, un frémissement dans les masses, annoncèrent bientôt que l'Empereur venait d'arriver et que Sa Majesté allait entrer dans la ville où elle comptait établir pour le moment le quartier général de la grande armée du Rhin.

La foule se découvrit en poussant des cris enthousiastes de: « Vive l'Empereur ! » Une douzaine de cent-gardes, resplendissants dans leur uniforme bleu de ciel aux parements écarlates, ouvraient la marche au pas de leurs superbes chevaux. Après eux venaient les piqueurs à la livrée impériale et un écuyer de la maison de l'Empereur; puis, dans une voiture découverte conduite à la Daumont se trouvait Napoléon III.

Sa Majesté Impériale portait l'uniforme de général de division, avec le grand cordon de la Légion d'honneur ; son aide de camp, le général Waubert de Genlis, et deux autres généraux, composaient sa suite. Un sourire de satisfaction animait la physionomie de l'Empereur, d'ordinaire si impassible.

Une seconde voiture, découverte comme la première, venait à la suite : elle contenait le Prince impérial, son aide de camp et son écuyer. Le jeune prince paraissait plein d'enthousiasme et s'inclinait gracieusement pour répondre aux acclamations de la foule.

Le prince Napoléon et plusieurs grands dignitaires de l'Empire fermaient le cortège, qui se dirigea vers l'hôtel de la préfecture, où des appartements avaient été préparés.

Une animation extraordinaire régna dans la ville de Metz les jours qui suivirent cette entrée triomphale. Les rues étaient remplies de militaires aux uniformes les plus variés et appartenant à toutes les armes. Les hôtels regorgeaient de toutes sortes de chalands, d'officiers, de bourgeois, de soldats, de fonctionnaires, de journalistes, de spéculateurs et même de personnages du plus haut rang.

L'hôtel de l'Europe et celui de Metz avaient l'honneur exclusif d'abriter l'état-major général de l'armée du Rhin, les aides de camp de l'Empereur, l'intendance générale et les principaux représentants de la presse britannique, qui se faisait remarquer par leur assiduité à suivre tous les événements qui se passaient dans la ville.

Le quartier général de l'armée du Rhin était établi à

Metz. La proclamation de l'Empereur venait d'être publiée. Les différents corps d'armée étaient composés de la manière suivante :

Premier corps d'armée : Maréchal Mac-Mahon, 33,000 hommes avec une puissante artillerie, sur la rive du Bas-Rhin, faisant face à la Bavière rhénane.

Second corps d'armée : Général Frossard, 30,000 hommes, à Saint-Avold et Forbach.

Troisième corps d'armée : Maréchal Bazaine, 32,000 hommes, entre Courcelles et Boulay.

Quatrième corps d'armée : Général Ladmirault, 29,000 hommes, à Boulay.

Cinquième corps d'armée : Général de Failly, 26,000 hommes, à Sarreguemines.

Sixième corps d'armée : Maréchal Canrobert, 28,000 hommes, au camp de Châlons.

Septième corps d'armée : Général Félix Douay, 33,000 hommes, à Belfort.

Le corps de la garde impériale, fort de 30,000 hommes et commandé par le général Bourbaki, était campé au polygone de Metz (île Chambrière).

Cette grande armée, comme on l'appelait avec emphase à Metz, était forte de 241,000 hommes, bien équipés, bien armés. L'ardeur excessive et l'état sanitaire des troupes, la grandeur des préparatifs, l'importance du matériel d'artillerie arrivé de tous les points de la France dans un temps aussi court, la confiance excessive des commandants en chef et de leurs officiers, donnaient évidemment à tous les témoins de cette scène la certitude qu'ils allaient assister au plus gigantesque conflit connu dans l'histoire moderne.

L'Empereur, en sa qualité de commandant en chef, avait nommé le maréchal Lebœuf major général de l'armée. L'ex-ministre de la guerre était l'homme de la situation ; sa popularité était grande à la suite de quelques réformes qu'il avait opérées depuis son avénement aux affaires, et personne ne mettait en doute ses capacités.

Le général Soleille était commandant en chef de l'artillerie, et le général de Saint-Sauveur prévôt général de l'armée. Tous deux étaient suffisamment connus et estimés par les troupes.

L'état-major général se composait de ces brillants officiers qui en tout temps se sont distingués par leur grande aptitude, leurs connaissances spéciales et leur science militaire.

Parmi eux on remarquait les colonels Lewal, Fay, de Kleinenberg, de Lespée et plusieurs autres officiers distingués. Malheureusement ces officiers étaient laissés sans initiative dans des positions secondaires, alors qu'ils étaient, à peu d'exceptions près, les seuls qui eussent fait des études sérieuses sur la stratégie et la tactique, et qui eussent acquis par expérience la science militaire pratique qu'ils avaient étudiée théoriquement pendant toute leur vie. Mais la hiérarchie militaire en France ne permet pas à un officier de mérite de diriger son supérieur en grade, et l'état-major français, composé d'élèves distingués de l'École polytechnique, était obligé, au commencement de la campagne, de reproduire, sans pouvoir y apporter aucune des modifications nécessaires, les plans absurdes d'un major général sans connaissances spéciales ou d'un stratégiste à l'esprit plus inventif que pratique.

Nous verrons bientôt dans quels désastres la malheureuse France fut entraînée par suite de l'incapacité d'un général qui, comme ministre de la guerre et chef d'état-major, avait laissé son souverain dans l'ignorance la plus complète de la situation réelle des affaires.

L'enthousiasme de la population française était à son comble ; jamais guerre n'avait été aussi populaire, et le chef de l'État n'aurait pu, sans compromettre sa couronne, arrêter l'élan guerrier de la nation. La confiance illimitée, reconnue si fatale depuis les revers, était si excessive et si exagérée, qu'un observateur impartial ne pouvait s'empêcher de frémir en songeant aux conséquences qu'une déception entraînerait après elle.

Les manœuvres supérieures, les attaques à la baïonnette, l'élan irrésistible des soldats français, les mitrailleuses dont on vantait les merveilles, étaient autant d'arguments qui prévalaient, non-seulement parmi le peuple et la troupe, mais aussi parmi les officiers. Tous croyaient à un succès prompt et décisif contre les armées prussiennes, qu'on n'estimait pas, hélas ! à leur juste valeur. Il était même pénible d'entendre avec quel dédain des officiers intelligents parlaient des forces et de l'organisation de l'ennemi.

L'opinion des Français était, du reste, partagée par les peuples étrangers, et en Angleterre on pensait généralement que les chances de la guerre seraient en faveur de la France, bien que des gens mieux informés crussent que le choc et l'élan des colonnes françaises seraient arrêtés par les masses imposantes et les troupes bien disciplinées des Allemands.

En Lorraine, en Alsace, de Nancy à Metz, à Strasbourg et sur la ligne de Haguenau, à Niederbronn et à Sarreguemines, l'Empereur inspectait chaque jour les camps et se voyait reçu partout avec un enthousiasme sans bornes. Les cris de « Vive l'Empereur ! » se mêlaient aux chants nationaux de la *Marseillaise* et de *Partant pour la Syrie*. Dans les villes manufacturières, les ouvriers, les femmes quittaient les fabriques pour acclamer le train impérial et les convois de soldats ; des enfants et des jeunes femmes s'approchaient des wagons, portant dans leurs bras des paniers pleins de provisions, de vins, de fruits et de fleurs, qu'ils distribuaient généreusement aux futurs héros.

Sur toute la frontière des coups de feu étaient échangés chaque jour entre les avant-postes français et les patrouilles ennemies; plusieurs maisons avaient été converties en hôpitaux en prévision des éventualités, et un grand nombre de wagons, chargés de provisions, se rendaient chaque jour, à toute vapeur, sur le front d'attaque.

Pendant ce temps-là, les uhlans avaient commencé leurs incursions audacieuses au delà de la frontière française et inauguré leur renommée d'éclaireurs redoutables; laissant de côté les traditions d'employer la cavalerie par détachements nombreux, ils faisaient des reconnaissances en tous sens sans être jamais plus de quinze ou vingt, et quelquefois moins. Ils exploraient le territoire français avec impunité et s'étaient avancés déjà jusqu'à Wissembourg et Haguenau, avec d'autant plus de facilité que leur apparition causait partout une panique inexplicable.

Plongés dans une confiance qui devait leur être si fatale, les commandants français passaient leur temps dans les salles de café de la ville de Metz. Après quelques paroles à la hâte sur la guerre et sur les glorieuses conquêtes en perspective, après la discussion importante du menu du soir, mêlé aux intrigues de l'entourage de l'Empereur, les questions de préséance et d'une ambition avide étaient des sujets beaucoup plus à l'ordre du jour que la marche des Prussiens ou les incursions de leurs éclaireurs.

Ces questions étaient considérées comme matières insignifiantes en comparaison du confort présent et futur de ces messieurs.

Quelques généraux s'étaient fait suivre par toute leur famille; d'autres se faisaient remarquer par le luxe et l'importance de leurs équipages. Les noms et les grades qu'ils occupaient dans l'armée du Rhin étaient inscrits en lettres tellement gigantesques sur leurs bagages, que cette réclame aurait pu exciter l'envie du directeur de théâtre le plus hasardeux en pareille matière.

Quelques jours après, quand le général Changarnier arriva à Metz, la première phrase prononcée par le vétéran des guerres d'Afrique fut une brève censure des erreurs des généraux du second Empire. « Ce n'est pas comme cela qu'on fait la guerre, » se borna à dire le général, en jetant un regard dédaigneux sur tous ces trains inutiles.

L'Empereur, depuis qu'il avait pris le commandement en chef de l'armée, avait donné l'exemple d'une activité que nul ne peut démentir. Chaque jour Sa Majesté avait de longues conférences avec les généraux et visitait les camps sans le moindre éclat.

On pouvait le voir sur toutes les lignes militaires françaises, et si ses actions furent dans la suite passibles d'une censure quelconque, c'est un devoir d'affirmer que, dès le commencement de la guerre, laissant de côté ses habitudes de luxe, il se mit à l'œuvre avec énergie.

Des mouvements de troupes avaient eu lieu depuis deux jours, et le 2 août le second corps d'armée, commandé par le général Frossard, s'était avancé jusqu'à Spicheren, dans la direction de Saarbrück. Le matin, de bonne heure, l'Empereur et le Prince impérial étaient partis pour Forbach, avec la certitude qu'un engagement allait avoir lieu près de Saarbrück.

Le général Frossard avait pris, sur le plateau de Spicheren, une forte position, d'où il commandait toute la plaine ; son artillerie était placée à une distance d'environ 1,600 mètres des portes de Saarbrück, et son corps d'armée était posté sur les hauteurs entourant le plateau.

Du sommet de ce plateau, Saarbrück, bien qu'en partie caché par une élévation de terrain, fut attaqué de bonne heure par l'artillerie française. En même temps une division d'infanterie, appuyée par l'artillerie et par le 7e régiment de dragons, s'avança dans la plaine en avant de Saarbrück, et à environ un kilomètre de la place commençait avec vigueur l'attaque régulière des avant-postes prussiens.

Des troupes allemandes en grand nombre étaient concentrées à Oltweiller et Durtweiller, de manière à prévenir toute tentative pour occuper la vallée de la Sarre, et Saarbrück lui-même était défendu par 8,000 Prussiens parfaitement retranchés.

Les rues étaient barricadées ; les maisons, crénelées pour permettre l'emploi de la mousqueterie, étaient protégées contre l'artillerie par des espèces de casemates.

A dix heures, la division commandée par le général Bataille était engagée sur toute la ligne, et la brigade du général Rastoul, soutenue par un vigoureux feu d'artillerie bien dirigé sur le pont de la Sarre, avait un engagement sérieux avec les embuscades prussiennes, postées des deux côtés du pont, et flanquées par un régiment d'artillerie dont les hommes luttaient avec courage et soutenaient le feu comme de vieux soldats.

La gare du chemin de fer, construite en briques, avait été fortifiée de manière à soutenir un siége régulier, et le passage aboutissant au faubourg Saint-Jean, sur la rive droite de la rivière, avait été miné, fait bien connu des généraux français et qui rendait le bombardement de la ville indispensable. En ce moment le colonel Merle, à la tête du 32e régiment, soutenu par une puissante artillerie et protégé par le feu des batteries françaises, fit un mouvement pour tourner la gauche, et après un court engagement força les Prussiens à rentrer dans la ville. L'ennemi, en dépit de l'avantage de sa position et des forces considérables qu'il avait à sa portée, semblait avoir abandonné le dessein de se défendre. Les Prussiens battirent en retraite en bon ordre, continuant à tirailler sans relâche, pendant que les Français avançaient avec plus d'impétuosité encore. Le feu des Allemands se ralentit bientôt, et leurs masses noires, à moitié repoussées de leurs positions, finirent par se retirer complétement.

Il était alors environ midi ; l'Empereur et le Prince impérial, suivis de deux généraux et de six officiers de leur état-major, venaient d'arriver à cheval, et s'étaient avancés jusqu'à 250 mètres des fusils à aiguille.

Là, ils s'arrêtèrent, bravant le danger des boulets sifflant sur leurs têtes. Le jeune prince, tout d'abord ému à la vue des cadavres de deux soldats gisant sur le sol, souleva son képi pour saluer les boulets qui lui donnaient son baptême de feu. En ce moment une personne de la suite du prince fut légèrement blessée. Il est difficile de comprendre dans quel but l'Empereur et son fils s'exposèrent à une si faible distance du feu de l'ennemi Quelle qu'en puisse être la raison, le fait est certain. Le mouvement du colonel Merle ayant réussi, les batteries françaises dirigèrent immédiatement leur feu sur la ville. Les Prussiens étaient en retraite sur toute la ligne ; les mitrailleuses continuaient leur œuvre de destruction, mais sur un ordre de l'Empereur, le bombardement fut arrêté ; il voulait, paraît-il, éviter les horreurs de la destruction aux habitants de Saarbrück. A trois heures, les Français étaient maîtres de toutes les positions, mais ils n'entrèrent pas dans la ville, le bruit courant généralement qu'elle était minée.

Les pertes des Français s'élevaient à 2 officiers et 15 hommes tués, avec 60 hommes hors de combat ; tandis que du côté des Prussiens on comptait environ 300 hommes tués et blessés, sans parler de 50 prisonniers qu'ils laissaient entre les mains des Français.

L'engagement de Saarbrück avait beaucoup plus d'importance qu'on ne lui en a attribué. En commençant les opérations sur la rivière de la Sarre, l'exécution d'un plan stratégique, conçu à l'avance et que les événements forcèrent par la suite à abandonner, avait été inauguré avec succès, et une diversion importante, pour tâter les forces prussiennes, avait rempli le but principal. Saarbrück est une ville ouverte de 9,000 habitants, traversée par la Saar. A une distance de 10 kilomètres de Forbach, la ville est accessible du côté de la France par le pont sur lequel l'engagement commença dans la matinée.

L'Empereur rentra le soir à Metz, où il reçut une ovation des habitants. Le Prince impérial, à son retour du combat, fit à la plume une esquisse de l'engagement ; la marche des divisions, la rencontre, le pont, le terrain sur lequel il se tenait avec l'Empereur, bien que dessinés à la hâte, étaient pleins de mouvement et d'une fidélité frappante. Dans un coin de l'esquisse le jeune prince avait écrit ces deux lignes :

« A mon ami, Tristan Lambert, le 2 août, après avoir vu le feu pour la première fois.

« Louis Napoléon. »

Les Français attachèrent une importance exagérée à cette victoire au début de la campagne ; mais depuis les grands désastres qui ont frappé le pays, ils ont amèrement regretté leur premier enthousiasme et même blâmé l'opération comme un fait d'armes inutile. D'autre part, les Prussiens ont affirmé que cette victoire facile avait été remportée par des forces supérieures contre une seule de leurs divisions. Tous deux sont dans l'erreur et injustes dans leurs assertions. En considérant la question au point de vue numérique, il y eut dans cet engagement, 10,000 Prussiens luttant contre 7,000 Français, et les combattants étaient également soutenus par leurs corps d'armée respectifs, qui se trouvaient à portée : le corps de Steinmetz au nord, derrière Saarbrück; le corps de Frossard à Spicheren. Si les Prussiens l'avaient voulu, l'engagement aurait pris les proportions d'une grande bataille.

CHAPITRE II

LES ARMÉES PRUSSIENNES

Combat de Wissembourg. — Bataille de Wœrth. — Bataille de Forbach. — Incidents.

Au commencement de la campagne, l'armée prussienne était divisée en douze corps : le 1er (corps d'armée de la Prusse orientale), commandé par le général Manteuffel; le 2e (Poméranie), par le général Franceski ; le 3e (Brandebourg), par von Alvensleben II ; le 4e (Saxe prussienne), par von Alvensleben Ier; le 5e (Posen), par von Kirchbach ; le 6e (Silésien), par von Tumplinz; le 7e (Westphalien), par von Zastrow ; le 8e (Prusse rhénane), par von Goeben; le 9e (Schleswig-Holstein), par Momstein ; le 10e (Hanovrien), par von Voigts-Rhetz ; le 11e (Hesse et Nassau), par von Böse; le 12e (Saxe), par le prince royal de Saxe. La garde était sous le commandement du prince Auguste de Wurtemberg. Ces douze corps, auxquels il faut ajouter les armées de Bavière, de Wurtemberg et de Bade, étaient divisés en quatre armées, formant un effectif de 510,000 hommes.

L'armée du Nord, protégeant le territoire prussien contre une invasion française de la Baltique, était commandée par le général Vogel von Falkenstein.

L'armée formant l'aile droite, commandée par le prince Frédéric-Charles, avait son quartier général à Trèves.

L'armée du centre, sous les ordres du général von Steinmetz, s'était avancée dans la vallée de la Saar.

L'armée formant l'aile gauche, commandée par le Prince royal, était entrée dans le Palatinat avec trois corps prussiens et les Bavarois.

Le roi de Prusse s'était réservé le commandement en chef de toutes les armées ; le général von Moltke, le grand stratégiste, le véritable commandant en chef, était son major-général.

Les armées prussiennes étaient de beaucoup supérieures, sous tous les rapports, aux armées françaises ; la science militaire des commandants, les connaissances sérieuses des officiers, la discipline et la bonne organisation des troupes, leurs masses, leur artillerie, sont restées jusqu'à présent sans rivales. L'armée prussienne est, sans contredit, l'élément militaire dominant de notre époque. L'audace, la patience et l'habileté, qualités indispensables à un peuple qui s'élève, ont apposé leur cachet sur toutes leurs conquêtes, depuis Albert de Brandebourg jusqu'au roi actuel.

Depuis l'époque du petit margraviat jusqu'à celle du puissant royaume de Prusse de nos jours, les succès de cette puissance se sont poursuivis d'une manière systématique ; et maintenant que l'équilibre européen est tombé dans le domaine du passé, l'Europe s'apercevra, trop tard peut-être, que les descendants de ce petit margrave qui, le premier, comprit l'avenir de son pays, ont porté un coup terrible à sa liberté et à son indépendance future. Tous les princes teutoniques ont hérité du même esprit d'ambition, et, fidèles à l'idée-mère, ils ont à toute époque payé un large tribut aux dangers inhérents à leurs conquêtes.

Dans la guerre actuelle, depuis le plus proche parent du monarque jusqu'au chef du plus petit État allemand, on vit tous les membres de la famille prendre une part active à la campagne, soit comme commandants, soit comme officiers subalternes.

Pour la clarté du récit qui va suivre, je dois expliquer à mes lecteurs que j'étais le correspondant militaire du *Standard*, que je marchais avec les armées françaises, et qu'après avoir obtenu, dès le commencement de la campagne, la permission de suivre les opérations, je fus le témoin oculaire des principaux événements que je vais raconter. L'impartialité et la vérité seront mon principal guide.

Retraçant en quelques mots le combat de Wissembourg et la bataille de Wœrth, je passerai au récit de la bataille de Forbach, à laquelle j'assistai pendant la plus grande partie de la journée.

Le 4 août, une partie de l'avant-garde du maréchal Mac-Mahon fut attaquée à Wissembourg par une force prussienne considérable ; trois brigades de la division du général Douay et une brigade de cavalerie légère avaient reçu l'ordre de s'opposer à l'ennemi et d'empêcher par tous les moyens son entrée sur le territoire français. Wissembourg est une petite ville de 6,000 habitants, située sur le Lauter, aux limites de la frontière française ; la ville est une des stations du chemin de fer de Strasbourg à Mannheim, et le but de Mac-Mahon, en envoyant des brigades pour défendre cette route, était principalement de masquer les mouvements de son corps d'armée à l'ennemi, s'il effectuait une contre-marche.

Entre midi et une heure, deux régiments de ligne, deux régiments de chasseurs, un bataillon de turcos, un régiment de zouaves, et une brigade de cavalerie légère, commandés par le général Abel Douay, sortirent de Wissembourg, passèrent le Lauter et prirent position sur les hauteurs dominant le plateau de Geibsburg.

Les 5e et 11e corps d'armée prussiens, commandés par les généraux von Kirchbach et von Böse, venant de Bergzabern, sur la route de Landau, attaquèrent les avant-postes français. La lutte devint bientôt terrible ; pendant plusieurs heures les Français combattirent avec une bravoure désespérée ; les zouaves et les turcos rivalisaient d'ardeur et d'héroïsme. Chaque pli de terrain était défendu avec obstination par les Prussiens qui, arrivant par masses incessantes, gagnaient du terrain. En ce moment, le Prince royal, faisant mouvoir le 2⁰ corps d'armée bavarois par la route de Lamb-Wissembourg, passa au-dessus de Geisburg et tomba sur les derrières des Français, les prenant entre deux feux. Il leur fit 500 prisonniers et s'empara du matériel du camp.

En dépit de cette position critique, les Français continuèrent à combattre avec une grande bravoure ; mais après avoir résisté avec une opiniâtreté digne de leur haute réputation, ils furent obligés de se retirer vers le Col du Pigeonnier, sur la route de Bitsche. Le général Abel Douay fut tué dans ce combat, dans lequel les Français, bien que vaincus, déployèrent un grand courage. Leurs pertes furent grandes ; près de 2,000 soldats et officiers avaient été tués ou mis hors de combat, et Mac-Mahon, en apprenant le résultat de l'action, fut obligé de concentrer ses troupes et de changer ses plans, détruits en un instant par la brillante stratégie du prince royal de Prusse.

Poursuivant sa victoire sur la division du général Douay, le Prince royal prit immédiatement la direction de la vallée de Niederbronn avec toute son armée, forte de 120,000 hommes ; il attaqua le lendemain le corps d'armée commandé par le maréchal Mac-Mahon, dont l'effectif de 33,000 hommes, composé de l'élite de l'armée d'Afrique, était soutenu par une puissante artillerie. La bataille, commencée à Frœschwiller et Wœrth, petite ville située entre Saultz-sans-Forêts et Niederbronn, se termina à Reischoffen, près de Haguenau, par la défaite complète des Français.

La bataille eut lieu le samedi, 6 août. Le plus grand centre de résistance fut sur le plateau de Wœrth, où le maréchal Mac-Mahon avait pris une très-forte position. Les Prussiens, protegés par les bois de Haguenau, attaquaient avec persistance, couverts par leur artillerie formidable. C'est en vain que les mitrailleuses faisaient un vide affreux dans leurs colonnes. A chaque régiment décimé par le feu de l'artillerie française, de nouvelles divisions sortaient des bois, tournant tous les obstacles, profitant de tous les accidents de terrain : les soldats prussiens exécutaient leurs manœuvres avec la même précision, le même sang-froid que s'ils eussent assisté à la parade.

La lutte fut terrible, car l'artillerie prussienne faisait un carnage effroyable dans les rangs français. Les turcos, les zouaves et l'infanterie de ligne combattirent avec un courage héroïque, dans la proportion de un contre quatre ; différentes charges, exécutées par les cuirassiers et les chasseurs, se succédèrent avec un entrain admirable; mais chaque fois les escadrons durent se replier devant une force supérieure, après avoir éprouvé des pertes considérables. Dans une de ces charges, le premier régiment de cuirassiers, au moment où il sabrait une colonne prussienne, fut presque entièrement détruit par une batterie masquée derrière un bataillon. Le colonel de ce régiment eut la tête emportée par un boulet, et, détail horrible, son cadavre décapité, se tenant encore ferme en selle, fut emporté pendant plus de 300 mètres avant de tomber.

Au milieu du combat, un bataillon de turcos réussit, sous la conduite de son commandant, à faire une trouée, avec une impétuosité irrésistible, au milieu des colonnes prussiennes ; mais après avoir accompli cette œuvre héroïque, entouré par des troupes innombrables, il fut obligé de mettre bas les armes.

« Nous n'avons donc pas été suivis par le reste de

l'armée ? » s'écria avec étonnement le brave commandant, qui avait cru pénétrer au milieu des bataillons prussiens avec toute l'armée française.

La lutte avait duré toute la journée; les clairons sonnaient la retraite, et les débris du corps d'armée de Mac-Mahon disputaient pied à pied le champ de bataille couvert de cadavres français. Quelques-uns de ces braves soldats ne voulaient pas battre en retraite, et des engagements isolés continuèrent jusque bien avant dans la nuit.

La défaite des Français était irréparable; ils avaient eu 13,000 hommes tués ou mis hors de combat. Dans la matinée, lorsque Mac-Mahon, resté toute la nuit sur les hauteurs de Phalsbourg, essaya de se rendre compte de ses pertes et de rallier les débris de ses divisions décimées, le brave maréchal, qui n'avait pas sourcillé pendant toute la durée de l'action, se sentit en proie à une tristesse indéfinissable. Succombant sous l'émotion, on vit des larmes couler de ses yeux, et, accablé sous le poids de ce désastre, sa tête s'inclina dans un mouvement de douloureux désespoir.

Tout le matériel de guerre, les tentes, les provisions, les convois, le bagage des officiers, et même ce qui appartenait personnellement au maréchal, tombèrent entre les mains de l'ennemi.

Des soldats faisant partie de tous les corps d'armée arrivaient en désordre sur le plateau de Phalsbourg et cherchaient à reformer leurs rangs au milieu de la confusion inséparable d'un pareil moment. C'était une masse hétérogène, composée des débris de cette armée considérée jusqu'alors comme la première du monde. On y voyait pêle-mêle des chasseurs, des zouaves, des troupes de l'infanterie, se regardant avec inquiétude et ne pouvant croire encore à l'immense désastre qui venait de les frapper. C'était réellement un spectacle navrant que de considérer avec quelle anxiété ces braves, encore noircis par la poudre du combat, se cherchaient, se comptaient, dans l'espoir de trouver quelque ami échappé comme eux au destin fatal qui depuis ce jour paraît s'être appesanti sur la France.

L'écrivain impartial doit ajouter que la perte des Prussiens fut énorme, et qu'on ne peut l'estimer à moins de 16,000 hommes tués ou blessés.

Les événements se succédaient avec une rapidité vertigineuse ; des malheurs nouveaux faisaient oublier les malheurs passés. Mac-Mahon était défait à Wœrth, pendant que le général Frossard, repoussé de Saarbrück, était poursuivi par le général von Steinmetz jusqu'à Saint-Avold.

Sachant qu'un engagement important avait lieu dans la direction de Spicheren je quittai Metz à cheval dans la matinée du 7 août, et laissant ma monture à peu de distance de Saint-Avold, j'eus le bonheur de trouver une locomotive qui allait à Forbach ; je pus arriver ainsi sur le champ de bataille à quatre heures de l'après-midi, au moment où les Prussiens, maîtres de la position de Spicheren, menaçaient Forbach

Il n'est pas facile de dépeindre en quelques lignes la scène terrible à laquelle j'assistai ; mais je veux être bref, car j'ai hâte d'arriver à la grande épopée qui, commençant à Borny, se termina à Sedan.

Depuis dix heures du matin l'armée du général von Steinmetz, forte de 70,000 hommes, après avoir repris les positions occupées par les Français à Saarbrück, s'était avancée jusqu'à Spicheren et avait attaqué vigoureusement le corps d'armée du général Frossard. Les trois divisions d'infanterie du général étaient commandées par les généraux Bataille, Verger et Laveaucoupet, et la division de cavalerie par le général Michel ; l'artillerie, sous le commandement du général Gagneur, se composait de six batteries et de plusieurs mitrailleuses.

La bataille dura toute la journée, et, d'après les divers mouvements exécutés, le résultat probable resta indécis jusqu'à cinq heures du soir. Vers midi, les Français étaient pleins de confiance en la victoire ; le général Frossard, avec une légèreté inconcevable, avait même quitté le champ de bataille, après avoir donné quelques ordres, ne regardant l'affaire que comme un engagement sans importance. Il passa tranquillement plusieurs heures dans la maison de son ami, le maire de Forbach, prenant part à un excellent dîner, tout en discutant avec ce digne magistrat la profondeur de ses combinaisons stratégiques. Pendant qu'il se livrait aux charmes de cette conversation, de nouvelles colonnes allemandes arrivaient sur le champ de bataille, et les soldats français, commandés par le brave général Bataille, avaient à soutenir le choc impétueux d'un ennemi dont le nombre s'accroissait de moment en moment.

On envoya message sur message au général en chef, ce qui ne le fit pas venir plus vite à son poste, et au lieu d'adopter un nouveau plan pour opérer une retraite qui eût pu sauver la journée, les divisions françaises durent se conformer à l'ordre précédent, et succomber par degrés sous le choc irrésistible de 70,000 Prussiens. Leur courage et leur dévouement, dignes des Spartiates ; leur élan, leurs attaques à la baïonnette, le feu soutenu des mitrailleuses, les charges brillantes de cavalerie, furent insuffisants pour arrêter les progrès de ces masses formidables s'avançant froidement sous le feu meurtrier des Français et sillonnant la route des traces de leur sang. Plus tard, dans la soirée, la lutte se concentra autour de la ville de Forbach, et telle fut l'ardeur des combattants, qu'on voyait des deux côtés disparaître des régiments entiers au milieu de la fumée, et quand il survenait une éclaircie, on s'apercevait avec effroi que la moitié des soldats avait vaillamment succombé.

J'étais en compagnie de M. de Katow, journaliste français, et nous étions près du faubourg de Forbach, lorsque je fus témoin de la défense du camp de Merleback par la cavalerie française. Saisi de l'émotion la plus profonde, je suivis des yeux la trouée faite au milieu des colonnes prussiennes par le 7ᵉ régiment de dragons commandé par le duc d'Elchingen, petit-fils du maréchal Ney, et par deux autres régiments de chasseurs. On compterait par centaines les actions d'éclat et de bravoure qui s'accomplirent dans cette affaire, mais cet héroïsme sublime fut inutile. Les efforts de la cavalerie furent arrêtés par la puissante artillerie de l'ennemi, et le feu bien soutenu des fusils à aiguille chassa les régiments français des dernières positions qu'ils défendaient encore avec l'énergie du désespoir.

Le combat se continuait maintenant dans les rues; il était huit heures; les Prussiens étaient complétement victorieux, et les restes du corps d'armée de Frossard étaient en pleine retraite sur la route de Saint-Avold. Le général avait disparu pendant la confusion et Forbach était en feu. Des scènes horribles se passaient dans la ville. Les habitants s'enfuyaient, en proie à la plus profonde terreur, non-seulement devant l'élément destructeur, mais encore devant la pluie de balles qui ne faisait qu'augmenter avec la retraite des soldats et la marche progressive de l'ennemi. Au milieu de la lutte j'avais perdu mon ami, et c'est avec le plus vif plaisir que je le retrouvai quelques minutes plus tard, sortant d'une maison en flammes, tenant dans les bras deux enfants qu'il avait sauvés d'une mort certaine, et qu'il rendait en ce moment à leur mère désolée. Paul de Katow, mon courageux ami, était légèrement blessé, et lorsque je le félicitai de son action héroïque, il me répondit comme un homme n'ayant pas la conscience d'avoir accompli une action sublime.

A travers les cadavres et les flots de peuple qui s'enfuyaient, nous fûmes assez heureux pour atteindre la gare du chemin de fer, au moment même où partait un train déjà plus que comble. Nous sautâmes sur la locomotive même ; quelques heures plus tard, nous traversions Saint-Avold à toute vapeur, et à une heure du matin nous arrivions à la gare de Metz.

L'Empereur et son état-major se trouvaient à la station, prêts à partir pour le champ de bataille afin d'assister à l'affaire. Mais la triste nouvelle de la défaite complète de Frossard, apportée par un messager venu sur une locomotive, changea les projets de l'Empereur, et l'on put voir Sa Majesté retourner en toute hâte à la préfecture. Il était facile de lire sur ses traits la consternation la plus profonde.

Des 30,000 hommes du général Frossard, 10,000 étaient tués ou faits prisonniers ; les Allemands eux-mêmes reconnurent avoir éprouvé des pertes énormes ; 10,000 hommes étaient hors de combat, mais les colonnes victorieuses de von Steinmetz, infatigables dans leur ardeur, enivrées par leur succès, poursuivirent pendant la nuit leur immense victoire, et dans la matinée ils occupaient déjà Saint-Avold et se trouvaient maîtres du chemin de fer. Comment décrirai-je l'effet produit à Metz par la nouvelle des deux coups terribles infligés à deux des principaux corps d'armée ?

La défaite de Mac-Mahon, la déroute de Frossard, tels furent les désastres annoncés dans la matinée à la population civile et militaire de Metz. Tout le monde comprit la grandeur du péril, et les dépêches impériales, dictées par un sentiment de désespoir, furent loin de ranimer la confiance dans l'avenir. Un appel immédiat à la nation, envoyé en toute hâte par les lignes télégraphiques, répandit parmi le peuple français, si facile à décourager, une terreur inutile, quand il fallait, au contraire, le rassurer. Au moment où la nation avait le plus grand besoin d'espérer dans l'avenir, le gouvernement, en lui faisant un appel direct, donnait un coup fatal à sa propre puissance et au prestige de dix-huit années d'un règne glorieux. Ce fut une triste erreur de la part de l'Empereur ou de ses conseillers ; au lieu de décréter des mesures qui trahissaient leur faiblesse, et de faire immédiatement appel à la nation, ils auraient dû concentrer en eux-mêmes toute leur énergie, toutes leurs ressources. Napoléon III aurait dû retrouver l'audace de ses premières années, et plutôt que de s'affaisser moralement sous le poids de désastres aussi inattendus, il devait envisager sa position avec plus de sang-froid et prendre immédiatement les mesures énergiques auxquelles il ne s'arrêta que trois jours plus tard. Un appel à la nation, dans un moment aussi critique, ne pouvait avoir qu'un seul effet, celui de décourager un grand peuple, de détruire sa confiance dans sa propre force et de le persuader que l'état des affaires était pis encore que ne le faisaient connaître les rapports officiels.

Chose singulière, tout le monde, jusqu'aux officiers supérieurs, admettait sans hésiter qu'il n'y avait plus d'espoir pour la France ; et : *Tout est perdu,* fut la devise qui, pendant trois jours, remplaça les outrageantes rodomontades d'une promenade militaire à Berlin.

L'empire allemand est fait : telle fut la phrase consacrée partout ; chacun était persuadé que toutes les victoires que la France pourrait remporter dans cette campagne ne pourraient ébranler l'influence et le prestige de la Prusse. Telle était l'opinion générale, et je dois avouer que je la partageais en grande partie.

Mais, je le répète encore, il n'y a pas d'excuse pour le gouvernement français d'avoir découragé aussi brusquement la nation, après l'avoir nourrie si longtemps de fausses idées sur sa puissance et sa grandeur militaire. Il ne lui appartenait pas de jeter un voile de deuil immense sur tout un peuple qui, pour résister, ne demandait qu'à être encouragé, et qui avait besoin d'être soutenu par une confiance inébranlable dans une revanche immédiate.

CHAPITRE III

A METZ

Le nouveau commandant en chef. — Intrigues. — Bataille de Borny. — L'état-major de l'Empereur. — Batailles de Gravelotte et de Mars-la-Tour.

Dans cette fatale journée du dimanche 7 août, alors que les terribles nouvelles de ces défaites successives eurent circulé dans toute la ville de Metz, une panique soudaine s'empara des habitants; l'exagération naturelle si inhérente à l'esprit français avait créé des dangers imaginaires, et bon nombre de gens voyaient déjà les Prussiens aux portes mêmes de la forteresse. Toutes les voitures, tous les véhicules étaient loués pour transporter les alarmistes et leurs familles loin du théâtre de la guerre. L'Empereur lui-même se préparait au départ, et l'on assurait que le quartier général impérial et l'état-major de l'armée du Rhin seraient immédiatement transférés dans une autre ville de l'intérieur.

Ce fut avec un sentiment de tristesse que, à une heure plus avancée de la journée, je vis les équipages de l'Empereur et quelques officiers de son état-major quitter Metz en toute hâte, signe d'une triste calamité; mais en même temps un heureux contraste vint raffermir mon esprit : un grand nombre de citoyens de la ville s'étaient réunis dans la cour de l'Hôtel de Metz, et là, jurant d'écarter tout motif d'antagonisme politique, ils s'engageaient à s'unir fraternellemennt pour la défense de la ville.

Dans les basses classes de la société, l'agitation avait presque atteint la frénésie; des groupes d'ouvriers parcouraient les rues de la ville, criant vengeance et arrêtant tout spectateur dont la figure leur paraissait étrangère. Plusieurs correspondants anglais et américains furent maltraités par la populace, et les autorités se virent dans la nécessité de les mettre en état d'arrestation pour leur sauver la vie. La population furieuse voulait les massacrer, croyant voir dans ces personnes honorables des espions prussiens.

Après la bataille de Wœrth, par suite des pertes sérieuses qu'il avait éprouvées dans sa victoire, le Prince royal ne continua pas immédiatement son mouvement en avant, et le lundi soir son quartier général était à Soultz, à l'est de Wœrth.

Le Roi s'était avancé jusqu'à Hombourg, à 15 milles de la frontière française; von Steinmetz avait son quartier général un peu au nord de Saarbrück; le prince Frédéric-Charles était à Bielcastel, à 10 milles à l'est de Saarbrück; Forbach était occupé par l'avant-garde de l'armée de l'aile droite, et l'armée du centre avait franchi la Sarre et pris possession de Sarreguemines.

Du côté des Français, Mac-Mahon avait battu en retraite sur Saverne et se dirigeait sur Nancy; de Failly manœuvrait pour opérer sa jonction avec Mac-Mahon; Douay était stationné à Belfort et Canrobert était arrivé de Châlons à Metz avec deux divisions de son corps d'armée.

Autour de Metz, les corps de Bazaine, Ladmirault, Frossard et la garde impériale, sous les ordres de Bourbaki, se concentraient en attendant les changements qui devaient avoir lieu dans le commandement en chef de l'armée du Rhin.

L'opinion publique était depuis longtemps soulevée

contre l'incapacité du maréchal Lebœuf, que l'on regardait comme la cause principale des premiers revers. On lui retira sa haute position; l'Empereur lui-même se démit du commandement en chef de l'armée du Rhin; il ne resta plus qu'une grave question à résoudre: la nomination d'un général assez populaire pour inspirer la confiance et assez courageux pour assumer une responsabilité aussi grave. Changarnier, le vieux et populaire général d'Afrique, était arrivé à Metz; il venait au moment du danger offrir son épée au monarque qui avait signé l'ordre de l'emprisonner en 1851 et qui l'avait envoyé en exil; il venait mettre sa vieille expérience au service de la patrie en danger. Le vieux général fut parfaitement accueilli par l'Empereur, et dès ce moment le vétéran prit la place principale au conseil de guerre et exerça une influence toute-puissante sur ses décisions.

A une réunion des chefs de corps, des maréchaux de France et de l'état-major, on mit à l'ordre du jour la discussion importante du choix d'un nouveau général en chef. L'Empereur présidait, et, après quelques remarques touchantes sur les raisons qui le poussaient à abandonner le commandement, il recommanda à ses lieutenants de bien peser leurs résolutions, de mettre de côté tout esprit d'ambition en présence des graves événements qui venaient de s'accomplir et de la tâche immense qu'ils allaient entreprendre. Quant à lui, il était déterminé à n'influencer en rien leurs décisions. Ayant ainsi parlé, l'Empereur couvrit son visage de ses mains et attendit silencieusement la nomination de son successeur au commandement de l'armée du Rhin.

La séance fut orageuse. Les favoris de la cour, les généraux de salon du second Empire, ces hommes égoïstes qui, se prévalant de la bonté que leur témoignait leur souverain, n'avaient pas craint de l'entraîner dans des

— 49 —

malheurs peut-être sans précédents dans l'histoire, ne pouvaient se faire à l'idée d'abandonner leurs projets d'ambition, pour être soumis à un général que désigneraient tout à la fois son rang, ses qualités et le prestige de ses glorieuses campagnes. L'influence de Changarnier triompha de toutes ces intrigues, et le maréchal Bazaine fut appelé au commandement de l'armée du Rhin, de concert avec Mac-Mahon, qui devait prendre le commandement en chef de son propre corps, ainsi que de ceux de de Failly, de Félix Douay et des nouvelles colonnes que l'on formait à Châlons.

Je ne discuterai pas les erreurs stratégiques du commencement de la campagne ; mais le plan du maréchal Lebœuf ou de l'Empereur était évidemment en dehors de toutes les règles de stratégie adoptées par les grands généraux dans les guerres modernes. Le grand capitaine, fondateur de la dynastie impériale, au lieu de disperser ses forces sur une ligne trop étendue, les concentrait en masses compactes, de manière à ne faire donner ses réserves qu'au moment opportun, et les merveilles opérées par le plus grand génie militaire des temps modernes eussent dû servir d'exemple à ses successeurs.

De Failly, placé dans une position qui l'empêchait de venir au secours de Mac-Mahon attaqué par le Prince royal, est une de ces fautes sur lesquelles l'histoire aura à porter son jugement — nous dirons plus, son blâme. C'est la négation complète des règles les plus élémentaires de la stratégie militaire. Il en est de même pour Frossard, qui, abandonné à lui-même à Forbach, fournira un second exemple de la négligence ou de l'incapacité des conseillers du premier commandant en chef de l'armée du Rhin.

En prenant le commandement, le maréchal Bazaine expliqua brièvement, dans un ordre du jour, daté du quartier général, les mesures efficaces qu'il avait l'inten-

4

tion de prendre : il ajouta que, abandonnant le système suivi par son prédécesseur, il se préparait à agir immédiatement avec la plus grande énergie.

La France était enfin débarrassée des traditions de l'Empire, qui, depuis quelques années, avait tout accordé à la faveur, en se bornant, par occasion, à donner quelques récompenses insignifiantes au véritable mérite. Les fameux généraux de l'antichambre impériale allaient descendre dans les rangs subalternes, et l'on attendait les meilleurs résultats d'un changement aussi nouveau et aussi radical.

Bazaine, le nouveau commandant en chef, donna immédiatement des ordres pour que tout le monde se rendît à son poste, ainsi qu'au campement qui lui était assigné. Après un grand nombre de contremarches dans la direction de Boulay, de Saint-Avold et tout le long de la frontière allemande, l'armée du Rhin se trouvait, le 13 août, campée sur un terrain assez rapproché de Metz pour être couverte par les canons des forts détachés de cette place d'armes, réputée la première de France. Son armée se composait des 2e, 3e et 4e corps, de toute la garde impériale et des deux divisions de Canrobert, le tout formant un effectif de 130,000 hommes. L'élite de l'armée française se trouvait ainsi réunie sous le commandement absolu du maréchal Bazaine.

D'après des sources certaines, j'avais appris que l'Empereur et son état-major quitteraient Metz le 14 août, pendant que l'armée entière se replierait sur Verdun. En vertu de ces renseignements, je me rendis le dimanche matin au camp de la garde impériale, et c'est grâce à cette circonstance que j'ai eu l'occasion d'assister à la bataille de Borny. Mais je ne veux pas anticiper sur les événements ; mon récit sera bref ; je dois seulement avertir le lecteur que, m'étant trouvé par hasard au milieu de la bataille, tous les renseignements qui suivent sont d'une exactitude rigoureuse.

Il était environ une heure de l'après-midi, le 14 août, lorsque Bazaine ordonna la retraite de l'armée par la route de Verdun. Il y avait eu dans la matinée de légères escarmouches entre les avant-postes; une bataille avait paru imminente, mais l'ennemi, à couvert sous les bois de Borny, n'avait nullement manifesté l'intention d'accepter le combat.

Je dois dire que, pendant que ces événements s'accomplissaient à Metz, l'armée du prince Frédéric-Charles avait fait sa jonction avec celle du général von Steinmetz, et que depuis deux jours elles avaient pris une position en demi-cercle entre Boulay, Saint-Avold et Faulquemont. Leurs forces réunies s'élevaient à 220,000 hommes. Dans la matinée de ce même jour, leur arrière-garde avait pris position sur la route de Boulay, au point d'intersection aboutissant à Borny. Les Prussiens occupaient également la route de Bellevoir à Borny, au-dessus de la forêt de ce nom, dont les arbres cachaient une partie de leur infanterie.

A deux heures de l'après-midi, l'avant-garde de l'armée de Bazaine, composée du 2ᵉ corps et d'une partie de la cavalerie, franchissait la Moselle sur un pont de bateaux jeté quelques heures auparavant, tandis que les bagages, le matériel et les provisions de l'armée passaient également la rivière sur d'autres points et prenaient la direction de Longeville. Les équipages de l'Empereur étaient déjà partis, le prince Napoléon avait suivi, et une demi-heure après, l'Empereur lui-même quittait Metz, se dirigeant du même coté.

A trois heures, le 3ᵉ corps, commandé par le général Decaen, le 4ᵉ corps, par le général Ladmirault, et la garde impériale, sous les ordres de Bourbaki, levaient également le camp, lorsqu'on vit soudain les Prussiens se préparer à l'attaque. Quelques-uns de leurs régiments se plaçaient en tirailleurs, tandis que d'autres faisaient un mouvement offensif en avant des bois de Borny et dans la direction de Grizy et de Mercy-lès-Metz. Il était impossible de se méprendre sur leurs intentions, et l'invitation à dîner que j'avais reçue et acceptée de quelques officiers de la garde impériale me fournit tout à la fois l'occasion de suivre le combat dans tous ses détails et de raconter dans ces pages tous les incidents dont j'ai été témoin.

Au moment de l'attaque, les troupes françaises, commandées par le maréchal Bazaine, faisaient face à Borny, Gizy et Mercy-lès-Metz, tandis que la garde impériale, formant la réserve, était postée près du fort de Queuleu. On entendit bientôt de toutes parts un violent feu d'artillerie, et la landwehr prussienne, précédant les colonnes allemandes, s'élançait rapidement à l'attaque. Des deux côtés, les canons et les mitrailleuses commençaient leur œuvre meurtrière. Je me trouvais près d'un fourgon de munitions et, après quelques minutes, je devins spectateur d'une scène de confusion indescriptible. Les hommes tombaient à mes côtés; les boulets sifflaient à mes oreilles, pour aller, à quelques pas plus loin, semer la mort au milieu des bataillons.

Il était difficile de conserver son sang-froid en présence d'un massacre aussi terrible. Les cris des blessés, les imprécations des soldats tombant sous les balles, la rage de leurs amis, leur soif de vengeance, tout cela avait quelque chose de fantastique, comme ce que l'on voit dans un mauvais rêve.

Mais, hélas! ce n'était point un cauchemar; quelques-uns de mes amis, parmi lesquels se trouvait le baron de Vatry, commandant un des bataillons de la garde, passèrent près de moi, et cherchèrent à me faire comprendre le danger auquel je m'exposais sans nécessité; mais leurs paroles résonnaient à mon oreille comme un simple murmure au milieu des bruits terribles de la bataille. Ils disparurent bientôt dans la fumée, et je restai spectateur de cette scène épouvantable. Tout en prenant quelques notes pour transmettre mes tristes impressions, je ne pouvais me lasser d'admirer la grandeur du spectacle et l'immensité de cette lutte formidable.

Une batterie d'artillerie, dans laquelle se trouvait une mitrailleuse, faisait un carnage épouvantable dans les rangs des Prussiens, et, à chaque détonation, j'entendais les bravos frénétiques annonçant les nouveaux exploits du terrible engin de guerre. Le tir était si bien dirigé et sa précision tellement grande, que chaque coup abattait presque en entier les bataillons prussiens qui émergeaient des bois. Je dois ajouter que les Allemands combattaient avec une énergie désespérée, et que leur artillerie, répondant à la nôtre par un feu meurtrier, détruisait littéralement les régiments français.

A sept heures du soir, les Prussiens faisaient un mouvement de retraite. Une mitrailleuse avait été à deux reprises différentes enlevée aux Français, et bien que ce ne soit qu'un des mille incidents de la bataille, je dois le mentionner, parce qu'il aboutit à un résultat important. Depuis une heure, les plus grands efforts des Français avaient eu pour but de déloger les Prussiens des bois de Borny, où leurs troupes trouvaient un rempart naturel qui les protégeait contre nos attaques. Le brave colonel du 4ᵉ régiment d'infanterie, en reprenant la mitrailleuse à l'ennemi, fit sortir des bois une masse innombrable de soldats, qui se précipitèrent comme un torrent sur les divisions françaises. La dispute de cette mitrailleuse n'était évidemment qu'un prétexte, car on vit bientôt les Prussiens suivre la même tactique qui les avait si bien servis à Forbach et à Wœrth. Cette tactique consiste à

dissimuler leurs forces, composées principalement d[e]
leurs meilleures divisions, et, quand la bataille paraît s[e]
décider en faveur de l'adversaire, de lancer immédiate[-]
ment sur l'ennemi ces masses puissantes de troupe[s]
fraîches et changer ainsi en un moment la défaite en vic[-]
toire. Mais cette fois, le maréchal Bazaine leur avait pré[-]
paré une surprise.

Il avait tenu en réserve la garde impériale, commandé[e]
par Bourbaki ; son artillerie, placée sur une position élevé[e]
commença à prendre l'offensive ; les grenadiers firent u[n]
mouvement en avant, et depuis ce moment, jusqu'[à]
neuf heures moins un quart, on eût pu se croire au milie[u]
d'une éruption du Vésuve. Le fort de Queuleu, avec se[s]
puissantes batteries, balayait le flanc des colonnes e[n]
marche, pendant que des régiments de cavalerie char[-]
geaient à fond de train sur les ailes ; à ce moment mêm[e]
les Prussiens battaient en retraite avec une perte de 13 [à]
14 mille hommes tués ou hors de combat. La perte de[s]
Français s'élevait à 8,000 hommes.

Quarante mille Français venaient de lutter contr[e]
100,000 Prussiens, et la grande disproportion entre le[s]
pertes subies des deux côtés provenait uniquement d'u[n]
faux mouvement des Prussiens, qui les avait amenés, dan[s]
leur mouvement de retraite, sous le feu direct du fort d[e]
Queuleu.

Le général Decaen était blessé à la jambe, le généra[l]
de Castagny avait eu un bras emporté et le maréch[al]
Bazaine lui-même avait été légèrement contusionné à l[a]
tête.

L'Empereur, qui, pendant le combat, s'était tenu a[u]
village de Longeville, sur la route de Verdun et à 5 kilo[-]
mètres de Borny, visita le champ de bataille dans l[a]
soirée. C'était un lugubre spectacle. Sous le fort d[e]
Queuleu, des monceaux de cadavres entassés les uns su[r]

les autres à la hauteur de plus d'un mètre, éclairés par la lune, projetaient sur le sol leurs ombres sinistres. Quant à moi, marchant avec la garde impériale, je pris la route de Verdun pour aller coucher à Moulins, où j'arrivai environ à une heure du matin.

Le petit village de Moulins-lès-Metz, situé à 6 kilomètres de Metz, offrait un coup d'œil vraiment curieux. Pendant la nuit et dans la matinée du 15 août, toute l'armée française traversait le village ou formait ses campements dans les environs. Les hôtels, les maisons particulières, les granges étaient occupées par les officiers. Quant aux routes, elles étaient tellement encombrées par les soldats, les fourgons, les chevaux, l'artillerie, qu'il fallait plus d'une heure pour faire un kilomètre.

De l'impériale d'une diligence où j'essayai vainement de dormir, je fus témoin de plusieurs scènes vraiment désopilantes. Un dragon, conduisant une misérable vache qu'il avait prise dans le voisinage, disputait le butin à un fantassin qui prétendait en avoir sa part. « Cette vache est tout mon avenir, » répétait le dragon à moitié ivre, tout en repoussant son ami qui se trouvait dans le même état ; mais les deux soldats furent bientôt réconciliés et convinrent de se partager fraternellement le prix de la vente aussitôt qu'elle serait effectuée.

Plus loin, un zouave se promenait avec le trophée le plus étonnant que j'aie jamais vu. Quatre oies se balançaient majestueusement sur ses épaules, tandis que ses reins étaient garnis de volailles de toutes sortes qui lui formaient une véritable ceinture. Il parcourait le camp, vendant à tout offrant les animaux domestiques qu'il avait enlevés dans les fermes des environs. Un grand nombre de ces soldats avaient pris part à la bataille de la journée, et à la suite de leurs exploits, ils avaient jugé convenable de se procurer un bon repas aux dépens des fermiers qui avaient abandonné leurs maisons dès que le feu avait commencé.

Les généraux et les officiers d'état-major défilaient à travers la foule. A la pointe du jour, le maréchal Canrobert, au milieu de ses aides de camp et précédé de son porte-fanion, inspectait les divers campements ainsi que les convois, quand soudain il rétrograda dans la direction de Longeville. On venait d'acquérir la certitude que quelques divisions prussiennes entouraient le voisinage et menaçaient le quartier impérial. En effet, une heure plus tard, plusieurs bombes furent lancées dans la cour de la maison occupée par l'Empereur; un colonel et quelques hommes furent tués et un feu de tirailleurs était engagé sur toutes les hauteurs avoisinantes.

J'avais perdu mon cheval et j'étais à la recherche d'un nouveau moyen de transport, lorsque je fis la rencontre de deux journalistes : l'un, correspondant du *Paris-Journal*, l'autre de l'*Étoile belge,* de Bruxelles. Ils quittaient Metz par crainte du blocus, et nous convînmes de faire route pour Verdun afin de pouvoir expédier notre correspondance. Une diligence de Boulay, obligée de quitter son relais par suite de l'invasion prussienne, se trouvait dans le village. Après des pourparlers assez longs, nous décidâmes le conducteur à nous mener immédiatement à Verdun. Comme l'argent n'était pour nous qu'une question de détail, le prix élevé que nous lui offrîmes fut un argument décisif pour notre homme. Nous partîmes à huit heures du matin, mais la route était tellement encombrée de soldats et de fourgons que nous mîmes deux heures pour arriver à Maisonneuve, qui n'est qu'à 3 kilomètres de Moulins.

Nous arrivâmes donc à Maisonneuve le 15 à dix heures du matin. Le village était plein de troupes; un régiment s'était posté en tirailleurs sur le sommet d'une colline, tandis que des chasseurs et des hussards exploraient le pays. Nous étions occupés à prendre une tasse de café, lorsque nous entendîmes le bruit d'une canonnade dans les environs de Metz. Il s'ensuivit une panique générale : les équipages de l'Empereur prirent au galop une route parallèle aboutissant à Verdun. Un correspondant français qui venait de nous rejoindre à l'instant était tellement impressionné, qu'il s'élança sur un des fourgons de l'armée et s'éclipsa à nos yeux. Nous essayâmes de faire entrer notre diligence dans les rangs des voitures du train, mais les gendarmes s'y opposèrent. Mes compagnons proposaient d'abandonner notre véhicule, mais je déclarai que je tenais à le conserver, et, marchant droit à un gendarme, je lui affirmai avoir obtenu de son commandant l'autorisation spéciale de suivre le convoi avec ma diligence. Dans sa précipitation, il ajouta une aveugle confiance à mon assertion hasardée, et nous pûmes rejoindre le convoi. Je dois avouer que chacun paraissait inquiet, car la canonnade continuait et dura encore une heure et demie.

Nous suivions une route profondément encaissée : sur notre droite, au sommet des hauteurs, les tirailleurs allemands répondaient par un feu bien nourri aux compagnies françaises postées sur notre gauche ; les balles passaient naturellement au-dessus de nos têtes, tuant ou blessant çà et là quelques soldats qui suivaient notre route. Nous voyagions ainsi sous le double feu des tirailleurs et au milieu d'une foule de fugitifs, saisis d'une terreur panique.

Je vis plusieurs officiers de l'état-major de l'Empereur galopant à bride abattue et s'arrêtant de temps en temps pour nous demander si nous avions rencontré le convoi impérial ; je montrai à l'un d'eux la route suivie par les équipages du Souverain, mais il ne parut rien comprendre à mon explication et reprit son galop furieux à travers la campagne.

Notre diligence, avec ses trois chevaux, suivait lentement les convois militaires ; les tirailleurs prussiens avaient abandonné le sommet des montagnes et le feu avait cessé. Nous étions entourés d'officiers et de soldats qui, depuis vingt-quatre heures, n'avaient pu toucher aux vivres. Nous partageâmes libéralement avec eux les provisions que nous avions recueillies, et nous restâmes péniblement affectés de la mauvaise administration de l'intendance française, qui laissait quelquefois pendant deux ou trois jours la plus grande partie des troupes sans la moindre ration.

L'insouciance coupable d'une administration si fière de sa bonne organisation a été, je puis le dire en toute certitude, une des principales causes des revers de la France. A mon avis, les intendants militaires de l'armée auraient dû être traduits devant un conseil de guerre pour rendre compte d'une négligence si fatale à nos troupes.

Il était environ quatre heures lorsque nous atteignîmes un plateau d'où la vue embrassait toute la vallée de la Moselle et la ville de Metz. Nous dominions également tout le pays environnant. Des masses de Prussiens étaient campés à environ 5 kilomètres de distance ; quelques-unes de leurs colonnes faisaient face au village de Gravelotte. Près de ce village, et occupant une partie des défilés que nous venions de quitter, les 2e, 3e et 4e corps d'armée étaient rangés en bataille, la garde formant la réserve. Leur ligne de bataille s'étendait depuis *la Ferme* jusqu'au village de Gravelotte. Quelques-uns des régiments se développaient en tirailleurs pendant que d'autres opéraient des évolutions vers les lignes de l'ennemi. Une bataille était imminente ; le plan des Prussiens étant évidemment de couper la retraite des Français sur Verdun.

Le quartier impérial et le quartier général du maréchal Bazaine se trouvaient dans le village. J'y vis l'Empereur.

Le prince Napoléon et le Prince impérial étaient arrêtés devant la porte d'une auberge. Le jeune prince, en dépit de sa pâleur, avait bonne mine sous son uniforme, et, n'eût été l'étoile de la Légion d'honneur qui brillait sur sa poitrine, on l'aurait pris pour un jeune écolier revêtu de ses habits de fête.

Malgré tous les préparatifs, l'engagement n'eut pas lieu ce soir-là, et le lendemain matin, de bonne heure, l'Empereur, le Prince et leur suite partirent dans la direction de Verdun, en route pour le camp de Châlons. Le convoi impérial s'était fait escorter par les 2ᵉ et 3ᵉ régiments de chasseurs d'Afrique, appuyés par un régiment d'artillerie avec ses batteries.

Le mardi 16, le maréchal Bazaine donna l'ordre de continuer le mouvement de retraite sur Verdun. Frossard, à la tête du 2ᵉ corps, ouvrait la marche; mais au moment où il approchait de Vionville, les Prussiens firent leur apparition au sud, sur son flanc gauche. Le général se mit immédiatement en mesure de les recevoir, et alors commença une vigoureuse attaque. Le 2ᵉ corps soutint le premier choc avec fermeté en attendant l'arrivée du 3ᵉ corps, commandé par Ladmirault, et du 4ᵉ, sous les ordres du général Decaen et du maréchal Canrobert, qui arrivaient à son secours et qui prirent successivement part à l'action. Vers deux heures, la bataille était engagée sur toute la ligne, depuis Doncourt jusqu'à Vionville; les armées opéraient sur les deux routes aboutissant à Verdun, précisément à la droite de Gravelotte, où la garde impériale combattait sous les ordres du général Bourbaki..

Les Prussiens mirent en ligne des forces immenses; plus de 200,000 hommes, commandés par le général von Steinmetz et le prince Frédéric-Charles, furent engagés dans cette affaire. Leurs attaques furent rapides, vigoureuses et souvent répétées, mais toujours repoussées par les

Français. La ligne de bataille s'étendait sur une longueur de 12 kilomètres; le terrain était accidenté et coupé par des ruisseaux jusqu'au delà de Rezonville. L'action dura depuis neuf heures du matin jusqu'à la nuit, et les Prussiens furent repoussés sur toute la ligne, en dépit de l'arrivée, à la chute du jour, d'un corps de troupes fraîches, fort de 30,000 hommes, qui était venu dans l'intention de couper l'aile gauche de l'armée française.

Les pertes furent immenses des deux côtés, et la bataille de Gravelotte peut compter comme une des plus sanglantes du siècle actuel. Il n'y eut pas moins de 40,000 hommes tués ou mis hors de combat, et la plus grande proportion était, comme de coutume, du côté des Prussiens.

Le maréchal Bazaine avait repoussé l'ennemi et restait en possession du terrain qu'il avait conquis.

Le 2ᵉ corps du général Frossard et la cavalerie du général Forton accomplirent des prodiges de valeur, mais Dieu sait à quel prix. Ils avaient perdu un grand nombre de soldats avant l'arrivée du 4ᵉ corps et des divisions venant de Rezonville. Dans un de ces combats furieux, le général Bataille, commandant la 2ᵉ division du 2ᵉ corps, fut grièvement blessé.

Je dois rendre ici un légitime tribut à la bravoure des Prussiens, à leur tactique savante, ainsi qu'à l'excellente discipline et à la fermeté de leurs colonnes, marchant en rangs serrés sous un feu meurtrier. Pendant la plus grande partie du jour, ils surent maintenir l'offensive avec un certain avantage.

Au plus fort de la mêlée, un régiment de uhlans joua un rôle glorieux : il chargea l'état-major même du maréchal et tua 20 hommes de son escorte, y compris le capitaine qui la commandait. Cette action d'éclat mérite d'être mentionnée. Du reste, ces régiments de uhlans, composés de l'élite de la jeunesse allemande, forment une cavalerie merveilleuse, et lorsqu'ils sont employés comme éclaireurs, ils n'ont point de rivaux.

Le 17 août fut employé par le maréchal Bazaine à compléter ses munitions, à enterrer les morts et à transporter les blessés à Metz. Les Prussiens, de leur côté, paraissent avoir rempli les mêmes devoirs, tout en continuant leurs mouvements pour l'attaque du 18.

Quelque glorieuse que fût pour les armes françaises la bataille de Gravelotte, ou Vionville, elle était loin d'être décisive, ainsi que les événements l'ont fatalement prouvé depuis. Il devenait évident pour tous que la retraite sur Verdun et Châlons ne pourrait s'effectuer sans livrer au moins une autre bataille, et que les Prussiens poursuivraient activement leur plan de couper la retraite de Bazaine et de le rejeter sur Metz.

La stratégie du général von Moltke venait de recevoir dans son exécution un sérieux échec par le succès de l'armée française, et il était facile de prévoir que, par des efforts renouvelés, les Prussiens chercheraient à s'assurer à tout prix de l'objectif le plus important de la campagne: la séparation complète des communications de l'armée du Rhin d'avec celle de Châlons.

Si le jour suivant Bazaine avait continué sa retraite sur Verdun, rendue praticable par sa victoire à Gravelotte, il eût évité la fatale bataille du 18 et empêché son armée d'être coupée. Mais il perdit un temps précieux à ramasser les blessés et à enterrer les morts.

Le 18 août, les troupes prussiennes, qui avaient reçu des renforts importants des réserves du Roi, attaquèrent l'armée française, dont le centre occupait le village de Mars-la-Tour. Le nombre des Allemands pouvait s'élever à 220,0000 hommes; leurs lignes s'étendaient de Vigneulles à Sainte-Marie-aux-Chênes, jusqu'aux carrières de Jaumont dans la direction de Briey. Ces carrières, d'une étendue de 5 kilomètres, se trouvent à 15 kilomètres de Metz, et les nouveaux forts établis depuis quelques années dans cette place ont été construits avec des pierres extraites de ces carrières.

Deux voies conduisent de Metz à Jaumont : par la première, on se rend à Briey en traversant les villages de Plappeville, Waippz et Lorry ; la seconde, passant par le village d'Armanvillers, suit les routes de Doncourt, d'Étain et de Verdun.

Le pays est très-accidenté au sud-est de Jaumont. Entre Armanvillers et Lorry se trouve une forêt coupée de ravins profonds ; au nord d'Armanvillers sont les routes de Sainte-Marie-aux-Chênes, les hauteurs de Saint-Privat et les montagnes dominant la vallée de Montraux ; au nord-est, dans la direction de Briey, on trouve la belle forêt d'Avril, qui est bordée par la rivière l'Orne. Sur la droite de cette rivière sont bâtis les villages de Gouf et de Hemencourt ; enfin, beaucoup plus au nord, au confluent de l'Orne et de la Moselle, on peut apercevoir l'immense forêt de Mozeuvre et la route de Sierck.

Ce fut à travers ces bois de Mozeuvre que le corps du général von Steinmetz, qui avait pris part à la bataille du 16, se dirigea sur l'ennemi. Ce furent aussi les Prussiens de von Steinmetz qui engagèrent la bataille du 18, et l'armée du prince Frédéric-Charles entra en ligne beaucoup plus au sud, à Doncourt et à Mars-la-Tour.

La lutte fut encore plus terrible qu'à Gravelotte ; le champ de bataille avait une plus grande étendue, sur un terrain ondulé, fortement boisé, sillonné en tous sens par des ruisseaux et embrassant presque tout l'espace compris entre Mars-la-Tour et Briey, dans la direction du nord-est.

La bataille dura toute la journée. A différentes reprises, pendant cette lutte terrible, la victoire sembla devoir être en faveur des armes françaises ; malheureusement, les régiments français furent écrasés sous des forces supérieures, et quand vint la nuit, la magnifique armée du maréchal Bazaine, sur laquelle l'Empire fondait un espoir des plus légitimes, était rejetée sur Metz ; mais ce ne fut pas sans avoir livré un combat que les Prussiens se rappelleront comme une victoire achetée au prix des plus grands sacrifices. Après neuf heures d'une lutte héroïque contre des forces tellement supérieures qu'elle avait dû combattre dans la proportion de un contre trois, l'armée du Rhin voyait décidément toutes ses communications coupées et sa retraite sur Châlons rendue impossible.

L'affaire des carrières de Jaumont, qui a été si fortement exagérée par les journaux français, a cependant un certain fond de vérité. Au milieu de cette bataille de géants le maréchal Canrobert chargea comme un simple général à la tête de deux divisions. Une lutte corps à corps s'engagea entre ses héroïques soldats et les Prussiens. A la fin, écrasés sous le feu terrible des mitrailleuses, ces derniers furent repoussés, et quelques centaines d'entre eux précipités dans les carrières de Jaumont, où ils s'engloutirent brisés et mutilés. Ce fait d'armes du maréchal Canrobert est considéré comme une des plus brillantes actions d'éclat de la campagne.

Le vendredi matin et les jours suivants le champ de bataille présentait un spectable hideux. De tous côtés on voyait des cadavres entassés par piles, et sur certains points les monceaux s'élevaient à une hauteur de deux mètres. Par-ci par-là on trouvait des corps étroitement entrelacés. Plus loin, on pouvait juger de l'œuvre meurtrière de ces mitrailleuses que j'avais vu fonctionner pour la première fois à Forbach ; dans un ravin les cadavres étaient tellement pressés les uns contre les autres qu'ils n'étaient pas tombés : les corps de ces malheureuses victimes se soutenaient arcboutés contre les élévations du terrain.

Les Prussiens bivouaquèrent sur le champ de bataille; et en relevant les morts ils ne trouvaient qu'une moyenne de trois Français sur sept cadavres, ce qui prouve que, comme dans les combats précédents, la perte du côté des Prussiens était beaucoup plus considérable. Du reste, ces derniers l'admettent dans leurs rapports.

L'épisode suivant de la bataille de Mars-la-Tour est une preuve évidente des divers succès remportés par les Français pendant le combat, et démontre combien ils ont été près de remporter la victoire.

Vers le soir, à la suite des attaques successives des corps français à Doncourt, l'aile gauche de l'infanterie prussienne, épuisée de fatigue et cruellement décimée, commençait à se replier et à céder de plus en plus. La nuit approchait, et le succès de la journée dépendait de la réussite sur ce point du champ de bataille.

Le général Moltke comptait avec anxiété les heures qui le séparaient de l'obscurité complète. La crainte de voir ses combinaisons renversées par l'héroïque résistance des Français augmentait à tout moment, et son œil inquiet interrogeait le sud-est, d'où il attendait les Poméraniens du 2e corps d'armée. Enfin, les Poméraniens arrivèrent au pas de charge au moment favorable. En reconnaissant von Moltke, ils poussèrent des hourrahs prolongés, dont l'écho parvint jusqu'aux colonnes dont l'ardeur faiblissait. A la vue de leur grand général, les soldats enthousiasmés retrouvèrent une vigueur nouvelle; ils se précipitèrent sur les hauteurs et les positions occupées par les Français, et complétèrent enfin la victoire par un effort presque surnaturel qui leur avait été inspiré par la présence du chef de l'état-major prussien.

Aussitôt von Moltke part à toute bride pour rejoindre le Roi : « Sire, s'écrie-t-il, la victoire est à nous; l'ennemi bat en retraite. »

Les deux armées étaient épuisées, les morts étaient étendus dans une boue visqueuse, les blessés étaient couchés dans le sang, et des milliers d'entre eux se mouraient faute de secours. La nuit vint bientôt voiler de son obscurité l'aspect du champ de bataille et la vue de cet horrible carnage.

On n'avait encore donné aucun rapport officiel sur les batailles de Gravelotte et de Mars-la-Tour. Les événements se succédaient avec une telle rapidité que tout l'intérêt des détails s'effaçait devant la grandeur des résultats : 40,000 Français pour le moins et 65,000 Prussiens avaient été mis hors de combat dans les trois batailles de Borny, de Gravelotte et de Mars-la-Tour.

Le fait le plus important, et qui fut pendant tant de jours caché au peuple français, c'est qu'à la suite de ces trois batailles, Bazaine, avec l'armée du Rhin, la fleur des troupes françaises et de l'état-major de France, se trouva coupé de toute communication avec Paris et paralysé dans tous ses mouvements futurs. Ce fut bien certainement la réussite de cette combinaison stratégique obtenue par les Prussiens qui détermina l'issue de la campagne, et amena la catastrophe de Sedan, et par suite les grands revers de la France.

CHAPITRE IV

L'ARMÉE DU MARÉCHAL BAZAINE REJETÉE SUR METZ

Incidents. — Camp de Mourmelon. — L'armée de Mac-Mahon marche sur les Ardennes. — Montmédy.

Après avoir assisté à ces principaux événements si désastreux, mais aussi si glorieux pour les armes françaises, je continuai ma route sur Verdun en dehors des lignes prussiennes. Les chemins d'Étain et de Verdun portaient les traces des luttes qui avaient eu lieu dans le voisinage. Des détachements de uhlans exploraient les grandes voies de communication, et les deux régiments de chasseurs d'Afrique, après avoir escorté l'Empereur sur la route du camp de Châlons, revenaient en donnant la chasse aux éclaireurs prussiens.

Au village de Jarny, un escadron du 2ᵉ chasseurs d'Afrique, commandé par le colonel de Gallifet, en vint aux prises avec 150 uhlans. Après avoir déchargé leurs armes à feu, ils s'attaquèrent mutuellement à l'arme blanche, et bientôt les uhlans s'enfuirent en désordre dans la campagne, poursuivis de près par les chasseurs chargeant avec vigueur au galop de leurs chevaux. Cette chasse, qui dura quelque temps, fut sans contredit un des spectacles les plus intéressants dont je fus témoin pendant le cours de la campagne. Le résultat de cette course au clocher guerrière fut la capture de 30 uhlans et la mort de six autres.

Une heure plus tard, dans un village près d'Étain, notre marche fut arrêtée par cinq uhlans postés au milieu de la route. Mes compagnons et moi résolûmes de résister à toute tentative de pillage de la part de ces messieurs. Les habitants avaient disparu, les portes étaient fermées et l'on ne voyait pas un seul être vivant, à l'exception des majestueux cavaliers allemands, immobiles, tenant le revolver d'une main et de l'autre leur longue lance surmontée du fanion orné de l'aigle prussienne. Il n'y avait pas à se méprendre sur leurs intentions. Ils nous attendaient, nous, simples particuliers, avec la conviction peut-être que nous étions porteurs du coffre-fort impérial, ou tout au moins de dépêches importantes.

Prêts à tout événement et surexcités par les scènes de carnage dont nous avions été témoins depuis trois jours, nous prenions déjà nos revolvers en main, résolus à faire un mauvais parti à ces adversaires malencontreux, lorsqu'un détachement de 25 chasseurs d'Afrique, s'élançant au galop des bois avoisinants, mit en fuite les uhlans et nous débarrassa de leur fâcheux voisinage.

Les habitants du village, fous de terreur, ouvrirent alors leurs fenêtres. La vue des chasseurs d'Afrique sembla réveiller en eux un sentiment de bravoure qu'ils auraient dû montrer plus tôt. Le maire, après s'être soigneusement assuré de la retraite des uhlans, déclara qu'il allait chercher son fusil et qu'il avait toujours été prêt à mourir pour défendre la vie de ses administrés. Malheureusement, l'adjoint détruisit l'effet de la harangue guerrière du maire en déclarant que le digne magistrat avait attendu l'attaque de l'ennemi sous les épaisses voûtes de sa cave.

On apporta du vin et des provisions pour célébrer la retraite de l'ennemi et la bravoure imaginaire des bons villageois. On porta des toasts à la gloire de la France ; mais les pauvres paysans, si joyeux en ce moment, ne se doutaient pas que quelques heures plus tard leurs maisons seraient occupées par l'ennemi et leurs provisions enlevées à titre de réquisition.

Après un court séjour à Verdun et à Montmédy, ayant appris que les communications entre cette dernière ville et Reims n'étaient pas interrompues, je pris la résolution de me mettre en route pour Reims, et de là me rendre à Châlons au quartier général du maréchal Mac-Mahon.

En dépit des récits contradictoires d'une nouvelle bataille livrée par Bazaine depuis le 18, et d'une retraite heureuse opérée par lui à travers les lignes prussiennes, je n'avais pas changé d'opinion. J'étais profondément convaincu que l'armée du maréchal, cernée dans Metz, n'avait pas la moindre chance de briser le cercle de fer qui l'enveloppait.

Une excursion à Longuyon, faite en compagnie de mon ami de Katow, m'avait donné une preuve de l'immense extension des lignes prussiennes.

De Longuyon, nous nous étions avancés jusqu'au village de Benveille, près de Pierrepont, en suivant une route très-ondulée et fortement boisée. Le village était abandonné, et du sommet d'une colline nous pouvions distinctement voir les uhlans se dirigeant vers la ligne du chemin de fer, près de laquelle travaillaient plusieurs groupes d'hommes. J'ai su depuis que c'étaient des Prussiens qui enlevaient les rails, de sorte que la dernière ligne permettant à l'armée de Metz de diriger ses blessés sur Thionville se trouvait coupée.

Nous revînmes en toute hâte à Montmédy, où nous arrivâmes le soir à temps pour prendre le train de Reims ; de là, nous partîmes pour Mourmelon, à cinq lieues de

Châlons, où se trouvait le quartier impérial et celui du maréchal Mac-Mahon.

Le camp était occupé par une armée d'environ 130,000 hommes. La garde mobile était partie pour Saint-Maur, et des soldats de toutes armes composaient le corps d'armée du maréchal Mac-Mahon.

On disait que dans la nuit même un grand mouvement stratégique devait avoir lieu, dans la prévision d'une bataille. On ajoutait que l'Empereur et tout son corps d'armée allaient quitter le camp, enfin, que tout était prêt pour faire face à l'ennemi et lui porter le grand coup que l'on méditait depuis quelques jours. Des centaines de voitures et de chariots de réquisition, que je connaissais si bien depuis mon voyage accidentel du lundi précédent, étaient en chargement ou en attente autour de ce vaste camp. Le coup d'œil me rappelait ce fameux dimanche où, croyant quitter Metz dans la journée, nous avions été témoins des grandes batailles livrées sous ses murs.

L'armée, sous le commandement de Mac-Mahon, se trouvait alors composée des débris du 1ᵉʳ corps, amenés de Wœrth et de Saverne par le maréchal, du corps de de Failly, qui avait rallié Mac-Mahon après sa retraite de Saverne ; du 7ᵉ corps du général Félix **Douay**, arrivé de Belfort en chemin de fer par la voie de Paris ; de trois divisions du 6ᵉ corps, laissées au camp de Mourmelon par le maréchal Canrobert ; de 10,000 hommes d'infanterie de marine et d'un nouveau corps de jeunes soldats sous le commandement du général Lebrun ; le tout formant un total de 130,000 hommes.

La nouvelle armée avait été rassemblée en bien peu de temps ; cependant son équipement et son matériel de guerre étaient complets. Il est vrai de dire que l'énergie et la présence de l'Empereur y avaient contribué pour beaucoup. Un autre nouveau corps d'armée était également en voie de formation à Paris sous les ordres du général Vinoy, qui se préparait à rejoindre Mac-Mahon.

Les Prussiens étaient à Commercy et l'avant-garde du prince royal, déjà arrivée à Vitry, s'avançait dans la direction de Châlons-sur-Marne.

Il était à présumer qu'une bataille aurait lieu dans ces mêmes plaines, jadis témoins de la défaite des hordes d'Attila, entre l'armée du Prince et les forces commandées par Mac-Mahon. Mais la stratégie du ministre de la guerre français, qui devait être si fatale à nos armes, en avait décidé autrement. Mac-Mahon avait reçu l'ordre d'abandonner le camp de Mourmelon et de marcher au secours de Bazaine.

Le dimanche 21 août, le camp fut levé; les tentes de campement existaient encore, mais les gracieux ornements, les arcs de triomphe, les monuments élevés par les soldats avaient été détruits. L'immense ville de toile, si populeuse, si animée la veille, était complétement déserte. Elle avait l'aspect désolant d'un vaste cimetière. Les baraques en bois avec leurs portes ouvertes, le quartier impérial, les villas des généraux, les magasins, tout avait été abandonné.

Au village de Mourmelon, les restaurants, les cafés, les diverses boutiques où la nuit précédente affluaient les consommateurs, étaient tristement fermés. On s'était emparé de tous les véhicules disponibles, et le peu de monde qui restait se préparait au départ : 200 soldats d'infanterie et environ deux escadrons de cuirassiers formant l'extrême arrière-garde n'attendaient plus que le signal du départ.

Je me mis en route pour Reims, et lorsque je fus arrivé à quatre milles du Grand Mourmelon au sommet d'une colline d'où l'œil embrasse toute la plaine de Châlons, j'aperçus de grands feux brûlant simultanément sur six points différents du camp. Les tentes furent bientôt en flammes ainsi que les bois environnants, et le splendide champ de manœuvres, qui pendant si longtemps avait fait l'orgueil de l'état-major, fut sacrifié à l'approche des ennemis et ne forma plus bientôt qu'un amas de ruines.

La route était encombrée par plus de 3,000 fourgons ainsi que par d'autres voitures qui se dirigeaient sur Reims. Nous dûmes prendre à travers champs pour aller passer la nuit au village de Prunay.

Nous étions tranquillement assis dans une chambre de l'auberge principale, faisant honneur aux maigres provisions que nous avions été assez heureux de trouver à une heure aussi avancée de la nuit dans un pays où le passage subit d'une grande quantité de troupes avait presque épuisé les vivres, lorsqu'une dizaine de paysans pénétrèrent dans la salle et vinrent troubler notre quiétude. Les nouveaux venus étaient armés de gourdins et leur visite n'avait d'autre but que de nous administrer une bonne volée avant de nous faire prisonniers comme espions prussiens. Katow et moi, nous étant trouvés déjà à pareille fête, connaissions parfaitement le moyen de calmer l'héroïsme subit de ces bons paysans.

Tirant immédiatement nos revolvers, nous leur expliquâmes que si deux d'entre eux, après avoir examiné nos papiers, ne rendaient pas à leurs compagnons un compte satisfaisant de notre identité de Français, nous étions prêts à défendre nos droits et notre personne. La foule se retira et deux de ses chefs, après avoir touché nos passe-ports sans même les honorer d'un coup d'œil, déclarèrent que nous étions leurs dignes compatriotes. Quelques minutes après, le petit vin du pays resserrait les liens de notre amitié, et pour peu que nous eussions insisté, on nous eût immédiatement conféré le titre de citoyens de Prunay.

Le lendemain, de bon matin, nous arrivâmes à Reims.

L'Empereur s'était arrêté au château de Mme Sennard et le maréchal était campé au milieu de son armée, qui entourait la ville. On se disait tout bas que l'armée du maréchal Mac-Mahon était sur le point de faire un mouvement stratégique qui devait infailliblement aboutir à des résultats décisifs. La plus grande confiance régnait parmi la population ; mais par suite de renseignements que je venais d'obtenir d'une des personnes les mieux informées de la ville, j'étais loin de partager les espérances du public. Il était évident que la retraite de Bazaine sur Verdun se trouvait coupée, que ses mouvements étaient paralysés, et que le Prince royal, au lieu de marcher sur Paris, poursuivait maintenant l'armée de Mac-Mahon, dans le but de s'opposer aux tentatives de ce dernier pour arracher l'armée du Rhin à sa position périlleuse.

Parfaitement convaincu que l'armée de Mac-Mahon marcherait sur Metz, je revins immédiatement sur mes pas, dans la direction de Montmédy, avec l'espoir d'assister bientôt à quelque grand événement.

J'atteignis Montmédy le 26 août et je fus étonné du mouvement inaccoutumé qui animait la petite ville ; je fus également surpris de la présence de M. Wolf, intendant général de l'armée, du chirurgien en chef, baron Larrey, et de l'immense quantité de provisions accumulées dans la place.

Bien que Montmédy soit le siége d'une sous-préfecture de la Meuse, la ville n'a qu'une population de 3,000 habitants ; elle est située à l'extrême lisière du département de la Meuse, sur les confins du Luxembourg et à environ 5 kilomètres du territoire de la Belgique. La ville se divise en deux parties : la ville haute, enfermée dans les murs de la forteresse, et la ville basse, au pied des rochers fortifiés.

La citadelle, par sa position au sommet d'un rocher

élevé, est certainement aussi forte que n'importe quelle ville de frontière de seconde classe. Les fortifications sont excellentes, et les rochers naturels sur lesquels elles sont élevées permettent de défendre de la manière la plus efficace tout le pays environnant.

La citadelle était bien armée, le service de l'artillerie était fait par les gardes mobiles. Un officier supérieur commandait la place, et des bataillons de mobiles, bien exercés par des sous-officiers de l'armée, faisaient le service de la garnison.

A cette époque, l'importance stratégique de Montmédy provenait de sa ligne de chemin de fer vers les Ardennes, les Prussiens ayant coupé les lignes dans la direction de Thionvillle. La ligne de Montmédy à Sedan et des Ardennes restait donc seule pour le transport des provisions destinées aux Français.

Des employés supérieurs de l'intendance, des chirurgiens-majors de l'armée étaient arrivés à Montmédy. Toutes les voitures et charrettes avaient été mises en réquisition. Des provisions diverses y avaient été réunies et un ordre du maire venait d'ordonner la préparation d'un certain nombre de lits pour les blessés, en invitant les habitants à tenir du bouillon prêt. On s'attendait à un combat dans le voisinage, mais les troupes n'étaient pas encore en vue. Il circulait toutes sortes de bruits ; on disait qu'un des corps d'armée de Mac-Mahon s'approchait dans la direction de Stenay, tandis qu'un autre corps arrivait du côté opposé.

La plus grande agitation régnait sur tous les points ; des familles entières émigraient vers la Belgique, et les habitants qui restaient regardaient d'un œil soupçonneux tous ceux qui pénétraient dans la ville. A chaque instant on entendait dire : « Ce doit être un espion. » Puis on vous entourait, on examinait vos papiers, ou on vous remettait aux mains des gendarmes et des douaniers.

Au milieu de cette émotion populaire, je vis un petit prêtre conduit par deux gendarmes, entouré par des gardes mobiles et suivi d'une foule d'hommes du peuple. Le petit curé criait et gesticulait au milieu de ceux qui le conduisaient.

A la station du chemin de fer, ce prêtre, desservant la cure d'un village éloigné de quelques kilomètres, avait discuté à propos de la guerre et terminé son discours en disant : « Ah ! vous n'en avez pas fini avec les Prussiens ; ce n'est que le commencement, et Dieu les a envoyés pour punir les Français de leurs péchés. » Mais c'en fut assez ; des cris de : « A bas les Prussiens ! » se firent entendre et le petit curé, enlevé par la populace, fut remis aux mains des gendarmes, qui purent arrêter sa personne, mais il est douteux qu'ils aient réussi à arrêter sa langue.

Dans la soirée, le commandant de place reçut un télégramme annonçant que Mac-Mahon marchait sur Stenay, et bien que la grande combinaison fût tenue secrète, personne ne doutait que Montmédy dût être le point de jonction des deux armées françaises.

Pendant ce temps, les uhlans continuaient leurs excursions audacieuses de Longwy et de Longuyon. A Lamouilly et Chauvancy, sur la ligne de Sedan, ils avaient coupé les rails : un engagement avait eu lieu et ils avaient été repoussés avec perte.

Mézières, Sedan et Montmédy avaient acquis tout à coup une importance vitale pour les opérations françaises, et il était d'une nécessité absolue de maintenir intacte cette ligne de chemin de fer pour favoriser les mouvements stratégiques du maréchal et assurer l'arrivée de ses convois et de ses renforts.

Les Prussiens étaient en grand nombre à Vouziers,

Grand-Pré, Dom-sur-Meuse et une colonne marchait sur Rethel, de sorte qu'une collision entre les deux armées était imminente.

Le 28 août, on entendit de Montmédy le bruit d'une canonnade dans la direction de Chauvancy, et un peu plus à l'ouest, du côté du village de Buzancy.

Je partis à cheval pour Chauvancy, à 6 kilomètres de distance, et en suivant la ligne du chemin de fer, j'arrivai vers les dix heures à une petite ferme située sur une hauteur, d'où j'assistai à un engagement d'avant-postes.

Un peloton de 48 hommes du 6ᵉ régiment de ligne avait été détaché de Sedan pour garder la ligne du chemin de fer de Chauvancy ; la veille, les uhlans avaient coupé la ligne, mais après un combat d'une heure ils avaient été repoussés. Les communications avaient été rétablies, les quelques blessés amenés à Montmédy et le nouveau détachement s'était retranché avec soin.

Le 28, à neuf heures, 200 hommes du génie prussien et 400 uhlans sortirent tout à coup d'un bois situé à l'ouest de Chauvancy et attaquèrent sans coup férir le peloton français du 6ᵉ de ligne. Les Français, commandés par un capitaine, soutinrent bravement le premier choc ; ils se déployèrent en tirailleurs, et à dix heures, lorsque j'arrivai en vue du combat, ils étaient encore maîtres de la station, qu'ils défendaient à la manière des tirailleurs algériens. Une vingtaine d'attaques différentes se renouvelèrent en ma présence, et grande fut ma surprise en voyant ces quelques soldats, presque entourés sur tous les points, maintenir leur feu en s'abritant derrière les haies, les arbres et tous les obstacles que leur offrait le terrain ; mais ils durent succomber au nombre. A onze heures environ, ils furent délogés de la station, et une heure après je pus voir l'infanterie prussienne occupée à détruire la ligne, tandis que les uhlans gardaient la place.

Neuf soldats français avaient été tués, six étaient blessés et passèrent près de moi pour se rendre à Montmédy ; ils étaient couchés dans une grande charrette pleine de paille. Dix-huit hommes, y compris le capitaine, avaient été faits prisonniers.

Les Prussiens avaient eu 23 hommes hors de combat.

Presque au même moment, un engagement d'avant-postes se livrait à Buzancy. Et les luttes immenses, qui commencèrent par l'engagement de Beaumont pour se terminer par la catastrophe de Sedan, allaient se dérouler et étonner l'univers par leurs résultats inouïs et l'immensité des désastres de l'armée française.

CHAPITRE V.

ENGAGEMENT DE BEAUMONT, MOUZON ET DOUZY.

Bataille de Sedan. — L'Empereur sous le feu. — Les cuirassiers et les chasseurs d'Afrique.

En quittant Chauvancy, je me dirigeai vers la frontière belge, et, après une nuit de repos, je continuai mon voyage sans autre guide que le bruit de la canonnade; j'eus soin de suivre le territoire neutre pour éviter les éclaireurs prussiens qui battaient le pays. J'atteignis ainsi Florenville et de là me dirigeai sur Carignan, où j'arrivai assez tard dans la soirée.

Carignan est une petite ville sur le chemin de fer de Sedan à Montmédy, à 20 kilomètres environ de Chauvancy, mais à plus du double par le chemin que j'avais été obligé de suivre.

La plus grande partie de l'armée du maréchal Mac-Mahon était arrivée dans la soirée et campait à Vaux, petit village à trois kilomètres de la ville; ces troupes venaient de Mouzon et de Moulins. L'Empereur se trouvait à Carignan depuis le matin, et plusieurs aides de camp et officiers de la maison impériale s'occupaient activement de tous les préparatifs nécessaires pour le séjour de Sa Majesté.

Je trouvai à Vaux quelques-unes de mes anciennes

connaissances de Metz, mais je n'y rencontrai pas un seul officier du quartier général de l'armée du Rhin ; quand je m'informais d'eux, on me répondait invariablement que depuis le 18 on était sans nouvelles de l'armée. J'étais arrivé au moment favorable, car la lutte gigantesque qui allait décider du sort de toute l'armée française avait commencé la veille à Beaumont entre le 5° corps d'armée du général de Failly et les 4° et 12° corps saxons.

Le lundi 29 août, le général de Failly, qui commandait l'avant-garde de l'armée de Mac-Mahon, avait fait halte près de Beaumont pour laisser reposer ses troupes et leur donner le temps de prendre quelque nourriture. Le temps était magnifique, et en attendant le départ le général avait donné l'ordre de nettoyer les chassepots et de soigner les nombreux petits détails qui avaient dû être négligés pendant la marche forcée que les troupes avaient effectuée de Reims à Beaumont.

Avec une insouciance inqualifiable, le général de Failly avait négligé de prendre les précautions commandées par la plus vulgaire prudence et surtout indispensables à une armée en temps de guerre. Aucune vedette ne se trouvait postée autour du camp et pas un seul éclaireur n'avait été envoyé en reconnaissance dans les environs.

Les Prussiens, toujours si bien informés des mouvements et de la position de leurs ennemis, ne perdirent pas de temps et ne profitèrent que trop de cette faute impardonnable, qui fut la cause principale des désastres de Mac-Mahon. Protégé par les bois qui dissimulaient sa marche, un corps de 60,000 Saxons surprit le corps d'armée du général de Failly, et par un mouvement rapide se précipita sur les soldats français, complétement désarmés. Une brigade entière fut faite prisonnière avant qu'elle eût le temps de se reconnaître. Une seule batterie d'artillerie put se mettre en position, et malgré tout le désavantage de cette défense précipitée, le combat fut bien soutenu par ceux qui avaient eu la chance de saisir leurs armes. L'engagement dura plusieurs heures au milieu d'un carnage horrible ; mais à la fin les Français, écrasés par le nombre, furent repoussés jusqu'à Mouzon, au delà de la Meuse, en laissant aux mains de l'ennemi 12 pièces de canon, 6 mitrailleuses et plusieurs milliers de prisonniers.

Le jour suivant, à dix heures du matin, les Saxons, renforcés par le 1ᵉʳ corps bavarois et l'avant-garde du prince de Prusse, recommencèrent l'attaque à Mouzon contre les débris du corps du général de Failly, auxquels s'étaient joints de forts détachements des corps d'armée campés à Vaux.

Le pays autour de Carignan est excessivement abrupte et montagneux. Un immense plateau, sur lequel se trouve la ferme de Labahiville, domine le camp et les prairies environnantes à une distance d'environ 7 kilomètres.

Je visitai le camp de Vaux, où se trouvaient rassemblées plusieurs des divisions que j'avais vues à Reims et à Châlons, et comme je n'aperçus pas le maréchal Mac-Mahon, je courus aux renseignements, lorsque je fus brusquement interrompu par le bruit d'une forte canonnade qui venait de Mouzon. Je me dirigeai immédiatement vers le point culminant du plateau où est située la ferme de Labahiville et où l'Empereur et son état-major se trouvaient depuis le matin. La canonnade allait en augmentant, et au milieu de la fumée et du feu de l'artillerie j'apercevais distinctement des masses considérables de troupes exécutant divers mouvements stratégiques.

Les Français occupaient une forte position à gauche de Carignan. A quatre heures l'engagement était devenu plus sérieux ; en ce moment, Mac-Mahon, avec la plus grande partie de ses troupes, était arrivé sur le champ de bataille ; mais en dépit des plus valeureux efforts, les Prussiens gagnaient du terrain, et dans la soirée l'armée française était en pleine retraite sur Sedan.

Ce fut une lutte désespérée que celle qui eut lieu pendant cette journée; des deux côtés on se battit avec un acharnement terrible au milieu du plus affreux carnage. Le 5° corps français qui, sous les ordres du général de Failly, avait supporté le premier choc, souffrit considérablement; quelques-uns de ses régiments furent presque entièrement anéantis; de plus, les villages de Beaucaulay et de Mouzon étaient en feu.

Pendant toute l'après-midi, chacun, à Carignan, nourrissait l'espoir qu'un succès important couronnerait les efforts des armes françaises. Cette confiance était entretenue par la présence de la magnifique armée de Mac-Mahon, l'arrivée de l'Empereur, les soins que les officiers de la maison impériale avaient apportés au logement de Sa Majesté et le campement des troupes à Vaux. Aussi, malgré la proximité du champ de bataille, les habitants n'éprouvaient aucune inquiétude, tant la victoire leur paraissait assurée.

Mais à sept heures du soir, quand l'Empereur, qui devait passer la nuit à Carignan, quitta tout à coup la ville, quand on vit ses courriers et les gens de sa maison suivre précipitamment ses traces; quand on entendit la canonnade se rapprocher de plus en plus, une panique générale saisit les habitants et se propagea avec la rapidité de la foudre. Des masses de soldats débandés entrèrent dans la ville et les habitants se mirent à fuir dans toutes les directions. L'image de la retraite de Longeville se présenta aussitôt à mon esprit.

Quelle nuit à Carignan! Au point du jour, je pris la direction de Sedan, et dans la matinée j'avais rejoint l'armée française, qui battait en retraite, poursuivie par les colonnes prussiennes.

Il me serait impossible d'évaluer exactement les pertes subies dans cette affaire; tout ce que je puis affirmer, c'est que des deux côtés elles furent énormes. La cavalerie française, cuirassiers et chasseurs, souffrit considérablement, et plusieurs mitrailleuses restèrent au pouvoir de l'ennemi.

Le lendemain, à neuf heures, les Prussiens entraient à Carignan et prenaient possession de la ville. Leur premier soin fut de détruire le chemin de fer et d'incendier la station. Il est impossible de narrer les scènes de désolation qui partout s'offraient aux regards; les habitants effrayés fuyaient précipitamment vers la frontière belge et les routes se trouvaient encombrées par de longues files de charrettes chargées de femmes, d'enfants, de meubles et d'ustensiles de ménage.

Comment décrirai-je les actes de bravoure sans nombre accomplis pendant ces trois jours de combats qui furent le prélude de la bataille de Sedan? Comment raconterai-je la défense héroïque de cette noble armée française contre un ennemi trois fois supérieur en nombre, les charges de sa vaillante cavalerie, les audacieuses attaques à la baïonnette des zouaves et des turcos, leur mille exploits glorieux, et enfin la capitulation inexplicable de 80,000 hommes qui eussent préféré mourir, si on les avait consultés, plutôt que de ternir la gloire des drapeaux illustrés par leurs pères?

Le 30, Mac-Mahon qui battait en retraite sur Sedan, serré de près par l'ennemi, fut attaqué au moment où il traversait la plaine de Douzy. Pendant une grande partie de l'après-midi, et jusqu'à neuf heures du soir, il y eut un engagement formidable; le champ de bataille avait une étendue de près de 6 kilomètres entre Douzy, Armigny et Brevilly, à mi-chemin de Carignan à Sedan. Au commencement du combat les Français possédaient l'avantage; ils étaient même parvenus à prendre les hauteurs d'où, une heure auparavant, l'artillerie prussienne faisait de terribles ravages dans leurs rangs. Du sommet d'une colline, à 2 milles du champ de bataille, je pouvais suivre distinctement les manœuvres des deux armées et leurs changements de positions. Par un mouvement rapide, les Prussiens, dont le nombre s'était considérablement augmenté depuis la veille, avaient contourné le flanc gauche des Français et cherchaient à les refouler vers la frontière belge ; mais bientôt, au milieu de la poussière soulevée par les charges de cavalerie et la fumée des canons, les colonnes de soldats disparurent à mes yeux et il me devint impossible d'apprécier exactement la position des combattants.

Quand, à la tombée de la nuit, je partis pour le village de Messincourt, où je couchai, le résultat de la journée était encore indécis ; les Français avaient conservé les positions qu'ils occupaient le matin, mais le but des Prussiens se trouvait atteint. Ils avaient arrêté la retraite de l'armée française sur Sedan et Mézières et à l'aide des renforts qu'ils avaient reçus et de ceux qu'ils attendaient encore ils étaient convaincus qu'ils allaient pouvoir exécuter en son entier le programme du drame sanglant dont ils venaient de jouer le prologue, et qui devait se dénouer d'une manière si fatale pour les armes françaises.

Je traversai le champ de bataille, mais je ne m'arrêtai pas pour compter le nombre des victimes. Elles étaient nombreuses, et il eût fallu un cœur de marbre pour s'arrêter à faire ces tristes calculs : depuis le matin j'avais dû faire appel à tout mon sang-froid pour assister impassiblement à toutes ces scènes de carnage. Mais alors j'étais soutenu par la surexcitation, l'odeur de la poudre et cette fascination inexplicable qu'exerce sur nous le danger et par laquelle on se sent involontairement attiré.

Depuis le lundi les cadavres gisaient sans sépulture, et

bien des blessés abandonnés étaient morts faute de soins. Le service des ambulances n'avait pas encore été organisé sur le champ de bataille, et au milieu de ces villages désertés par les habitants et dévastés par les armées, personne n'était resté pour secourir ces malheureux. Des centaines de blessés périrent faute de secours, alors qu'une main charitable eût pu leur sauver la vie.

Le 1er septembre sera une date fatale dans l'histoire de la France; elle marquera aussi dans les annales de la guerre comme l'anniversaire d'une des batailles les plus sanglantes qui aient jamais été livrées. Depuis le lever du jour j'avais suivi tous les mouvements des troupes, et jusqu'à une heure une canonnade rapide et continue n'avait cessé de se faire entendre. Un combat furieux était engagé de part et d'autre; de la position que j'occupais je distinguais à peu près toutes les manœuvres des combattants. De nouveaux corps d'armée arrivaient successivement autour des collines, des colonnes avançaient et rétrogradaient, des batteries d'artillerie prenaient de nouvelles positions ou disparaissaient au milieu de la confusion. Je cherchai à évaluer le nombre des troupes engagées et je crois pouvoir affirmer qu'il n'y eut pas moins de 300,000 Allemands contre 120,000 Français.

Le champ de bataille avait une étendue d'environ six kilomètres, de Carignan à Sedan, dans la direction du nord-ouest; il comprenait une vaste partie du pays situé à droite et à gauche de la Meuse et du Chiers. Il englobait les villages de Balan, Waldencourt, Bazeilles, Nouilly, Douzy et Brévilly; le village de Télaigne formait l'extrême point au sud-est et Sedan le point correspondant au nord-ouest, tandis que le centre se trouvait à Douzy, à la jonction de la Meuse et du Chiers, dans une plaine d'une lieue de largeur et située à 8 kilomètres de la frontière belge.

Vers deux heures du matin, la canonnade se fit entendre et aussitôt l'attaque commença ; à quatre heures, l'armée française s'était entièrement avancée de Sedan. A partir de ce moment toute l'artillerie se trouva engagée et la bataille éclata avec une violence inouïe. Jusqu'à onze heures et demie les Français conservèrent l'avantage ; ils gagnaient visiblement du terrain et la retraite des colonnes prussiennes et de leurs batteries d'artillerie était parfaitement perceptible. A midi moins un quart, les principaux corps d'armée prirent un temps d'arrêt ; mais après un repos de vingt minutes, la lutte recommença sur toute la ligne avec un redoublement de fureur.

Les deux armées occupaient alors les positions suivantes :

L'armée française, dont l'aile droite était appuyée par la citadelle de Sedan, tournait le dos à la frontière belge et occupait les villages de Balan, de Bazeilles, de Douzy, jusqu'à la raffinerie de sucre qui se trouve au bout de ce village. L'armée prussienne occupait les villages de Télaigne (côté de Carignan), de Brévilly, de Nouilly et de Waldencourt ; son état-major se trouvait à Nouilly, et le confluent de la Meuse et du Chiers formait à peu près le centre de ses opérations.

Les Prussiens étaient conduits par les princes de Saxe et de Prusse, sous le commandement en chef du Roi et du général von Moltke.

La fatalité s'acharnait sur les armées françaises ; depuis le matin elles se trouvaient privées des services de leur commandant en chef. Le maréchal Mac-Mahon, sérieusement blessé, avait été emporté du champ de bataille et remplacé dans son commandement par le général de Wimpffen, arrivé tout récemment d'Afrique, mais inconnu à la plus grande partie de l'armée. Il en résulta de la part des troupes un manque de confiance sur lequel j'aurai l'occasion de revenir dans le cours de ma narration.

A midi, l'arrivée des renforts allemands donna un nouvel aspect au champ de bataille et rendit la position des divisions françaises désespérée.

La réserve de l'armée du prince de Prusse s'avançait sous le feu ; elle était composée d'un corps d'armée complet de troupes fraîches qui venait, à point donné, pour décider de la victoire. On peut la comparer à l'arrivée de Blücher, et, comme à Waterloo, les résultats devaient être les mêmes pour la fortune des Napoléon. De mon observatoire, je pouvais distinguer les différents régiments qui composaient ce nouveau corps. Le temps était magnifique, et un brillant soleil projetait ses rayons sur les uniformes des soldats, qui prenaient position sur l'aile droite des Français. L'infanterie, la cavalerie et l'artillerie s'avançaient comme à une parade ; le canon tonnait des hauteurs de Francheval, et les obus et les boulets tombaient comme la grêle sur le village de Bazeilles, placé entre deux feux.

Bientôt Bazeilles fut en flammes ; une fureur indescriptible s'était emparée des habitants restés dans le village ; des barricades furent formées dans les rues ; pendant un moment les villageois opposèrent la plus héroïque résistance et arrêtèrent la marche de toute une division de Bavarois. Mais ce succès fut de courte durée ; les Allemands, enivrés par le carnage, incendièrent les maisons qui restaient encore debout, puis ils entourèrent le village et firent périr tous les habitants au milieu des flammes. De Bazeilles, aujourd'hui, il ne reste que des ruines, qui sont là pour témoigner des résultats de ces journées sanglantes.

Il était alors deux heures de l'après-midi, et par suite des divers mouvements stratégiques les positions des troupes avaient subi des changements importants.

Le corps du général Lebrun, formant l'aile gauche et engagé pendant toute la journée à Bazeilles sur la route de Carignan à Mézières, avait été à peu près mis en déroute et rejeté sur Balan et le pont de Torcy.

Le centre, composé du 1ᵉʳ corps, général Ducrot, et du 5ᵉ corps, qui avait été commandé par le général de Wimpffen jusqu'au moment où il prit le commandement en chef, et qui alors se trouvait sous les ordres du brave général Guyot de Lesparre, avait abandonné les hauteurs de Daigny, mais combattait encore entre Moncelle et Givonne.

Sur l'aile gauche, le 7ᵉ corps, commandé par le général Félix Douay, défendait pas à pas ses positions de Floing à Illy.

Les Bavarois, commandés par le général von der Tann, occupaient Douzy et Bazeilles, soutenus, des hauteurs de ces villages, par une puissante artillerie et par les Saxons du prince royal de Saxe. La garde royale, appuyée par les 5ᵉ et 11ᵉ corps prussiens, se trouvait engagée sur toute la ligne et principalement contre les troupes du général Ducrot à Givonne.

Les Wurtembergeois arrivaient de Donchéry. Le Roi et le prince de Prusse étaient restés pendant toute la bataille sur les hauteurs de la rive gauche de la Meuse. Du haut de ces collines ils veillaient attentivement à l'exécution du plan du général von Moltke, qui avait pour but de cerner les Français autour de Sedan et d'empêcher toute tentative de retraite sur Mézières.

La bataille était alors dans toute sa fureur et des deux côtés on se battait héroïquement. En prenant le commandement suprême, le général de Wimpffen, jugeant que la retraite sur Mézières était impossible à exécuter en plein jour, avec une armée déjà épuisée par les batailles précédentes et les marches forcées, avait abandonné cette dernière partie du plan de Mac-Mahon, consommant ainsi la ruine de notre armée.

A trois heures, les troupes du 7º corps postées près des bois de la Garenne et de la ferme du même nom, se trouvaient exposées à un feu meurtrier; les obus prussiens décimaient leurs rangs et la position était insoutenable. A trois reprises, le général Douay essaya de mettre ses batteries en position pour répondre à l'artillerie prussienne, mais chaque fois elle furent démontées en moins de dix minutes. Une retraite sur la droite d'Illy était aussi devenue impossible par suite des forces supérieures des Prussiens, qui continuaient leur mouvement tournant sous le couvert de dix batteries d'artillerie établies sur le plateau.

Un instant le 12º corps fut plus heureux sur l'aile gauche. Les deux divisions d'infanterie de marine, commandées par le général Martin des Pallières, accomplissaient des prodiges de valeur. Le général de Wimpffen envoya des renforts au 12º corps; il crut que par une attaque vigoureuse il pourrait secourir l'aile droite, jeter l'ennemi sur la Meuse et s'ouvrir un chemin vers Carignan et Montmédy.

Ce mouvement fut exécuté avec une rapidité foudroyante par le général des Pallières, qui, à la tête de son infanterie de marine, culbuta les premières colonnes ennemies. Malheureusement ce mouvement ne fut pas appuyé par les 1ᵉʳ et 7º corps, qui venaient de se retirer sous la protection des canons de Sedan, et le général Lebrun se trouva dan l'impossibilité de concourir à une manœuvre qui pouvait sauver la plus grande partie de l'armée française.

Les Allemands s'avançaient toujours, enveloppant les deux ailes de l'armée française. Ils se trouvaient déjà à Givonne et à la Chapelle, et plusieurs de leurs colonnes avaient même atteint Balan et Torcy. Le centre de l'armée française, rejeté sur Sedan, faisait sortie sur sortie sous la protection des canons de la forteresse; mais le général de Wimpffen avait perdu sa dernière chance d'exécuter une retraite avec son armée.

Au milieu de ce combat, un régiment de dragons prussiens fut complétement détruit par une batterie de mitrailleuses, au moment même où une brigade française était écrasée par l'artillerie allemande.

La cavalerie française prit une part glorieuse à la bataille. Pendant plusieurs heures une division, composée des 1er et 2e régiments de cuirassiers et des 2e et 3e régiments de chasseurs d'Afrique, commandée par le général de Margueric, avait été placée et laissée sous le feu de l'artillerie prussienne. Exaspérée de sa propre inaction, elle avait plusieurs fois tenté de charger l'ennemi, malgré les ordres de ses chefs. Le général Margueric, assumant sur lui toute la responsabilité, et préférant une mort probable dans la mêlée à une inaction inutile, commanda tout à coup la charge « au galop. » Cet ordre fut à l'instant répété par tous les chefs de corps, et immédiatement le commandant d'Alincourt, avec le 1er cuirassiers, et le colonel de Gallifet avec le 2e chasseurs d'Afrique, conduisant les terribles colonnes à une mort certaine, se précipitèrent comme un torrent sur les légions allemandes. Comme à la fameuse charge de Balaclava, ce fut un mouvement audacieux, mais désespéré. Une pluie d'obus, de boulets, et des murailles de baïonnettes vinrent s'opposer à ce choc terrible. L'artillerie et l'infanterie étaient confondues parmi les chevaux; des hommes renversés étaient foulés aux pieds. Un régiment d'Allemands jeta les armes à l'approche de cet ouragan et demanda à se rendre; mais les héros de cette charge sublime n'avaient pas le temps de s'arrêter. Ils pénétrèrent au milieu des colonnes prussiennes avec une témérité sans exemple, et parvinrent jusqu'à un ravin où, sous le feu de l'artillerie ennemie, ils trouvèrent une mort glorieuse.

Le général Marguerie, sérieusement blessé par un éclat d'obus, mourut quelques heures plus tard. Les vaillants officiers qui venaient d'accomplir une action d'éclat chevaleresque digne des temps passés, tombèrent bravement au milieu de leurs soldats. Le colonel de Gallifet et une centaine d'hommes de son magnifique régiment parvinrent seuls à se frayer un passage à travers les lignes prussiennes.

A quatre heures, l'armée était complétement battue et refoulée sur Sedan. La défaite était complète. L'Empereur, depuis le matin, se trouvait au milieu du feu, excitant les troupes par son exemple et bravant tous les périls. Après s'être porté au village de Balan, avoir gravi les coteaux de la Moncille et traversé le ravin de Givonne, au milieu d'une explosion continuelle de projectiles, Napoléon III marcha à la tête d'une colonne d'attaque. Pendant plusieurs heures il fut exposé aux plus grands dangers — et, en ma qualité de témoin oculaire, je puis garantir l'authenticité des faits — une pluie de boulets et d'obus tombait autour de l'Empereur, qui soutint glorieusement la réputation de bravoure qu'il s'était acquise dans ses jeunes années.

Sur les instances de son état-major, et ne trouvant pas la mort glorieuse qu'il cherchait, il se retira dans la forteresse pour conférer avec le maréchal Mac-Mahon ; mais les munitions commençaient à manquer et la position devenait de plus en plus désespérée.

Alors commença une véritable déroute à travers la forêt des Ardennes et les bois qui bordent le territoire belge. La brigade du général de Sartines, combattant jusqu'au bout, avait été entièrement coupée de son corps d'armée et faite prisonnière après des pertes considérables.

Ce fut un moment de confusion indescriptible. Les officiers de tout rang — généraux, colonels, capitaines — étaient acculés pêle-mêle avec les soldats, et les batteries prussiennes, braquées sur ces masses compactes, continuaient leur œuvre de destruction.

L'aile gauche de l'armée française, coupée de son centre et balayée par le feu de l'artillerie prussienne, se dispersa en tous sens et se jeta à la débandade dans les forêts. Des détachements de cavalerie prussienne furent envoyés à leur poursuite, et le nombre des tués, blessés et prisonniers dans cette dernière affaire fut immense. Plusieurs milliers d'hommes furent anéantis pendant ces deux heures, et plus de 8,000 prisonniers tombèrent aux mains de l'ennemi.

Les pertes des Prussiens s'élevaient à 18,000 hommes tués ou blessés. A cinq heures et demie le bruit de la canonnade avait cessé et le drapeau blanc flottait sur la citadelle de Sedan. Le grand jour de l'humiliation approchait pour la France. Mais avant d'aborder le récit de ce grand événement, qui marquera comme une des plus grandes catastrophes dans l'histoire militaire de la France, je dirai quelques mots des massacres de Bazeilles.

Depuis le matin, le village se trouvait entre le feu des deux armées. La première étincelle qui alluma l'incendie a pu être lancée par l'artillerie française aussi bien que par les canons des Allemands; mais vers le soir, la destruction de ce village fut complétée par les Bavarois. Toutefois, il n'a pas encore été clairement prouvé jusqu'ici que les excès dont on accuse les Allemands aient été commis dans un but de vengeance et qu'ils aient eu le caractère que leur attribuent certains correspondants de journaux qui ne sont arrivés sur le champ de bataille que cinq ou six jours après l'action.

Le lendemain de la bataille du 1er septembre, mon impression, *de visu*, fut que les malheureux habitants avaient été fatalement pris au milieu du combat, trop tard pour quitter leur village et échapper à une mort certaine.

Pendant plusieurs heures, Bazeilles fut le point central du combat; la possession de ce village fut disputée avec un acharnement incroyable, et les pauvres villageois furent ensevelis, parmi les soldats des deux armées, sous les ruines de leurs propres demeures. Sans aucun doute, la lumière se fera plus tard sur ce qui s'est passé alors ; mais, quoi qu'il en soit, la destruction de ce village avec ses 2,000 habitants sera toujours citée comme un triste exemple des calamités de la guerre.

CHAPITRE VI

CAPITULATION DE SEDAN

**Le champ de bataille. — Les prisonniers de guerre.
Attaque de Montmédy.**

Par une curieuse coïncidence, ce fut un Français qui annonça en Angleterre la nouvelle du grand désastre de Sedan. Grâce à un concours de circonstances heureuses, grâce aussi aux dispositions que j'avais prises, j'avais été à même d'assister aux batailles des trois derniers jours, et pendant l'action même je pus envoyer d'heure en heure à la poste belge des courriers porteurs de mes lettres et de mes télégrammes adressés au *Standard*.

Après avoir passé la nuit dans les forêts des Ardennes, au milieu des soldats débandés, je fus informé le matin de la capitulation de Sedan, de la reddition de l'Empereur et de celle des 80,000 hommes de l'armée de Mac-Mahon.

L'immensité de cette catastrophe bouleversa toutes mes facultés. Pendant plus d'une heure je restai plongé dans un anéantissement profond, accablé sous le poids des désastres de mon pays. J'avais porté l'épée, et le souvenir des nombreuses générations de soldats qui avaient immortalisé les drapeaux français dans tous les pays de l'univers se présenta à mon esprit. Je songeai à la grande puissance militaire que la France possédait depuis tant de siècles, et qui venait d'être anéantie

un moment; je songeai à cette belle nation française
ommée pour sa bravoure, et dont le prestige venait de
paraître subitement par cette capitulation honteuse;
outes ces pensées traversaient mon esprit et remplis-
ent mon cœur d'une tristesse profonde. Mais c'était un
 accompli, un malheur irréparable, et il fallait songer
avenir.

Le soir de la grande bataille qui devait amener un ré-
lat si funeste, le comte de Bismark entra en négocia-
is, au nom du roi de Prusse, avec le général de Wimpffen
'état-major général de l'armée de Mac-Mahon. Le but
ces négociations était de discuter les conditions de la
dition de l'armée.

Le général Ducrot et le général de Wimpffen lui-
me étaient complétement opposés à toute espèce de
itulation, mais la décision de la majorité du conseil de
rre français prévalut. On objecta le manque de mu-
ons et de vivres et l'inutilité de sacrifier des milliers de
dats en essayant de traverser les colonnes allemandes
t les forces étaient trois fois supérieures à celles des
upes françaises.

Le général von Moltke avait déclaré que l'assaut com-
ncerait à la pointe du jour si la capitulation n'était pas
clue, et, prenant pour base le désarmement général des
upes françaises, il déclara qu'aucune autre condition ne
ait acceptée.

A la demande du général de Wimpffen, la réunion fut
urnée au lendemain, et à six heures l'Empereur, ac-
npagné des généraux Reille, de Castelnau, de la Mos-
va, Pajol et Waubert de Genlis, se dirigea sur Ven-
sse, où se trouvait le quartier général du roi de Prusse.
s de Donchéry, il rencontra le comte de Bismark;
poléon et le chancelier de la Confédération allemande
cendirent tous deux de leur voiture, entrèrent dans une

petite cabane abandonnée, et là, dans une chambre du rez-de-chaussée, n'ayant pour tout ameublement qu'une table et deux chaises, ils eurent une entrevue qui dura près d'une heure.

L'Empereur fit tout ce qu'il put pour obtenir de meilleurs termes de capitulation pour l'armée, mais le comte de Bismark fit observer que cette question rentrait dans l'ordre militaire, et qu'elle ne pouvait être discutée que par les généraux de Wimpffen et von Moltke.

Comme prisonnier de guerre, l'Empereur, de son côté, refusa de traiter de toute question relative à la paix ; puis il partit avec le comte et une escorte de cuirassiers blancs pour le château de Bellevue, près de Frenois, où une entrevue avec le roi de Prusse avait été ménagée.

Pendant ce temps, le général de Wimpffen était arrivé au quartier général de von Moltke ; les conditions de la capitulation, interrompues pendant la nuit, furent discutées de nouveau, et l'acte suivant fut définitivement accepté et signé :

« Sedan, 2 septembre.

« Entre le chef de l'état-major de Sa Majesté le roi Guillaume, commandant en chef des armées allemandes, et le général commandant en chef des armées françaises, agissant tous deux en vertu des pleins pouvoirs de Leurs Majestés le Roi de Prusse et l'Empereur des Français, il a été conclu ce qui suit :

« Art. 1. L'armée française, sous le commandement du général de Wimpffen, cernée actuellement par des forces supérieures autour de Sedan, est prisonnière de guerre.

« Art. 2. Vu la valeureuse défense de cette armée, une exception est faite pour tous les généraux et officiers, et pour les employés supérieurs ayant rang d'officier dans l'*Annuaire militaire*, qui voudront donner leur parole par écrit de ne pas prendre les armes contre l'Allemagne, ni d'agir d'aucune manière contre les intérêts de cette nation, jusqu'à la fin de la guerre actuelle. Les officiers et employés acceptant ces conditions pourront emporter les armes et les effets qui leur appartiennent personnellement.

« Art. 3. Toutes les autres armes et le matériel de l'armée, consistant en drapeaux, aigles, canons, chevaux, munitions de guerre, trains militaires, etc., seront livrés immédiatement au délégué allemand par une commission militaire nommée par le commandant en chef.

« Art. 4. La ville de Sedan sera cédée dans son état actuel, pas plus tard que dans la soirée du 2 septembre, pour être mise à la disposition du roi de Prusse.

« Art. 5. Les officiers qui ne voudront pas souscrire à l'engagement stipulé dans l'article 2 seront conduits, avec leurs régiments, au lieu de leur destination, dans l'ordre militaire.

« Cette mesure commencera le 2 septembre et se terminera le 3 ; les soldats seront amenés, par la Meuse, à Yzes, et remis aux mains du délégué allemand par leurs officiers, qui remettront alors leurs commandements à leurs sous-officiers. Les médecins militaires, sans exception, resteront à l'arrière des convois pour soigner les blessés.

(Signé) « DE WIMPFFEN.
« VON MOLTKE. »

L'attitude du général de Wimpffen et des autres généraux était calme et digne, et ce ne fut pas sans une grande hésitation qu'ils consentirent à signer la honte des armes françaises ; seul, le général Ducrot refusa obstinément de souscrire à toute espèce de capitulation. *Non-seulement il repoussa ces conditions, mais encore il exprima hautement son mépris pour ceux qui les acceptaient.*

Le général Ducrot était le chef d'état-major du maréchal Mac-Mahon. Dans la matinée, après que le maréchal eut été blessé, il prit le commandement général, et la confiance de l'armée n'en fut pas affaiblie. Celle-ci savait que le général était le bras droit du maréchal, que tous ses plans seraient fidèlement exécutés par lui, et qu'il était le seul général qui pût remplacer son chef dans un moment aussi critique.

On peut affirmer hardiment que si le général Ducrot eût conservé le commandement de l'armée, la capitulation de Sedan n'aurait pas eu lieu. Mais un ordre fatal de l'Empereur, conseillé probablement par son entourage, fut envoyé deux heures après que Mac-Mahon fut tombé, enjoignant au général Ducrot de remettre le commandement en chef au général de Wimpffen, homme de beaucoup de mérite incontestablement, mais qui avait le tort d'être débarqué d'Afrique depuis quarante-huit heures seulement, d'être inconnu à l'armée et d'ignorer complétement les plans de Mac-Mahon. C'est ainsi que des circonstances malheureuses poussaient fatalement les Français à leur perte ; mais le dernier mot n'a pas encore été dit sur cette affreuse catastrophe. L'histoire éclaircira tous ces détails, et les coupables auront un compte terrible à rendre à la postérité. Le sanglant épilogue de Sedan, la capitulation et la reddition de l'Empereur, formeront le sujet d'un des drames les plus émouvants dans l'histoire des nations. La tactique de Mac-Mahon sera discutée et le plan stratégique de cette campagne sera sévèrement condamné, du moins quant à son exécution.

Ces plans étaient basés sur de faux calculs : l'armée de Mac-Mahon était partie de Châlons au moment favorable ; depuis le jour où le maréchal quitta le camp du Mourmelon jusqu'au moment où eut lieu sa première rencontre avec les Prussiens, il a eu plus de temps qu'il ne lui en fallait pour passer la Meuse et arriver à Metz avant l'attaque du prince de Prusse.

Mais il paraît que la majeure partie de ses troupes, à l'exception de 60,000 hommes, était composée de jeunes soldats nouvellement appelés au service et qui n'étaient pas en état de supporter de longues marches. Il faut ajouter à cela le manque de provisions, la démoralisation des troupes qui avaient combattu à Wœrth et à Wissembourg, et ces immenses convois qui en tout temps accompagnent les armées françaises.

Toutes ces causes de retard eussent dû être calculées par le général en chef avant de s'engager avec son armée dans une voie si dangereuse, où il pouvait être attaqué de front et de flanc par un ennemi beaucoup supérieur en nombre, et obligé de livrer bataille sur un terrain où, dans le cas d'une défaite, une retraite était difficile, sinon impossible.

La marche rapide du prince de Prusse, l'avance du prince de Saxe, les mouvements du maréchal, contrariés probablement par des circonstances indépendantes de sa volonté, et l'insouciance coupable du général de Failly qui, à Beaumont, se laissa surprendre par l'ennemi, sont certainement des faits qui peuvent être invoqués en faveur du plan audacieux conçu par les stratégistes français ; mais, je le répète, les auteurs de ce plan auront un jour un compte sévère à rendre à la France pour la maladresse avec laquelle ils l'ont exécuté.

Les officiers français en apprenant la nouvelle de la capitulation, furent frappés de stupeur. Ils n'avaient pas été consultés, et leur rage était indescriptible. La plupart d'entre eux refusèrent de souscrire à cet acte déshonorant. Les colonels s'empressèrent de brûler les drapeaux et les aigles de leurs régiments ; les soldats jetèrent dans la Meuse leurs chassepots, leurs sabres et leurs munitions, et les artilleurs précipitèrent dans la rivière leurs canons et leurs mitrailleuses, afin qu'ils ne tombassent pas au pouvoir de l'ennemi.

Bien de braves cœurs qui n'avaient jamais reculé devant l'ennemi se trouvaient réduits au désespoir sous le poids de tant de malheurs. Les débris du 1er régiment de zouaves, les chasseurs d'Afrique et l'infanterie de marine se frayèrent un chemin à travers les colones ennemies, et par un suprême effort qui coûta la vie à la plupart d'entre eux, ils parvinrent à se soustraire à la captivité qui les attendait.

Quand on vit dans une excitation continuelle, il n'est pas possible de goûter un moment de repos ; un besoin de marcher, d'être utile à quelqu'un, de faire son devoir, nous tient constamment en suspens et nous donne des forces qui sont une anomalie dans l'organisation humaine.

Accablé de fatigue et d'émotion, affligé des désastres qui avaient fondu sur mon pays, l'esprit encore troublé par les misères dont j'avais été témoin depuis quelques jours, il ne m'était même pas possible de rester en place et de demeurer dans l'inaction.

Je me rendis donc à Bouillon, où ces événements étaient déjà connus, et une heure après je partais pour le village de La Chapelle, situé entre Bouillon et Sedan ; de là je me rendis à Douzy, qui avait été le centre de la grande bataille du jeudi précédent. Je désirais examiner encore ce champ de bataille que je n'avais fait qu'entrevoir au milieu de la canonnade et du carnage ; je voulais m'assurer que les résultats fatals n'étaient pas exagérés dans ma pensée et étaient bien tels que je me les étais représentés.

Sachant que La Chapelle et tout le pays autour de Sedan et de Carignan étaient entièrement occupés par l'ennemi victorieux, l'unique moyen d'y pénétrer était de me placer sous un pavillon neutre et de suivre quelques

Belges qui avaient consenti à m'accompagner ; je pris donc les allures d'un honnête bourgeois de cet heureux petit pays, et sous la protection immédiate et l'influence de leurs papiers parfaitement en règle je fis une excursion autour des lignes des ennemis de mon pays, dont je reçus partout le meilleur accueil.

Arrivés à La Chapelle, nous dûmes retourner sur nos pas, dans la direction de Florenville, pour atteindre Douzy. La Chapelle était occupée par un avant-poste prussien commandé par un colonel qui nous expliqua avec la plus grande politesse que pour aller à Douzy par ce chemin nous devions traverser les camps prussiens, qu'il n'était pas en son pouvoir de nous accorder une pareille permission, mais que nous pouvions y aller par une autre direction, en demandant une passe au prince de Prusse.

En conséquence, il était tard dans la soirée quand nous atteignîmes Douzy. Après avoir passé devant quelques sentinelles, nous fûmes conduits chez un colonel d'état-major qui nous accompagna en différents endroits, mais toujours en dehors des camps. Ce personnage, qui était un officier supérieur bavarois, parlait le français très-couramment, et pendant une demi-heure nous eûmes avec lui une conversation des plus intéressantes. Mais ni lui, ni les soldats que nous rencontrâmes ne se montraient le moins du monde enflés de leurs victoires. A différentes questions que nous adressâmes, il nous fut simplement répondu : « L'Empereur s'est rendu, c'est un fait accompli. Mac-Mahon est dangereusement blessé. » A quelque distance, nous vîmes au milieu d'un groupe d'officiers le prince de Saxe et le comte de Bismark, fils du grand homme d'État. Le prince de Prusse était campé à quelques milles plus loin.

Un triste spectacle s'étalait à nos' yeux : le sol était encore couvert de morts qu'on n'avait pas eu le temps d'enterrer et de blessés qui recevaient des soins des médecins des ambulances. Un groupe d'officiers français désarmés et prisonniers sur parole se promenait tristement dans les camps. Douze mille Français environ avaient été faits prisonniers dans la dernière affaire ; la plupart étaient légèrement blessés. L'un deux me dit : « Nous avons été entourés de tous les côtés, » et il accompagnait ces paroles d'un geste de désespoir.

Mais les soldats prussiens, qui avaient bonne mine, quoique l'air fatigué, se rassemblaient autour de nous et nous offraient du vin, qu'ils paraissaient avoir en abondance. Je songeai à mon hôtelier de la gare de Carignan, qui m'avait raconté comment les caves avaient été pillées et comment le prince de Saxe était intervenu, en menaçant de faire fusiller les pillards.

On nous autorisa à aller plus avant sur le champ de bataille, mais l'aspect général des choses n'était pas fait pour donner une tournure agréable à notre promenade. Le sol était couvert de cadavres au milieu desquels on voyait pêle-mêle des fusils brisés, des baïonnettes, des havresacs, des uniformes, des sabres et des épées. Là se trouvait un caisson d'artillerie avec ses chevaux tués ; près du cadavre d'un capitaine prussien était étendu un chasseur français. Du sang, du sang partout! Plus loin on voyait un zouave la poitrine ouverte et les bras emportés. Plus loin encore, on avait creusé une grande fosse pour recevoir la dépouille de ces pauvres victimes de la guerre. Nous quittâmes à la hâte le théâtre de ces horreurs.

Dans les bois qui traversent la frontière belge, nous vîmes des blessés qui étaient parvenus à s'échapper du champ de bataille et qui avaient été secourus par des habitants charitables et les ambulances américaines et anglaises. Quelques heures plus tard, nous rencontrâmes une charrette remplie de malheureux soldats dangereusement blessés, étendus sur la paille ; le sang découlait du véhicule et se répandait sur la route. Mais c'en est assez de ces horribles descriptions !

Les prisonniers continuaient à arriver dans les différentes villes de la Belgique — zouaves, turcos, chasseurs, artillerie, cavalerie, troupes de ligne, etc. — tous dans le plus déplorable état, leurs vêtements lacérés et leurs pieds souillés de boue et de sang ; ils étaient harassés de fatigue, et plusieurs d'entre eux, affaiblis par leurs blessures, avaient de la peine à se soutenir.

La plus grande partie de ces fugitifs appartenaient au corps de de Failly, qui avait été partiellement annihilé le mardi et entièrement coupé de l'aile gauche.

Un grand nombre de prisonniers prussiens étaient également arrivés en Belgique ; tous, Allemands et Français, furent traités avec la plus grande affabilité par les officiers de l'armée belge. On les dirigea d'abord sur Namur ; de là, les Prussiens furent envoyés à Bruges et les Français au camp de Beverloo.

Les officiers et les soldats étaient unanimes à plaindre le sort de l'Empereur. Ils blâmaient les personnes de son entourage, l'incapacité de ses généraux, auxquels ils attribuaient les causes réelles des désastres qui avaient fondu sur l'armée française. Jamais peut-être les paroles de Napoléon Ier ne s'étaient si bien vérifiées : « Il vaut mieux, » disait-il, « un troupeau de moutons commandés par des lions, qu'un troupeau de lions commandés par des moutons. » Il ne suffit pas d'avoir des légions de braves et héroïques soldats, pleins de dévouement et prêts à tous les sacrifices ; il est d'une nécessité absolue que ces soldats soient commandés par des hommes expérimentés et capables, et non par des généraux de salon.

L'armée française n'est pas dépourvue de commandants de mérite. Bazaine, Mac-Mahon, Canrobert, Ducrot, Bourbaki et de nombreux officiers subalternes possèdent toutes les qualités requises ; seulement ils sont venus quand toutes les fautes étaient faites, quand la situation se trouvait compromise et quand les deux coups décisifs avaient été frappés au début même de la campagne. Mon opinion à ce sujet n'a pas varié. Le 10 août j'écrivais de Metz : « Pour moi — et c'est aussi l'opinion de gens haut placés dans les cercles officiels — l'empire allemand est fait, et une victoire française ne pourrait en empêcher l'accomplissement. » Mon appréciation était juste, car, il ne faut pas se le dissimuler, les races allemandes et protestantes tendent à subjuguer les races latines et catholiques ; la France, qui se trouvait à la tête du grand peuple latin et qui depuis des siècles a été le centre de la civilisation, est aujourd'hui sérieusement menacée dans son existence, et l'influence séculaire qu'elle exerçait sur toutes les autres nations tend de plus en plus à passer à l'Allemagne, sa rivale.

Je traversais Montmédy au moment où la petite forteresse était attaquée par les Prussiens. Après les grandes batailles dont j'avais été témoin depuis le commencement de la campagne, le siége d'une petite ville comme Montmédy ne me parut qu'une action d'un intérêt secondaire ; non pas que les batteries prussiennes qui démantelaient les murailles de la ville fussent à dédaigner, au contraire ; elles étaient puissantes, au nombre de sept, et j'en aperçus encore une demi-douzaine dans le lointain, avec un corps d'au moins 6,000 hommes. Leur feu était bien dirigé, mais réservé ; les batteries se trouvaient protégées par les ondulations du terrain, et les canons de la forteresse, répondant résolûment, obligèrent l'ennemi, à différentes reprises, de changer son plan d'attaque.

Les Prussiens dirigeaient principalement leurs obus sur es toits des maisons avec l'intention évidente de mettre le eu à la ville. Ce but avait été en partie atteint, mais la population de Montmédy, commandée par un ancien capitaine et par le sous-préfet, un ex-lieutenant de la marine impériale, ne voulut pas se rendre. Au moment de mon arrivée, les batteries prussiennes s'étaient retirées hors de portée de la forteresse; les soldats prenaient quelque nourriture, et à voir les chevaux paissant tranquillement autour du camp, les officiers circulant parmi les groupes de soldats, on se serait cru sur un champ de manœuvres. Pour moi, qui avais la tête pleine encore de l'horrible carnage des dernières batailles et des efforts gigantesques des vaincus, je considérais cette petite affaire avec une espèce de soulagement. Je n'étais séparé de la forteresse et de l'ennemi que par une distance de trois kilomètres, et j'étais complétement maître de mes mouvements.

On se demandera peut-être dans quel but les Prussiens perdirent un temps précieux à attaquer Montmédy; cette attaque pourra paraître sans utilité dans l'état actuel des choses, mais quand on saura que les murs de la forteresse renfermaient des provisions immenses qui y avaient été envoyées dans l'attente de l'arrivée de l'armée de Mac-Mahon, on comprendra facilement son importance. Dans la position actuelle des Prussiens, c'eût été pour eux une prise importante; néanmoins, dans la soirée, les troupes allemandes se retirèrent, et en conséquence le siége de la petite forteresse fut levé.

Le lendemain j'entrai dans Montmédy pour juger par moi-même des dégâts occasionnés par le bombardement et pour obtenir des renseignements des défenseurs mêmes qui avaient si courageusement résisté à l'ennemi en jurant de ne pas se rendre.

Pendant six heures, un feu violent avait été dirigé contre la ville dans la proportion de six coups à la minute, la forteresse répondant par sept coups dans le même espace de temps. Les bombes prussiennes étaient toutes dirigées contre les bâtiments à l'intérieur des murs; le but de l'ennemi étant évidemment d'incendier la ville et d'obtenir par là une prompte capitulation. Le palais de justice et plusieurs maisons étaient entièrement brûlés; mais l'église, percée par les bombes et les boulets, était encore debout, et les provisions qui s'y trouvaient accumulées étaient en bon état. A midi, les Prussiens cessèrent momentanément le feu et envoyèrent un ordre de capitulation. Le commandant refusa péremptoirement, disant qu'il était décidé à se faire sauter plutôt que de se rendre.

On ne saurait accorder trop d'éloges à ce brave commandant. C'est un ancien capitaine de cavalerie en retraite nommé Reboul. Son second, capitaine d'artillerie de la garde mobile et ex-commandant dans la marine marchande, se nomme Loiarec; il était également déterminé, et il fit preuve de la plus grande adresse en pointant les pièces des batteries. Il faut aussi rendre un juste tribut d'éloges à la garde mobile, qui exécuta fidèlement les ordres des commandants, et à la garnison de Montmédy, qui a bien mérité de la patrie.

CHAPITRE X.

DERNIÈRES REMARQUES

Comme Français, il est impossible de songer aux scènes que je viens de décrire, de considérer les changements étonnants qui se sont produits pendant un si court espace de temps, sans rechercher les causes qui ont attiré ces terribles désastres sur la malheureuse France.

Il y a quelques mois, la France occupait une position unique dans le monde, le succès couronnait toutes ses entreprises, et, fière du grand nom qu'elle porte dans l'histoire, elle se reposait, confiante en sa puissance et son prestige.

Sous le second Empire, le développement de la richesse publique a été immense, et tous les citoyens en général ont bénéficié de la prospérité de la nation. Après les guerres de Crimée et d'Italie, les Français se considéraient comme invincibles; ils s'imaginaient aisément qu'aucune autre puissance ne pouvait lutter contre les forces militaires de la France. Aveuglés par leurs victoires passées, ils calculaient déjà la moisson de gloire qu'ils allaient amasser, et les cris de : « A Berlin! à Berlin! » n'étaient que l'expression de ce sentiment profondément enraciné dans les masses.

Au commencement de la guerre, il n'y avait pas un Français qui ne crût sérieusement qu'au bout de quelques semaines les armées françaises n'entrassent victorieuses dans la capitale de la Prusse. L'idée d'une défaite ne vint jamais à l'esprit des commandants; dans leur orgueil national, ils jugeaient qu'une défaite était impossible, et confiants dans le succès, dans l'ardeur et la bravoure de leurs soldats, ils s'entourèrent de tout le luxe et de tout le bien-être de la vie, en négligeant complétement cette discipline sévère qui seule peut conduire les armées à la victoire.

C'est ainsi que l'Empire, après avoir fait la prospérité de la France, a été la cause de sa perte, comme jadis l'ancienne Rome tomba dans une profonde décadence après que ses empereurs l'eurent élevée au faîte des grandeurs. Quoi qu'il en soit, il est incontestable que sous le règne de Napoléon III la France était arrivée à un degré de puissance qu'elle n'avait jamais atteint sous aucun autre gouvernement. Son influence et son prestige s'étendaient jusqu'au delà des mers, et dans ses rapports politiques avec les États européens sa voix, prépondérante toujours, était respectée.

Quelles qu'aient été les fautes de l'Empereur, on ne peut nier qu'il se soit toujours montré fidèle à ses alliances, et principalement à celle de l'Angleterre. Je ne puis expliquer ici la saine politique de l'Empereur lorsqu'il s'est efforcé de conserver les bonnes grâces du peuple anglais; je ne fais que constater un fait, et certainement cette alliance a été une des causes principales de la prospérité de l'Empire.

Trois mois seulement s'étaient écoulés depuis que le duc de Gramont, du haut de la tribune du Corps législatif, avait déclaré la guerre à la Prusse. Aux applaudissements de l'Assemblée, à l'enthousiasme de la population avait succédé une ère de désastres dont on ne pouvait prévoir l'issue. La France luttait encore, dirigée par des mains faibles et inhabiles ; entraînée dans une résistance désespérée, elle pleurait sur sa gloire passée et sur la perte de ses plus nobles enfants.

Tous les maux qui peuvent affliger un pays avaient impitoyablement fondu sur elle. Après avoir vu détruire ses plus belles armées, son territoire envahi, ses campagnes ravagées, ses villages incendiés par des hordes ennemies, elle était livrée à la révolution. Sa perspective momentanée était de céder à la force et au nombre, mais, quoique vaincue, elle pouvait être assurée de se relever plus forte que jamais.

Le puissant empire de Napoléon a succombé sous le poids de revers peut-être sans précédents dans l'histoire de la France; le monarque qui a maîtrisé la Russie et l'Autriche, qui a fait l'unité de l'Italie, qui a sauvé son pays de l'anarchie et établi sa suprématie sur les souverains de tous les États européens, est aujourd'hui prisonnier de guerre, oublié dans l'exil et abandonné par tous ceux qui lui doivent leur fortune. Il est poursuivi par des ennemis acharnés, qui, oubliant le respect dû au malheur, l'accablent d'insultes et d'infamies. Les Français accusent l'Empereur d'être la cause de leurs désastres. Suspendons notre jugement prématuré jusqu'à ce que l'histoire ait prononcé son verdict impartial, et en attendant n'accablons pas le captif qui gémit sous le poids de l'infortune.

FIN DE L'OUVRAGE ANNOTÉ.

Vivement touché de la haute marque de distinction et de confiance que je venais de recevoir, je m'empressai de publier une seconde édition de mon ouvrage, en m'efforçant de rétablir les faits dans leur exactitude et d'après les annotations de l'Empereur.

Maintenant l'esprit d'impartialité que la presse et le public avaient bien voulu reconnaître dans mon écrit, j'y laissai subsister la critique lorsque je la crus juste, et j'eus le soin de répéter, ainsi que je l'avais précédemment établi par mes correspondances dans le *Standard,* qu'à Sedan l'Empereur s'était exposé à tous les dangers, que pendant la bataille il s'était tenu tantôt à cheval, tantôt à pied, au milieu de la mitraille, les obus pleuvant autour de lui, les officiers de sa suite tombant à ses côtés, pendant que, toujours impassible, le Souverain semblait entrevoir avec calme et courage l'affreuse réalité.

On s'était plu à répandre la calomnie, les injures sur la conduite de l'Empereur ; mais au témoignage du général Pajol, de ceux qui avaient vu, des officiers de toutes les armes, vint se joindre bientôt le rapport officiel de l'état-major prussien, et la grande figure de l'Empereur à Sedan passera à la postérité telle qu'elle a été si bien représentée par le pinceau du célèbre peintre Olivier Pichat.

Cette toile, peinte avec un talent remarquable, représente exactement la position de l'Empereur à l'attaque de Bazeilles ; c'est un hommage touchant à la vérité, et l'œuvre du courageux artiste répond d'une manière définitive à toutes les calomnies, aux faux rapports systématiquement répandus par les hommes du 4 Septembre.

En annotant mon ouvrage, Napoléon III avait à cœur de rétablir la vérité sur plusieurs points ; mais, chose digne de remarque, les passages qui attaquaient personnellement le Souverain furent laissés intacts, et l'Empereur, tout en se montrant plein d'indulgence pour les autres, ne voulut rien changer aux observations peu bienveillantes faites sur son compte, tout erronées qu'elles fussent.

C'était bien le même homme, toujours prêt à pardonner, à excuser les fautes de ses amis, mais restant digne, impassible et toujours grand devant les injustices qui lui étaient personnelles.

FIN DE LA PREMIÈRE PARTIE.

LE LIVRE DE L'EMPEREUR

PLAN DE LA CAMPAGNE

L'EMPEREUR EN EXIL

LE LIVRE DE L'EMPEREUR

PLAN DE LA CAMPAGNE

INTRODUCTION

En exil, Napoléon III n'avait rien perdu de cette énergie extraordinaire qui l'avait de tout temps distingué, et quoique la maladie qui le minait eût fait de profonds ravages, que les souffrances physiques fussent parfois intolérables, la force morale qu'il puisait dans sa grande âme lui faisait supporter avec résignation et sans se plaindre des douleurs inouïes.

L'ingratitude des hommes, les injures dont on l'accablait en France venaient ajouter encore à l'amertume du passé ; mais il restait maître de lui-même et conservait en apparence une grande sérénité d'esprit, et ce calme qui était sa plus grande force.

Pendant qu'à tout propos on parlait en France de conspiration bonapartiste, pendant que des agents secrets du gouvernement surveillaient les abords de Camden Place, et que les espions se glissaient même jusque dans la résidence impériale, l'Empereur donnait des ordres stricts à ses amis de se tenir tranquilles, de rester modérés, et de n'entraver en quoi que ce soit les efforts de M. Thiers.

Son esprit libéral et généreux aimait à rendre justice à ses ennemis, même les plus cruels, et les représailles et la rancune lui étaient inconnues ; ce qu'il mettait au-dessus de tout, c'était le bonheur de son pays. Aussi, dans sa sollicitude continuelle, il travaillait toujours, il approfondissait toutes les questions, et lorsqu'il pensait avoir trouvé une solution, il la livrait à la publicité, sans marchander avec son propre intérêt.

Au mois de janvier 1872, Napoléon III était fort préoccupé de la position précaire faite à la France par les menaces sans cesse renouvelées de M. Thiers de donner sa démission ; il blâmait sévèrement le chef du gouvernement de faire passer le pays par des secousses violentes, au milieu d'un provisoire que tout le monde avait intérêt à conserver.

« Après les désastres qui ont frappé la France, me disait-il un jour, il est indispensable qu'elle ait un chef pour la diriger, pour l'organiser. M. Thiers est peut-être le seul homme qui, par suite de la révolution et des événements, se soit trouvé indépendant de tous les partis ; il s'était fait une position exceptionnelle ; en un mot, il est devenu l'homme de la situation. Aussi, dès le début, a-t-il trouvé sa place toute marquée dans les conseils de la nation, et l'Assemblée nationale n'a pas tardé à lui conférer les attributions d'un souverain.

« Mais, en vertu de ce nouveau pacte, il est évident que dans la pensée des députés le titre et les fonctions de président de la République lui furent donnés pour établir le principe constitutionnel et pour le rendre indépendant de ministres responsables, qui se trouveraient seuls en jeu lorsque des débats contradictoires s'élèveraient sur des questions de principes.

« Il pourrait y avoir un changement de ministres, il resterait une tête pour gouverner, un bras pour diriger jusqu'au moment où l'heure aurait sonné d'en appeler à la nation. Voilà pourquoi l'Assemblée a été logique en nommant un chef qui puisse parer aux dangers du provisoire, mais voilà aussi pourquoi M. Thiers est coupable de ne pas vouloir se maintenir dans les bornes du rôle qu'il a accepté. »

Je recueillais avec soin ces réflexions si sages et si patriotiques dont l'Empereur voulait bien me gratifier, et imbu de ces hautes pensées, je m'appliquais à les développer dans un journal que je publiais à Londres : *La Chronique européenne*.

Depuis plusieurs mois je travaillais chaque jour avec l'Empereur, qui écrivait un livre sur les forces militaires de la France et sur la campagne de 1870.

Le but de cet ouvrage était, dans la pensée de l'Empereur, premièrement, de répondre à la déclaration faite par M. Thiers dans son Message, que le second Empire avait négligé l'armée et n'avait su ni organiser ni employer les ressources militaires de la France, et, en second lieu, de rétablir, par la production de preuves officielles, la vérité sur les faits.

L'ouvrage était divisé en deux parties, l'une traitant des forces militaires, l'autre contenant un résumé succinct et officiel de la campagne jusqu'à la capitulation de Sedan.

Écrit en entier de la main de l'Empereur, ainsi qu'on le verra par les lettres et annotations que je publie plus haut, mon rôle se bornait à corriger les épreuves et à surveiller la publication de l'ouvrage.

Il fut terminé vers la fin de janvier, et il allait paraître, lorsque l'Empereur m'annonça qu'il renonçait momentanément à livrer cette œuvre au domaine public.

Quelques mois plus tard, lors de la discussion à l'Assemblée de la nouvelle loi sur l'armée, Sa Majesté m'enjoignit de faire quelques changements, et de faire imprimer, en brochure, la partie de son ouvrage qui avait trait aux forces militaires. Après avoir révisé le tout et ajouté un appendice, l'Empereur me donna l'ordre de le livrer à la publicité en le signant de mon propre nom.

Cette brochure, publiée chez M. Amyot au mois de mai dernier, a fait assez de bruit pour qu'il ne soit pas nécessaire de la signaler davantage, et dans le journalisme anglais, aussi bien que dans la presse française, on a parfaitement su et écrit que, sous la signature du comte de La Chapelle, se cachait le nom de l'auteur véritable — l'Empereur Napoléon III.

« Dans l'avenir vous publierez le tout, m'avait dit l'Empereur, et mon ouvrage verra ainsi le jour en son entier. » J'avais donc conservé pieusement l'œuvre de l'Empereur, attendant l'heure, l'occasion, et surtout l'ordre de le faire paraître. Hélas ! j'étais loin de me douter qu'une catastrophe fût aussi rapprochée, et que ce ne serait qu'après sa mort que j'aurais à remplir le devoir qui m'était imposé par la volonté de l'Empereur.

C'est pour ainsi dire une œuvre posthume, où l'auguste souverain a déployé toute la virilité de son talent remarquable, où l'homme de génie trace simplement de grandes conceptions, et où il avoue tristement comment il a été trompé, tout en essayant d'excuser les coupables.

La page où Napoléon III parle de la capitulation de Sedan est sublime de grandeur et de résignation. Mais les commentaires sont inutiles : je retrace phrase par phrase, mot par mot, le manuscrit de l'Empereur, tel qu'il avait été imprimé sous ma direction, au mois de janvier 1872, et tel qu'il devait paraître.

La première partie contient donc les *Forces militaires de la France* ; la seconde, l'*Histoire et le plan de la campagne de* 1870 jusqu'à la capitulation de Sedan.

AVANT-PROPOS

Pour apprécier avec impartialité les causes des désastres qui ont accablé la France, il faut étudier avec soin les différentes phases qu'a traversées notre organisation militaire. A cet effet, il est important de publier tous les documents officiels qui peuvent éclairer l'opinion publique. Nous donnons aujourd'hui ceux que nous avons pu nous procurer ; ils ont un véritable intérêt historique. En exposant l'état réel des forces militaires pour 1870, et les efforts tentés pour les augmenter ; en faisant connaître les nombreuses ressources que possédait la France ; en rappelant les illusions qu'entretenaient les hommes les plus compétents sur la promptitude avec laquelle on pourrait passer du pied de paix au pied de guerre, on se convaincra que ce qui a manqué surtout, ce ne sont ni les hommes, ni les chevaux, ni le matériel, ni les approvisionnements, mais une organisation qui eût permis de rassembler tous ces éléments en temps opportun sur les lieux où ils devaient être employés.

Sans méconnaître les fautes qui ont pu être commises,

la principale raison de nos revers est que le 6 août, lorsque les troupes allemandes attaquèrent à Frœschwiller et à Spicheren, l'armée française n'était pas prête ; car ni ses effectifs, ni ses approvisionnements n'étaient encore au complet. Cette considération est de la plus haute importance au moment où va se discuter une nouvelle organisation de l'armée.

Cte DE LA CHAPELLE.

Londres, mai 1872.

Mon cher Monsieur de Lachapelle

je vous prie de faire à la page 95 la correction suivante que j'ai omise

L'Empereur comprit que dans de pareilles conditions le passage du Rhin devenait impossible et obéissant pour ainsi dire à l'impatience de l'armée et de la nation il se décida à en...

Croyez en tous mes sentiments

Napoléon

M. le Comte de Lachapelle
48. Cornhill. E.C
London

Camden Place,
Chislehurst.

Il faut que les têtes qui représentent les mêmes catégories aient les mêmes caractères. ainsi *artillerie* (page 63) doit être ~~comme~~ du même caractère que *Train des équipages* (p 16) ~~Armée~~ *Chevaux et Mulets* (p. 56) doivent être plus petits comme *Débautien* a page 57.

M˙ le comte de La Chapelle
200 fleet st. E.C.
London

Nota

1.° Concederles abono de los tres meses adelantados que intérumer el q' para mi cuenta
y de compras comprenden q' son 338 reales hombres. Los oficiales y sirvientes por persona se les abona 9 por 5
Dsmaguel Giraldo

// La prontitud de su movimiento completa su execución de su plan

// Nuevo Yorklepla y 6.14.19
entre las americanas
pagan 58 or 8.9

Este se figura
en plano un
fuerte como bate
9.— Regular de
a 5 sirve de
granero a mitad
diguen de un poz
ancia. fuerte

LES FORCES MILITAIRES DE LA FRANCE

ET

LA CAMPAGNE DE 1870

CHAPITRE PREMIER.

ÉTAT MILITAIRE DE LA FRANCE DE 1852 A 1867.

Lorsque l'Empire fut rétabli par le vote populaire du mois de décembre 1852, une des opinions le plus généralement accréditées était que les forces militaires de la France répondaient au rôle que le pays pourrait être appelé à jouer en Europe, et que nous étions en mesure de résister à toute agression étrangère.

Trente-sept années de paix avaient faussé bien des esprits, et les faciles succès de la guerre d'Afrique avaient contribué à donner une idée exagérée de notre puissance.

Pendant la guerre avec la Russie, qui eut lieu en 1854, les hommes à la tête du gouvernement commencèrent à reconnaître l'insuffisance de notre organisation pour supporter une grande guerre. L'armée envoyée en Crimée atteignit par des envois successifs le chiffre de

200,000 hommes; mais, pour la maintenir à ce niveau pendant le siége de Sébastopol, le ministre de la guerre éprouva les plus grandes difficultés. Il fallut, pendant trois années successives, élever le contingent à 140,000 hommes, et enlever les meilleurs soldats à tous les régiments restés en France, pour renforcer ceux qui étaient en campagne.

Le moyen ordinaire pour entretenir les effectifs des régiments qui sont devant l'ennemi, consiste à former les jeunes soldats dans les dépôts, et, dès qu'ils sont suffisamment instruits, à les envoyer rejoindre leurs corps; mais, pour qu'ils puissent rendre de bons services, il faut qu'ils aient passé au moins six mois dans les dépôts, et qu'ils ne soient incorporés que dans une certaine proportion à l'effectif des régiments, afin de ne pas en diminuer la solidité. Lorsqu'une organisation prévoyante n'a pas été établie pour donner le temps à l'administration de former des soldats avant de les envoyer à l'armée, et que la nécessité oblige de remplir les effectifs avec des jeunes gens imparfaitement exercés, on ne produit qu'une œuvre détestable. De 1854 à 1856, le ministre de la guerre reçut constamment du général Canrobert, et plus tard du maréchal Pélissier, des dépêches pressantes, toutes conçues dans un sens analogue :

« Il est indispensable, disaient-elles, de remplir les
« vides dans nos effectifs; mais, si vous continuez à
« nous envoyer des enfants de vingt ans, peu instruits,
« vous dépensez de l'argent inutilement ; ils ne peuvent
« rendre aucun bon service, et ne font que peupler les
« hôpitaux. Ce qu'il nous faut, ce sont des hommes faits
« et des soldats exercés. »

En présence de ces plaintes, sans cesse renouvelées, que fit le ministre de la guerre ?— Bien à contre cœur, il est vrai, il prit, dans chaque régiment resté en France un certain nombre d'anciens soldats et les envoya en Crimée. L'armée en campagne en profita certainement ; mais cette mesure, dictée par la nécessité, était déplorable ; car pour alimenter les troupes de Crimée, on détruisait l'esprit de corps, on désorganisait, on affaiblissait toute l'armée.

Le résultat de la guerre de 1854 fut de démontrer que l'organisation militaire de notre pays ne lui permettait pas d'entretenir efficacement hors de France plus de 200,000 hommes, puisque les troupes restées à l'intérieur ne pouvaient plus être considérées que comme des dépôts destinés à combler les vides de l'armée en campagne.

Éclairé par l'expérience et considérant combien il était injuste de faire peser le fardeau de la guerre sur une seule génération, en élevant tout à coup le contingent à 140,000 hommes, l'Empereur décida : 1° que le contingent annuel serait porté de 80,000 à 100,000 hommes ; 2° qu'afin de créer une réserve, une portion des hommes exercés serait envoyée en congé renouvelable, pour fournir, le moment venu, un nombre considérable d'hommes faits et de soldats expérimentés.

En 1859, pendant la guerre d'Italie, on rappela les hommes en congé renouvelable, mais ils furent réunis avec peine : ils se croyaient totalement libérés du service et ne répondirent pas à tout ce qu'on était en droit d'attendre d'eux. Un mécompte encore plus douloureux attendait ceux qui avaient à cœur la grandeur du pays, lorsqu'ils virent que, même avec cette réserve si péniblement appelée sous les drapeaux, l'organisation militaire de la France ne lui permettait pas d'avoir à la fois deux grandes armées sur les frontières.

Les chiffres ont leur éloquence, contre laquelle viennent se heurter toutes les fausses théories : en 1859, la France avait sous les armes 380,000 hommes et environ 150,000 en congé renouvelable ; la levée de la même année fut portée au chiffre de 140,000 hommes. Il n'y eut que 210,000 hommes qui franchirent les Alpes, et cependant tout ce qui restait en France n'était pas capable de former une armée assez solide pour résister à une invasion sur le Rhin.

Ce fait, qui semble extraordinaire et qui était contesté, comme on le verra ci-après, par le maréchal Randon, est toutefois facile à expliquer. Lorsque les troupes d'un grand pays ne sont pas, en temps de paix, divisées en corps d'armée, ayant chacun en réserve dans sa circonscription des cadres et des soldats exercés, il arrive que, pour former subitement une armée considérable, on enlève à tous les corps leur élite en officiers, sous-officiers et soldats ; ce qui reste alors est nombreux, mais incapable de constituer promptement une armée solide.

L'exemple de ces deux guerres était bien fait pour inspirer au chef de l'État de sérieuses réflexions et l'amener à chercher les moyens de perfectionner notre armée. Mais combien de difficultés n'avait-il pas à vaincre ! La première consistait à faire admettre par l'opinion publique ce qu'elle se refusait à reconnaître, l'infériorité de notre organisation militaire !

Tandis que les hommes du métier tiraient de l'expérience même de nos succès la conviction de notre faiblesse, le public, qui ne voyait que les avantages obtenus et les gros chiffres du budget, était disposé à trouver que la France avait une armée trop considérable.

Depuis 1854, en effet, les cadres de l'armée avaient été augmentés dans de grandes proportions ; les régiments de ligne avaient atteint le chiffre de 102 ; les bataillons de chasseurs à pied avaient été portés de dix à vingt ; on venait de former un nouveau régiment de zouaves, un nouveau régiment de tirailleurs indigènes d'Afrique ; enfin

la garde impériale apporta l'augmentation suivante :
1 régiment de gendarmerie, 3 régiments de grenadiers, 4 régiments de voltigeurs, 1 régiment de zouaves, 1 bataillon de chasseurs à pied, 6 régiments de cavalerie, 2 régiments d'artillerie, 2 compagnies du génie et 1 escadron du train des équipages militaires. Quant à l'organisation, elle n'avait pas été changée : la loi de 1832 restait toujours la règle générale.

Plusieurs projets de réforme furent discutés pendant les années qui suivirent la paix de Villafranca, dans les conseils de l'Empereur ; mais le souverain se persuada promptement que ni les ministres ni les Chambres ne le seconderaient pour faire admettre les seuls principes sur lesquels repose solidement le système des forces nationales d'un grand pays.

Ainsi le service obligatoire, l'augmentation de la durée du séjour sous les drapeaux, qui permet de constituer une réserve efficace ; la fixation définitive et constante, par les Chambres, du contingent annuel, l'indivisionnement des régiments, la création de corps d'armée permanents furent autant de questions que l'Empereur se vit contraint d'abandonner. Ne pouvant plus penser à changer le système établi, il dut se borner à le rendre le moins défectueux possible. En conséquence, il fut décidé que, sur le contingent annuel de 100,000 hommes, une partie alimenterait l'armée active et l'autre serait exercée dans les dépôts : trois mois la première année, deux mois la seconde et un mois la troisième.

Cette disposition, qui, sans doute, n'était pas parfaite, donnait cependant à la France, au bout de quelques années, une réserve de plus de 200,000 hommes équipés et quelque peu exercés. Mais tandis qu'aux Tuileries une des principales préoccupations était de fonder sur de larges bases les institutions militaires de la France, au Corps législatif, et même dans le ministère, les idées d'économie et de réforme reprenaient le dessus ; au point qu'en 1865 le gouvernement se vit contraint de réduire considérablement les cadres de l'armée. On supprima alors dans chaque régiment d'infanterie deux compagnies ; dans chaque régiment de grosse cavalerie et de cavalerie de ligne, le sixième escadron. Deux régiments de carabiniers de la ligne furent licenciés. La Garde fut diminuée de quatorze compagnies d'infanterie, représentant près de trois bataillons, de neuf escadrons de cavalerie, de sa division du génie et de quatre batteries d'artillerie.

A peine ces réductions inopportunes étaient-elles opérées, que les rapides succès de la Prusse dans la guerre contre l'Autriche, en 1866, vinrent dessiller les yeux et montrer à tous les esprits attentifs le danger qu'il y avait à réduire l'armée pour ne réaliser qu'une économie de quelques millions. En même temps, les hommes qui naguère se montraient ultra-pacifiques, demandaient qu'on fît la guerre à la Prusse, à une époque où notre infanterie n'était point armée du fusil à tir rapide se chargeant par la culasse, où nos places fortes n'étaient pas en état de défense, lorsque nos cadres venaient d'être réduits, et qu'une partie de l'armée était engagée hors de France. L'Empereur résista de toutes ses forces aux idées belliqueuses qui s'étaient emparées d'une partie du public. Que n'en fut-il de même en 1870 !

Le bruit se répandit à cette époque que la guerre du Mexique ayant épuisé nos approvisionnements de toutes sortes, il fallait attribuer à cette expédition la cause de notre attitude pacifique en Europe. Le maréchal Randon, qui était alors ministre, mais qui se retira au commencement de 1867, remit, en quittant le ministère, un rapport à l'Empereur, qui prouve combien les allégations répandues par la malveillance étaient fausses.

On verra, par la reproduction de ce mémoire, que si le maréchal avait raison de prétendre que l'expédition du Mexique n'avait pas diminué nos approvisionnements, il se berçait de funestes illusions, en prétendant qu'en 1859 comme en 1866 l'armée était prête à soutenir une grande guerre. Voici ce rapport ; on le lira avec intérêt, car il montre combien les hommes les plus capables et les plus compétents se refusaient à reconnaître les vices de notre organisation militaire.

Note sur la situation de l'armée en 1866.

Par le Maréchal Randon.

« Quand l'horizon politique est serein, que rien ne paraît devoir le troubler, on reproche à l'armée les sacrifices qu'elle impose au Trésor, on les classe au nombre des dépenses improductives ; chaque chiffre de son budget est rigoureusement discuté, les crédits les plus indispensables pour ses approvisionnements et pour les remontes sont mesurés avec parcimonie.

« Mais qu'un nuage apparaisse, grandisse et semble le précurseur de l'orage, la scène change brusquement. Ceux-là même qui ne voyaient dans l'armée qu'une charge excessive pour la fortune publique, sont les premiers à tourner vers elle des regards inquiets, à chercher à se rendre compte de sa valeur réelle, et placent sous sa sauvegarde l'honneur et le salut du pays.

« Si, pendant la paix, l'organisation méthodique de l'armée n'avait pas été maintenue à un degré suffisant de puissance, qu'arriverait-il alors ?

« Sans aucun doute, la nation trouverait toujours

dans son patriotisme l'élan nécessaire pour repousser une invasion ; mais si l'armée régulière n'était fortement constituée, et capable de faire face à tout danger venant du dehors, de quel poids pèserait dans la balance de l'Europe une nation qui n'aurait à y jeter que des arguments diplomatiques, sans pouvoir, comme de raison, y apporter l'appoint de son épée ?

« L'intégrité du territoire resterait sauve, que l'influence nationale ne le serait pas.

« Aussi la plus vive préoccupation du chef de l'administration de l'armée a-t-elle toujours été de maintenir notre état militaire à la hauteur de sa mission.

« Est-ce à dire que l'armée doit être constamment prête à se lancer dans une lutte inopinément européenne ? Lorsque les conflits extérieurs et les mécomptes imprévus de la diplomatie amènent des crises qui déjouent tous les calculs de la politique, serait-il juste, serait-il sensé de demander à une armée, sur le pied de paix, une action immédiate qui la rende responsable des destinées du pays ? Et pourtant, ne voyons-nous pas les hommes les plus compétents, quelquefois même ceux qui participent à la direction des affaires de l'État, s'écrier : « Nous n'avons pas pu mieux faire ; nous n'étions pas prêts ! » Excuse bien facile, que le public accepte sans la vérifier ; explication qui répand la tristesse et l'effroi chez les amis du gouvernement et encourage ses adversaires.

« Si la paix de Villafranca a mis fin soudainement à la guerre de 1859, c'est que nous n'étions pas en mesure, a-t-on dit, ou de continuer la campagne d'Italie, ou de faire face à la lutte qui pouvait se produire sur le Rhin.

« Quand la guerre entre l'Autriche et la Prusse a éclaté, nous n'étions pas prêts pour y prendre une part au moins comminatoire.

« Aujourd'hui que la Prusse, fidèle aux instincts de son ambition envahissante, devient menaçante, nous ne sommes pas prêts pour lui rappeler que depuis Iéna nous n'avons pas eu à nous mesurer seuls à seuls avec elle.

« Nous ne sommes pas prêts ! Si cela veut dire que, du jour au lendemain, nous ne pouvons pas jeter instantanément à la frontière une armée de 400,000 combattants, approvisionnés de toutes choses, et en mesure de s'engager dans une grande guerre avec toute chance de succès, assurément nous ne sommes pas prêts pour faire face à de telles nécessités.

« Pour de pareilles entreprises il faut des effectifs, des réserves, des approvisionnements énormes ; quelle est la nation qui, en état de paix, pourrait affronter de si terribles hasards ?

« Non, un pareil déploiement de forces n'est pas possible, ou bien, pour y arriver, il faudrait un pied de paix formidable que dans aucun pays, les limites du budget ne sauraient comporter. Tous les hommes qui ont présidé jusqu'à présent en France aux destinées de l'armée, se sont bornés à une situation plus restreinte, plus en rapport avec les ressources financières, mais présentant la possibilité de la prompte mobilisation des forces militaires du pays.

« Ces forces étaient prêtes en 1859, car les cadres contenaient 600,000 hommes, dont 200,000 seulement avaient passé les Alpes. Il eût été assurément possible de constituer une nouvelle armée, si une sage modération n'avait arrêté une guerre qui ne pouvait plus amener des avantages proportionnés aux sacrifices.

« Nous étions prêts en 1866, car un rapport du ministre de la guerre établissait que, par l'appel de la réserve, on pouvait réunir, en un mois, sous les drapeaux,

450,000 hommes, défalcation faite des armées d'Afrique, du Mexique et de Rome. Ici encore, ce sont des considérations politiques qui ont empêché la guerre.

« Le même état militaire existait en janvier dernier ; il était augmenté des troupes rentrées de Rome et devait prochainement s'accroître de celles qui étaient en route revenant du Mexique. Notre effectif était donc au complet normal, et dans cette circonstance, le gouvernement a donné une nouvelle preuve de modération, en préférant, aux chances d'une guerre qui ne pouvait manquer d'être sérieuse, une intervention des puissances pour amener une solution pacifique. Mais la question de l'effectif d'une armée n'est pas la seule condition qui intéresse sa valeur réelle :

« La constitution des cadres ;

« Les ressources en approvisionnements de toute espèce, que doivent renfermer les magasins et les arsenaux ;

« Enfin, l'armement des troupes, forment autant de conditions essentielles pour préparer des succès à la guerre.

1. — *Constitution des cadres.*

« Pour la constitution des cadres, on pose comme axiome que la bonne organisation d'une armée consiste à présenter des cadres qui permettent de passer immédiatement du pied de paix au pied de guerre. Cela est exact dans une certaine mesure et pour un certain effectif ; mais il en est autrement, si l'on veut atteindre des chiffres hors de proportion avec l'état normal, l'état de paix.

« Ainsi, une armée de 300,000 hommes, déduction faite des non-valeurs, peut bien être portée à 500,000, sans augmentation sensible dans ses cadres ; mais on ne saurait, sans danger, dépasser ce chiffre, parce qu'alors les unités tactiques, telles que la compagnie, l'escadron, la batterie, présentent de sérieuses difficultés au point de vue de l'administration et de l'exercice du commandement. Qu'au début d'une campagne, la compagnie soit portée à 150 hommes, l'escadron à 160 chevaux et 200 cavaliers, la batterie à 250 hommes, la composition des cadres peut s'y prêter, mais il y aurait de graves inconvénients à aller au delà.

« Or, avec nos cadres actuels de 22 compagnies (1) par régiment d'infanterie, de 5 ou 6 escadrons (suivant l'arme) par régiment de cavalerie, et de 7 à 12 batteries (suivant la destination) par régiment d'artillerie, et en élevant les effectifs aux chiffres ci-dessus indiqués, nous atteignons les 500,000 combattants dont il a été fait mention ; si l'on ajoute à ces chiffres celui des non-valeurs organiques et des cadres des dépôts, qui doivent être en permanence dans l'intérieur, on retrouve cet effectif général de 620,000 hommes qui représente notre état militaire actuel.

« Ce raisonnement ne s'applique qu'à cet ordre d'idées. Si nous admettons les effectifs éventuels de 800,000 hommes, alors il faut aborder la double question de l'augmentation du nombre des cadres et de l'augmentation du nombre des régiments ; nous entrons dans une autre voie qui réclame une mûre réflexion, car toutes les fois qu'une mesure de ce genre est adoptée, il faut se reporter par la pensée au moment où il faudra revenir à l'état normal, c'est-à-dire supprimer ce qui aura été créé pour des circonstances transitoires. Les formations nouvelles doivent être opérées avec une grande circonspection, afin de n'a-

---

(1) Les régiments à cette époque avaient été diminués de deux compagnies.

voir pas un jour — demain, peut-être — à détruire ce qui vient d'être fait, et à produire ainsi dans l'armée, en arrêtant l'avancement, un mécontement bien plus grand et plus durable que la satisfaction momentanée causée par le brusque épuisement des tableaux d'avancement. Les exemples du passé sont là, et il est prudent d'en tenir compte.

« En résumé, on peut admettre qu'une bonne organisation d'armée est celle qui comporte des cadres pouvant recevoir, en cas de guerre, le double de l'effectif en soldats du pied de paix. Au delà de cette proportion, le commandement, l'administration, s'exercent avec une grande difficulté.

« Si, au contraire, en vue d'un accroissement d'effectif porté à ses dernières limites, on veut constituer par avance des cadres en rapport avec cet effectif extrême, alors, tant que dure la paix, l'armée est comme encombrée d'officiers et de sous-officiers, pour ainsi dire sans emploi utile; l'instruction, faute de pouvoir s'exercer, se perd, le désœuvrement prend le dessus, l'esprit militaire s'affaiblit, et enfin le recrutement des cadres périclite, faute de candidats à présenter, et le Trésor a des charges énormes à supporter.

« J'ajouterai que, dans la supposition où l'appel sous les drapeaux de l'intrégralité des hommes liés au service deviendrait une nécessité, il conviendrait, dans tous les cas, avant de créer des cadres nouveaux, de commencer par remplir ceux qui existent; cela paraît rationnel, et permet de procéder avec plus de discernement à la formation toujours si délicate de nouveaux cadres.

« Ceux que nous possédons suffisent, comme il a été dit au commencement, à l'appel sous les drapeaux de l'effectif total dont nous pouvons disposer d'après les votes des derniers contingents annuels. Sur ce premier point, l'armée était donc toujours en état complet de préparation. En était-il de même pour les approvisionnements?

II. — *Approvisionnements.*

« Sans doute les magasins doivent être largement approvisionnés en effets de tous genres qui doivent servir à l'habillement des troupes, à leur équipement, aux ambulances et autres objets dépendant du service administratif.

« Ces approvisionnements sont limités par les crédits législatifs qui, chaque année, expliquent dans quelle mesure on peut y pourvoir.

« En ce qui concerne les points essentiels de l'habillement et de la chaussure, il est une considération qu'il importe de faire valoir.

« Les circonstances critiques dans lesquelles, au moment de la guerre d'Italie, s'est trouvée l'administration de la guerre pour assurer le service de l'habillement, déterminèrent le ministre de la guerre à favoriser l'établissement de grands ateliers dans lesquels les agents mécaniques remplaçant en grande partie la main-d'œuvre dans la fabrication des effets d'habillement et de la chaussure, donnerait une activité telle aux confections, que toute préoccupation dans le passage redoutable pour l'administration, du pied de paix au pied de guerre, disparaîtrait, ou tout au moins s'amoindrirait considérablement.

« Les ateliers Godillot, par leur puissante organisation, ont, en effet, résolu ce problème, puisqu'ils peuvent produire 4,000 paires de souliers par jour, et confectionner 50,000 habillements ou équipements par mois.

« Il suffit de rappeler qu'au début de la guerre d'Italie un appel fait, dans tous les départements, à l'industrie privée, ne put arriver, dans l'espace de deux mois, qu'à des versements de dix mille paires de souliers dans les magasins. Des difficultés analogues se présentèrent pour la confection de l'habillement.

« D'après les explications qui viennent d'être données, on voit clairement quelles ressources pour les approvisionnements en habillement et chaussure de l'armée présentent les ateliers Godillot, et la part qu'ils doivent prendre dans les dispositions préventives de l'administration.

« Et cependant, au moment où les bruits d'une guerre avec la Prusse prenaient de la consistance, des rumeurs se répandaient dans le public au sujet de la situation insuffisante de nos approvisionnements ; on disait, en outre, que nos arsenaux avaient été singulièrement appauvris pour subvenir aux besoins de l'expédition du Mexique.

« Ces faux bruits, propagés par la malveillance et accueillis avec légèreté, ont pris assez d'importance pour agiter l'opinion publique, et faire planer sur l'administration de la guerre un soupçon d'incurie ou de négligence.

« Il est bien vrai que les approvisionnements en drap qui, au moment de la guerre d'Italie, avaient reçu un grand développement, avaient, depuis 1860, éprouvé de notables diminutions par le fait de la réduction annuelle des crédits budgétaires.

« Toutefois le vide dans nos magasins était loin de s'être produit, ainsi qu'on s'est plu à le dire, et les situations suivantes, relevées à la date du 1er juillet 1866 et du 1er janvier 1867, en sont la preuve évidente :

SITUATION DES MAGASINS AU 1ᵉʳ JUILLET 1866.

Draps et toiles de quoi confectionner :

Habillements	500,000
Habits	110,000
Capotes	95,000
Pantalons	143,000
Schakos	269,000
Souliers (paires)	476,000

« L'administration de la guerre, en prévision des événements qui pouvaient se produire, et afin d'être en mesure de répondre, suivant les circonstances, aux besoins des troupes, fit des commandes supplémentaires en draps et en souliers, dans le courant du mois de juillet, qui élevèrent à dix millions le chiffre des crédits à imputer sur les exercices 1866 et 1867.

« Au moyen de ces commandes, la situation des magasins devait présenter, au mois de janvier, les chiffres suivants :

Draps et toiles de quoi confectionner :

Habillements	546,000
Habits	200,000
Capotes	145,000
Pantalons	143,000
Schakos	335,000
Souliers (paires)	683,493

« Le ministre ne se borna pas, dans la demande de crédits extraordinaires, à ce qui concernait l'habillement des troupes, il voulut aussi pourvoir au complément du matériel des ambulances, et enfin à l'achat de 1,500 à 2,000 chevaux particulièrement destinés à l'attelage de l'artillerie : ce ne pouvait être qu'un à-compte pour le service de la remonte qui, en cas de guerre, aurait eu à fournir 8,000 chevaux à la cavalerie et près du double aux trains d'artillerie et des équipages.

« L'importance des commandes diverses faites par l'initiative du ministre de la guerre a été de 13 millions.

« Telle était la situation générale des approvisionnements de la guerre, en magasin ou en cours de livraison à la fin de l'année 1866.

« Cette situation prouve que, dans les limites de l'effectif admis à cette époque, nous étions en mesure de faire face à tous les besoins, et elle suffirait seule à répondre à cette allégation si souvent répétée, que l'expédition du Mexique avait épuisé, ou tout au moins compromis les approvisionnements de nos arsenaux et de nos magasins.

« Cette dernière critique, quoique sans fondement, a fait une vive impression dans le public ; il n'est donc pas hors de propos d'y répondre catégoriquement.

« Parlons d'abord de nos arsenaux; nous aborderons ensuite la question des magasins.

« Au point de vue des envois faits par l'administration, il faut distinguer, dans l'expédition du Mexique, trois phases bien distinctes.

La première commence à la fin de 1861, au départ du premier contingent débarqué à Vera Cruz, le 9 janvier 1862 (1); son effectif était de 3,310 hommes, dont 2,686 fournis par le département de la marine et 624 seulement appartenant à l'armée de terre.

« Ce premier détachement était, comme on le sait, destiné à opérer conjointement avec les troupes espagnoles ; mais, par suite de circonstances qu'il est inutile de rappeler ici, il dut bientôt agir seul et reçut, en conséquence, un renfort de 4,573 hommes qui furent placés sous le

---

(1) « Les Espagnols avaient pris possession de Vera Cruz le 17 décembre 1861. »

commandement du général Lorencez, et débarquèrent à Vera Cruz, du 23 au 28 mars 1862.

« Dans cette seconde phase, se placent la marche d'Orizaba sur Puebla (27 avril), l'attaque infructueuse de cette dernière ville (5 mai), et enfin le retour du petit corps à Orizaba.

« Ce fut alors que commença la troisième phase et que, pour faire face aux circonstances, les envois de France durent revêtir un caractère plus sérieux. Le général Forey partit pour le Mexique avec 22,320 hommes. Ces troupes, qui débarquèrent à Vera Cruz du 23 août au 5 novembre, avaient reçu une organisation plus solide et plus complète; les éventualités d'un siège, pour s'emparer de Puebla, avaient été prévues, et le matériel d'artillerie préparé en conséquence. Ce matériel, en y comprenant celui attaché à la division Lorencez, était composé de 8 batteries ou 48 pièces, savoir: Quatre batteries de 4 de campagne, une batterie de montagne, une batterie de 12 de campagne et deux batteries de 12 de siége. En comptant les envois de munitions déjà faits précédemment, on pouvait calculer que ces bouches à feu avaient été approvisionnées, en moyenne, à 623 coups par pièce; les munitions d'infanterie formaient un total général de 12,882,716 cartouches, qui durent servir, non-seulement à approvisionner nos soldats, mais encore les troupes mexicaines, quand elles opérèrent avec nous, et plus tard, les auxiliaires belges et autrichiens.

« C'est avec ces approvisionnements, soit d'artillerie, soit d'infanterie, que furent conduites les deux attaques contre Puebla (la seconde ayant pris les proportions d'un siége en règle); que l'expédition d'Oajaca fut entreprise, et enfin que tant de combats furent livrés sur tous les points de ce vaste échiquier, où se déroulèrent pendant quatre années les opérations de l'armée du Mexique.

« A partir de 1863, les envois de munitions cessèrent, et au mois de mars 1864, le maréchal commandant le corps expéditionnaire écrivait au ministre de la guerre que les approvisionnements qui existaient dans les magasins paraissaient suffisants, et qu'il n'y avait pas lieu d'en expédier de France. Le maréchal joignait à sa dépêche le tableau de la situation de ces approvisionnements, d'après lequel il existait au Mexique 11,803,649 cartouches en tout genre.

« Cet exemple suffit pour se rendre compte de la consommation de munitions faite au Mexique, en comparant les quantités expédiées avec les quantités restantes.

« Si maintenant on veut bien rapprocher le chiffre des approvisionnements et du matériel de toute sorte que le service de l'artillerie a envoyés au Mexique, de celui existant dans les arsenaux, on reconnaîtra que ces envois, en considérant surtout qu'ils sont échelonnés sur quatre années, représentent des quantités sans importance comparées à la situation de nos arsenaux (1).

« Il faut ajouter qu'il a été également délivré au gouvernement mexicain un certain nombre de fusils ancien modèle, et de 30 à 40,000 kilogr. de poudre ; mais ces fusils et cette poudre ont dû être remboursés au Trésor français, où ils doivent figurer dans la dette du Mexique envers la France.

« Reste la question d'épuisement de nos magasins d'habillement.

« Rappelons d'abord que le corps expéditionnaire du Mexique était compris dans l'effectif de l'armée, c'est-à-

---

(1) « D'un autre côté, si l'on vient à réfléchir que ce même effectif de l'armée du Mexique, s'il fût resté en France, eût dépensé en exercices à feu un chiffre de munitions au moins égal à celui qu'il a consommé en guerre, on comprendra que ce prétendu épuisement est une fable dont l'invention ne peut-être attribuée qu'à une complète ignorance de notre mécanisme militaire et administratif. »

dire dans les 400,000 hommes qui figurent annuellement au budget. Il suit de là que les dépenses générales de l'entretien de l'habillement n'excédaient pas les crédits budgétaires.

« En second lieu, chacun des corps qui faisaient partie de l'expédition avait son dépôt en France et en Algérie, et, par conséquent, ne s'adressait jamais aux magasins centraux pour en obtenir des effets confectionnés. Ceux-ci n'avaient donc aucun besoin d'intervenir pour l'entretien de l'armée expéditionnaire. Il est, en effet, de principe que les dépôts des régiments sont chargés de confectionner les effets d'habillement de remplacement, au fur et à mesure qu'ils ont atteint la durée réglementaire, et que ces remplacements sont effectués à des époques fixes, et par les soins de ces mêmes dépôts, que les bataillons se trouvent en France ou à l'étranger. Les réserves d'habillement n'ont donc rien eu à faire pour les troupes du Mexique et n'ont pu, par ce fait, éprouver aucune perte.

« Ce que les magasins centraux ont envoyé au Mexique, ce sont des effets de linge et chaussures. Mais il ne faut pas perdre de vue que ces effets sont imputables sur la masse individuelle, et que, par conséquent, les livraisons n'ont eu lieu qu'à titre d'avances, et que le vide opéré dans les magasins a pu être promptement et facilement comblé.

III. — *Armement.*

Reste une question qui a beaucoup ému l'opinion, et sur laquelle des critiques nombreuses et aussi peu fondées que les précédentes ont été adressées à l'administration de la guerre.

« L'armement a, de tout temps, été considéré comme étant d'une importance capitale pour une armée ; on s'est toujours occupé, en France, de le perfectionner en se tenant au courant des améliorations introduites à l'étranger. Le fusil se chargeant par la culasse, mis en service en 1849, dans l'infanterie de la garde prussienne, n'a été cependant accueilli en France qu'avec la plus grande réserve. Cette arme présentait, sans doute, des avantages, mais les hommes spéciaux lui trouvaient des défauts qui atténuaient ses qualités. Elle était lourde, l'obturation du tonnerre très-incomplète, etc., la portée efficace très-faible (400 mètres seulement). D'ailleurs, le principe même du chargement par la culasse était vivement controversé ; on peut lui reprocher son mécanisme assez compliqué, qui peut être, dans une guerre longue et lointaine, d'un entretien difficile ; les cartouches qui lui sont destinées sont d'une fabrication délicate et exigent des ouvriers exercés et une poudre spéciale. La consommation des munitions sera considérable, précisément à cause de la rapidité du tir ; les convois devront être dirigés de loin et soumis aux chances d'une longue route. Dans l'attaque des positions, le tir rapide est sans grande utilité et sans grand effet contre un ennemi généralement bien défilé et avantageusement posté ; en tirailleurs, il importe peu que le soldat tire beaucoup, mais bien plutôt qu'il tire avec justesse, deux conditions qui ne se rencontrent pas réunies.

« On pourrait multiplier encore les réflexions sur l'emploi du fusil se chargeant par la culasse, mais il suffira d'ajouter que bien que l'arme des Prussiens fût depuis longtemps connue, aucune puissance de l'Europe ne l'avait adoptée, pas même celles qui avaient combattu, soit en face d'eux, soit à leurs côtés. Mais après la brillante campagne de l'année dernière, l'effet est produit depuis le sommet de la hiérarchie jusqu'à son dernier échelon, la condamnation de l'armement actuel est prononcée. C'est un torrent qui coule à pleins bords et que rien ne saurait arrêter. Il faut se laisser aller à son cours, seulement un temps matériel est nécessaire pour que le nouvel armement soit mis entre les mains de nos soldats ; mais, dans leur hâte irréfléchie, beaucoup de personnes qui, il y a un an, considéraient le fusil prussien comme un engin de guerre médiocre, et auraient été peu disposées à approuver les dépenses énormes qu'entraînera le nouvel armement, poussent aujourd'hui un cri d'alarme et vont même jusqu'à accuser l'administration de la guerre, parce que l'armée n'est pas encore pourvue d'une arme à tir rapide.

« Un historique sommaire de l'armement en France est nécessaire pour faire comprendre avec quelle prudente sagesse le service de l'artillerie a dû poursuivre cette recherche si difficile de l'arme la meilleure à adopter.

« Vers l'époque où les Prussiens expérimentaient le fusil à aiguille, l'introduction de la rayure dans les canons de fusil donnait aux armes à percussion une valeur nouvelle qui permettait de mettre, à peu de frais, entre les mains des troupes, des armes qui tiraient moins vite, il est vrai, que le fusil prussien, mais qui avaient une valeur balistique bien supérieure à la sienne. La carabine des chasseurs, par exemple, donnait un tir juste et meurtrier jusqu'à 800 et 1,000 mètres.

« Cependant on cherchait en France la solution du problème posé plutôt que résolu par la Prusse. Le colonel Treuille de Beaulieu, en 1854, proposa le fusil dont les cent-gardes sont armés encore aujourd'hui. En 1858, M. Manceau-Vieillard et M. Chassepot présentèrent un fusil se chargeant par la culasse, mais avec une amorce détachée de la cartouche. Après avoir été soumis aux expériences du polygone par la commission permanente du tir de Vincennes, un ordre de fabrication pour quelques centaines d'armes fut donné, et des essais en grand furent commencés par des régiments d'infanterie et de cavalerie simultanément en France et en Algérie.

« Mais dans l'intervalle, l'attention de l'artillerie avait été appelée par une notion scientifique nouvelle, à savoir que, dans les armes rayées, il faut que les balles aient une longueur double au moins de leur diamètre, ce qui conduisait irrésistiblement aux petits calibres.

« Dès le mois de février 1863, le ministre, sur le rapport du comité d'artillerie, ordonna la fabrication d'un certain nombre de fusils du calibre de 11 millimètres auquel devait être appliquée une cartouche portant son amorce, que devait enflammer une aiguille, suivant l'idée prussienne.

« M. le contrôleur d'armes Chassepot fut chargé de l'établissement de l'arme et de la recherche d'une cartouche, avec l'aide et les conseils de M. le chef d'escadron Maldan. Ce travail fut laborieux et exigea toute une année. C'est, en effet, une œuvre difficile que de résoudre la question de la construction d'une arme nouvelle, en coordonnant toutes ses parties, son poids, sa forme, celle de la balle et la composition de la cartouche.

« Enfin, dans les derniers mois de 1865, après de nombreux essais, un modèle fut présenté à l'Empereur, et des ordres furent envoyés à la manufacture d'armes de Châtellerault pour la fabrication de 500 fusils de cette espèce, qui devaient être mis entre les mains des troupes réunies, en 1866, au camp de Châlons, et être soumis par elles à la sanction de la pratique.

« C'est à la suite de cette épreuve suprême, et par décision impériale du 30 août 1866, que fut adopté pour l'armement de l'infanterie le fusil aujourd'hui en cours de fabrication.

« Après la levée du camp, les armes qui avaient servi aux expériences furent remises au bataillon des chasseurs à pied de la garde impériale, qui eut la tâche de préparer tous les éléments des instructions à rédiger pour le maniement et l'entretien du nouveau fusil.

« Dans la prévision fondée que l'arme dont il est question serait adoptée, et afin de mettre à profit un temps toujours précieux, quand il s'agit de modifier l'armement d'une armée, l'administration de la guerre avait établi et outillé, dès le mois de juin 1866, à Puteaux, une usine pour la fabrication des machines qui devaient être employées dans nos manufactures, et dès le mois de juillet les entrepreneurs de ces établissements recevaient des commandes pour la fabrication de 300,000 armes, afin qu'ils se missent en mesure de se procurer les matières premières qui devaient leur donner la facilité d'exécuter ces ordres.

« C'est à partir de cette époque que l'on a pu s'occuper de la construction des armes-types, et sur ces types entreprendre les longues et difficiles opérations de l'appareillage, c'est-à-dire la construction des organes travailleurs, des machines, guides et outils proprement dits.

« Voilà quelle a été la succession non interrompue des essais tentés pour arriver à une arme possédant la rapidité du tir du fusil prussien, mais ayant sur lui une grande supériorité par ses qualités balistiques, comme par la perfection de ses organes et la légèreté de son poids.

« Examinons maintenant les conditions de la fabrication au point de vue des difficultés qu'elle présentait.

« Pour apprécier l'importance des opérations qui ont été la suite de l'adoption du modèle de 1866, il faut d'abord examiner la situation des quatre manufactures d'armes de l'État au commencement de 1866.

« Leur puissance de fabrication était de 40,000 armes neuves par an. La plus importante des quatre (celle de

Saint-Étienne, était en reconstruction. Il fallait passer subitement d'une fabrication de 40,000 fusils à une autre de 150,000, de 300,000, peut-être, et faire d'énormes approvisionnements de matières premières, au milieu de la concurrence générale de toutes les nations militaires qui viennent puiser chez nous l'acier fondu et surtout le bois de noyer. Pour cela, il fallait substituer la fabrication mécanique à la fabrication à la main, construire 1,200 machines et changer toutes les habitudes des populations armurières.

« Le service de l'artillerie, par son activité, par la précision qu'il apporte aux choses qu'il entreprend, aura pu, dans l'espace de moins d'une année, mettre les quatre manufactures de l'État en mesure de satisfaire, par un travail réglé et continu, aux exigences du moment, en versant dans nos arsenaux 1,000 fusils par jour.

« Aux États-Unis, trente manufactures d'armes s'établirent ou se développèrent au commencement de la guerre de la sécession ; elles ne livrèrent rien la première année, quoique fabriquant une arme plus facile que la nôtre ; au bout de deux ans, elles ne fournissaient pas au delà de 2,000 fusils par jour.

« L'administration de la guerre a essuyé le reproche de ne pas avoir recours à l'industrie privée. Elle a demandé 50,000 fusils à une société qui, bien qu'autorisée à faire fabriquer en même temps à Liége et à Birmingham, n'a pas voulu s'engager à les fournir avant le 1er avril 1868, et n'a consenti qu'avec peine à en promettre 20,000 pour le 1er janvier de la même année. Aux mêmes époques, les manufactures impériales auront fourni plus de 380,000 armes au prix de 70 francs au plus, au lieu de 85 francs au moins que demande l'industrie privée.

« La Prusse, qui a l'incontestable mérite d'avoir ouvert la voie dans laquelle toutes les nations cherchent à la suivre, est aujourd'hui très en retard, même au point de vue de la rapidité du tir.

« L'Autriche, l'Angleterre et les États-Unis hésitent entre divers modèles.

« La Russie et l'Italie attendent, avant de se décider, de voir ce que feront les autres nations.

« La France a-t-elle à regretter que l'artillerie ait agi avec une sage modération, et n'ait pas tout sacrifié à la vaine et dangereuse satisfaction de donner plus vite à l'armée une arme imparfaitement étudiée? Quand il s'agit d'une dépense de plus de cent millions, le temps employé à de sérieux travaux n'est assurément pas un temps perdu, et ce sera l'honneur du service de l'artillerie d'avoir, malgré d'aveugles clameurs, patiemment étudié l'arme qui sera le fusil de l'avenir.

« Ce n'est donc pas l'administration de la guerre qui a manqué de prévoyance : aucun des services, on vient de le voir, qui relèvent d'elle n'a périclité.

« Si, dans les circonstances que nous venons de traverser, l'opinion publique a dirigé un regard inquiet vers l'armée, c'est à d'autres causes qu'il faut attribuer ce moment d'hésitation, qui a pu faire douter de la force de nos institutions militaires.

« Ces causes, il faut les chercher dans ces dispositions à la critique qui mettent tout en discussion.

« L'amour du changement s'est emparé de tous les esprits : il a même fait invasion dans l'armée, et, à l'heure qu'il est, il n'est pas un règlement qui ne soit présenté comme suranné.

« Certes, en présence d'une guerre qui paraissait imminente, il y avait mieux à faire que de donner cours à d'imprudentes paroles. Il fallait, au contraire, redoubler ses témoignages de respect pour nos institutions militaires qui, depuis un demi-siècle, nous ont valu, sur des champs de bataille si divers, tant de glorieux succès.

« Il fallait montrer plus d'esprit véritablement militaire, faire trêve à tous ces projets de changements qui émoussent et détruisent la religion de l'officier et du soldat, en ce qui touche la loi, les règlements et l'exercice du commandement. On a dit, avec raison, qu'on ne respecte les choses qu'autant qu'elles doivent avoir de la durée, et et que du doute de la permanence des institutions à la désaffection qui les entoure il n'y a souvent qu'un pas.

« C'est dans les moments de crise qu'il faut avoir confiance en soi, se grouper sous le joug de la discipline et non pas se livrer à de vaines dissertations ou se laisser égarer dans les obscurités de l'avenir.

« Dans tous les cas, ce n'est pas le moment de se laisser entraîner aux illusions des changements.

« Ainsi, au lieu d'attaquer, dans toutes ses parties et toutes ses conséquences, la loi de 1855, n'aurait-il pas mieux valu rechercher, après l'expérience qui en a été faite, les modifications qui pouvaient avec utilité lui être appliquées, plutôt que de demander son abrogation?

« Y a-t-il, en effet, un avantage quelconque à signaler dans les rangs de la troupe telle catégorie de soldats, et de jeter une espèce de réprobation sur de braves gens qui, aimés et estimés de leurs chefs, ont contracté des rengagements avec prime, et n'ont fait en cela, en dernière analyse, que se conformer à la loi de leur pays?

« Nous avons quelquefois une disposition à nous élever au-dessus des autres nations; ce n'est pas le moment de devenir plus modestes que de raison.

« Quoi! une nation comme la France, qui, en quelques semaines, peut réunir sous ses drapeaux 600,000 soldats, qui a dans ses arsenaux 8,000 pièces de canon de campagne, 1,800,000 fusils et de la poudre pour faire dix ans la guerre, ne serait pas toujours prête à soutenir par les armes son honneur compromis ou son droit méconnu !

« L'armée ne serait pas prête à entrer en campagne, quand elle compte dans ses rangs ces vétérans d'Afrique, de Sébastopol et de Solférino ! quand elle a pour les commander ces généraux expérimentés et cette foule de jeunes officiers préparés par les expéditions en Algérie et la guerre du Mexique à exercer des commandements supérieurs ! Quelle est donc l'armée en Europe qui renferme de pareils éléments d'expérience et d'énergie ?

« Notre infanterie n'est point encore entièrement armée de fusils à aiguille. Mais nos voltigeurs ont-ils jamais été arrêtés, pendant les anciennes guerres, dans leur marche en avant, par les tirailleurs tyroliens armés de leur carabine rayée, ou par les riflemen anglais ?

« Faudrait-il donc rappeler cette expression du maréchal Macdonald, parlant des soldats de Wagram, que nous serions moins bien soudés les uns aux autres, et que les liens de la hiérarchie et de la discipline se seraient affaiblis en nous ?

« Oh ! alors, hâtons-nous de rappeler les vertus militaires de nos pères : cela vaudra mieux que le fusil à aiguille !

« Maréchal RANDON. »

Fallait-il donc subir l'épreuve des plus grands revers pour que le véritable état des choses apparût à tous les yeux ?

CHAPITRE II

PROJET DE L'EMPEREUR NAPOLÉON III

Pour la formation de plusieurs armées
(de 1867 à 1868)

Quelque confiance qu'ait eue l'Empereur dans la capacité et le patriotisme du maréchal Randon, il ne partageait pas son optimisme. Aussi remit-il avec empressement, en janvier 1867, le portefeuille de la guerre au maréchal Niel, qui était convaincu de la nécessité d'améliorer notre organisation militaire.

Celui-ci trouva le Corps législatif disposé, dans une certaine mesure, à donner au gouvernement les moyens nécessaires pour mettre nos forces sur un pied plus respectable. On rétablit, en partie, ce qu'on avait détruit deux ans auparavant, et on vota les fonds indispensables pour perfectionner notre armement, pour améliorer les fortifications de nos places fortes.

A cette époque, l'Empereur, voulant se rendre compte par lui-même de l'état réel de nos ressources militaires, se livra, aidé du général Lebrun, à une très minutieuse étude de tous les éléments nécessaires à la formation de plusieurs armées, afin de constater ce que nous avions et ce qui nous manquait; le ministre de la guerre devait être chargé de compléter le plus promptement possible les lacunes qui auraient été signalées.

Le travail dont il s'agit était divisé en deux parties : la première, comprenant 24 tableaux, donnait la composition de tous les corps, le nombre exact d'hommes, de chevaux et de voitures nécessaires à chaque compagnie, escadron, batterie; à chaque régiment, brigade, division; à chaque quartier général, à chaque corps d'armée. Ces mêmes calculs s'appliquaient à la formation de trois grandes armées, ayant trois corps de réserve : la garde impériale, un corps d'armée à Paris et un autre à Lyon ou Belfort. La seconde partie, composée de plusieurs chapitres, indiquait quelles étaient les ressources existantes, et ce qu'il était indispensable de faire pour compléter en personnel et en matériel la formation de ces armées.

Lorsque le maréchal Niel reçut le mémoire dont nous ne donnerons que les résultats généraux, il écrivit à l'Empereur la lettre suivante :

« Sire,

« Je viens de recevoir dix exemplaires de l'important travail auquel Votre Majesté s'est livrée avec tant de persévérance. Il nous sera très-utile et nous servira de règle pour mieux constituer nos forces nationales. Il est bien rare qu'un souverain ait approfondi, comme l'a fait Votre Majesté, tous les éléments dont se composent les armées ; je l'en félicite. Je conserve les exemplaires sous clef et n'en donnerai qu'aux directeurs généraux du ministère.

« Je suis, etc.

« Maréchal Niel,
« *Ministre de la guerre.* »

COMPOSITION DES ARMÉES

PREMIÈRE PARTIE.

Constitution des différents corps.

D'après les tableaux qui avaient été dressés, les effectifs des divers éléments dont se compose une armée étaient fixés de la manière suivante :

EFFECTIFS.	HOMMES.	CHEVAUX		VOITURES.
		de selle mulets.	de trait et de bât.	
Du bataillon de chasseurs à pied	938	6	5	3
D'un régiment d'infanterie	2,785	19	14	11
D'un escadron de cavalerie	167	144	1	1
D'un régiment de cavalerie à 4 escadrons	693	617	13	7
D'un régiment de cavalerie à 5 escadrons	860	761	14	8
D'une batterie montée de 4	154	36	85	19
D'une batterie à cheval de 4	161	94	85	19
D'une batterie de canons à balles	154	36	85	19
D'une batterie montée de 12	201	36	133	23
D'une batterie de montagne	206	25	112	1
D'une compagnie de sapeurs ou de mineurs du génie	162	9	11	2
D'une compagnie montée du train	205	40	228	»
D'une compagnie légère du train	357	40	300	»
D'une division d'infanterie à 2 brigades	13,134	320	537	160
D'une division d'infanterie à 3 brigades	18,851	382	649	202
D'une brigade de cavalerie à 2 régiments de ligne	1,535	1,274	110	36
D'une brigade à 2 régiments de cavalerie légère	1,869	1,562	112	38
D'une brigade composée de 1 régiment de cavalerie légère et de 1 régiment de ligne	1,702	1,418	111	37
D'une brigade de cavalerie composée de 3 régiments de cavalerie légère	2,763	2,326	145	50
D'une brigade de cavalerie composée de 3 régiments de cavalerie de ligne	2,262	1,894	142	47
D'une brigade de cavalerie composée de 2 régiments de cavalerie légère et de 1 régiment de ligne	2,596	2,182	144	49
D'une brigade de cavalerie composée de 2 régiments de ligne et de 1 régiment de cavalerie légère	2,429	2,038	143	48
D'une division de cavalerie à 2 brigades de régiments de ligne	3,371	2,753	392	113
D'une division composée de 1 brigade de cavalerie de ligne et 1 brigade de cavalerie légère	3,705	3,041	394	115
D'une division composée de 2 brigades de cavalerie légère	4,049	3,329	396	117
D'une division composée de 3 brigades de cavalerie (1 régiment de cavalerie légère et 5 régiments de cavalerie de ligne ou de réserve)	5,003	4,147	472	141
D'un grand quartier général	1,349	718	460	156
Du quartier général d'un corps d'armée	791	346	373	100
De la réserve d'un corps d'armée à 3 divisions, avec équipage de pont	2,767	586	2,076	435
De la réserve d'un corps d'armée à 3 divisions, sans équipage de pont	2,522	552	1,827	379
De la réserve d'un corps d'armée à 2 divisions, avec équipage de pont	2,479	550	1,754	367
De la réserve d'un corps d'armée à 2 divisions, sans équipage de pont	2,199	516	1,593	326
D'un corps de réserve de cavalerie à 2 divisions (1 division de cavalerie légère et 1 division de cavalerie de réserve)	7,434	6,122	802	239
D'une réserve générale d'artillerie de campagne	1,812	561	1,038	192
D'un grand parc d'artillerie de campagne pour une armée à 3 corps d'armée	1,949	275	1,715	341
D'un grand parc d'artillerie de campagne pour une armée à 2 corps d'armée	1,776	249	1,473	284
D'une réserve générale des services administratifs	900	111	556	124
D'un grand parc du génie	451	62	373	60
D'un équipage de siége de l'artillerie	4,449	456	2,910	643

FORMATION DES ARMÉES

Au moyen des ressources existantes on pourrait former 3 armées divisées en 8 corps d'armée, plus 2 corps d'armée de réserve, sans compter la garde impériale et les troupes destinées à l'Algérie.

1re ARMÉE (comprenant 3 corps d'armée, 1er 2e et 3e).

		HOMMES.	CHEVAUX de selle	CHEVAUX de trait et de bât.	VOITURES.
GRAND QUARTIER GÉNÉRAL.		1,349	718	460	157
1er CORPS.	Quartier général.	791	346	373	100
	2 divisions d'infanterie (à 2 brigades)	26,268	640	1,074	320
	1 brigade de cavalerie (à 3 régiments).	2,595	2,182	144	49
	Réserve du corps (1)	2,479	550	1,754	367
	TOTAL	32,134	3,718	3,345	836
2e CORPS.	Quartier général.	791	346	373	100
	2 divisions d'infanterie (à 2 brigades).	26,268	640	1,074	320
	1 division d'infanterie (à 3 brigades).	18,851	382	649	202
	2 brigades de cavalerie (à 2 régiments).	3,070	2,548	220	72
	Réserve du corps (2)	2,522	552	1,827	379
	TOTAL	51,502	4,468	4,143	1,073
3e CORPS.	Quartier général.	791	346	373	100
	2 divisions d'infanterie (à 2 brigades).	26,268	640	1,074	320
	1 brigade de cavalerie (à 3 régiments).	2,596	2,182	144	49
	Réserve du corps (1).	2,479	550	1,754	367
	TOTAL	32,134	3,718	3,345	836
RÉSERVES GÉNÉRALES DE L'ARMÉE.	Corps de cavalerie	7,434	6,122	802	239
	Réserve générale d'artillerie de campagne et direction générale des parcs	1,812	564	1,038	192
	Grand parc de campagne	1,949	275	1,715	341
	Réserves d'administration	900	111	556	124
	Grand parc du génie	451	62	373	60
	TOTAL	12,546	7,131	4,484	947
TOTAL GÉNÉRAL DE LA 1re ARMÉE.		129,665	19,753	15,777	3,858

Cette armée se compose de 7 divisions d'infanterie, dont 6 à 2 brigades et 1 à 3 brigades; de 2 brigades de cavalerie à 3 régiments et de 2 brigades de cavalerie à 2

---

(1) Cette réserve est pourvue d'équipage de pont.
(2) Cette réserve n'est pas pourvue d'équipage de pont.

régiments; d'un corps de réserve de cavalerie à 2 divisions, et de 52 batteries d'artillerie, savoir :

3 batteries par division d'infanterie...	3×7=21	batteries montées.
2 batteries par division de cavalerie..	2×2= 4	batteries à cheval.
3 réserves d'artillerie de corps d'armée.	3×6=18	batteries, dont 6 à cheval.
Réserves générales d'artillerie.........	9	batteries, dont 5 montées, 3 à cheval et 1 de montagne.
Total............	52	batteries, dont 13 à cheval.

2ᵉ ARMÉE (3ᵉ corps d'armée : 4ᵉ, 5ᵉ et 6ᵉ).

		HOMMES.	CHEVAUX.		VOITURES.
			de selle	de trait et de bât.	
Grand quartier général.............		1,349	718	460	157
1ᵉʳ corps.	Quartier général...........	791	346	373	100
	2 divisions d'infanterie (à 2 brigades).	26,268	640	1,074	320
	1 brigade de cavalerie (à 3 régiments).	2,596	2,182	144	49
	Réserve du corps (1).........	2,479	550	1,754	367
	Total.........	32,134	3,718	3,345	836
2ᵉ corps.	Quartier général...........	791	346	373	100
	3 divisions d'infanterie (à 2 brigades)	39,402	960	1,611	480
	1 brigade de cavalerie (à 3 régiments).	2,763	2,326	145	50
	Réserve du corps (2).........	2,522	552	1,827	379
	Total............	45,478	4,184	3,956	1,009
3ᵉ corps.	Quartier général...........	791	346	373	100
	2 divisions d'infanterie (à 2 brigades).	26,268	640	1,074	320
	1 brigade de cavalerie (à 3 régiments).	2,429	2,038	143	48
	Réserve du corps (1).........	2,479	550	1,754	367
	Total.........	31,967	3,574	3,344	835
Réserves générales de l'armée.	Division de cavalerie (à 3 brigades).	5,003	4,147	472	141
	Réserve générale d'artillerie de campagne et direction générale des parcs.	1,660	525	953	173
	Grand parc de campagne......	1,949	275	1,715	341
	Réserves d'administration.....	900	111	556	124
	Grand parc du génie........	451	62	373	60
	Total............	9,963	5,120	4,039	839
Total général de la 2ᵉ armée.....		120891	17,314	15,174	3,676

(1) Cette réserve est pourvue d'un équipage de pont.
(2) Cette réserve n'est pas pourvue d'un équipage de pont.

— 151 —

Cette 2ᵉ armée se compose de 7 divisions d'infanterie à 2 brigades, de 3 brigades de cavalerie à 3 régiments, d'une division de cavalerie à 3 brigades en réserve et de 49 batteries, savoir :

3 batteries par division d'infanterie...	3×7=21 batteries montées.
2 batteries pour la division de cavalerie....	2 batteries à cheval.
3 réserves d'artillerie de corps d'armée.	3×6=18 batteries, dont 6 à cheval.
Réserves générales d'artillerie........	8 batteries, dont 4 montées, 3 à cheval et 1 de montagne.
Total..........	49 batteries, dont 11 à cheval.

3ᵉ ARMÉE. — ARMÉE DE RÉSERVE. (7ᵉ et 8ᵉ corps.)

		HOMMES.	CHEVAUX.		VOITURES.
			de selle	de trait et de bât.	
Grand quartier général............		1,409	718	460	157
1ᵉʳ corps.	Quartier général (1)........	958	490	374	101
	3 divisions d'infanterie (à 2 brigades).	39,402	960	1,611	480
	2 brigades de cavalerie (à 2 régiments).	3,404	2,836	222	74
	Réserve du corps (2)......	2,767	586	2,076	436
	Total...........	46,531	4,872	4,283	1,091
2ᵉ corps.	Quartier général..........	791	346	373	100
	2 divisions d'infanterie (à 2 brigades).	26,268	640	1,074	320
	1 brigade de cavalerie (à 3 régiments).	2,429	2,038	143	48
	Réserve du corps (3).......	2,199	516	1,593	326
	Total...........	31,687	3,540	3,183	794
Réserves générales de l'armée (4)	Division de cavalerie (à 2 brigades).	3,371	2,753	392	113
	Réserve générale d'artillerie de campagne et direction générale des parcs.	1,499	431	868	154
	Grand parc de campagne.....	1,776	249	1,473	284
	Réserve d'administration.....	900	111	556	124
	Total...........	7,546	3,544	3,289	675
Total général de la 3ᵉ armée.....		87,113	12,674	11,215	2,717

(1) Le quartier général est pourvu de 2 escadrons de cavalerie au lieu d'un, pour le service des escortes.
(2) Cette réserve est pourvue d'un équipage de pont.
(3) Cette réserve n'est pas pourvue d'un équipage de pont.
(4) Les réserves générales de la 3ᵉ armée ne comptent pas de grand parc du génie.

Cette 3ᵉ armée compte 5 divisions d'infanterie à 2 brigades, 2 brigades de cavalerie à 3 régiments, 1 division de cavalerie à 2 brigades en réserve, et 36 batteries d'artillerie, savoir :

3 batteries par division d'infanterie. . $5 \times 3 = 15$ batteries montées.
2 batteries pour la division de cavalerie . . . . . 2 batteries à cheval.
2 réserves d'artillerie de corps d'armée $6 \times 2 = 12$ batteries, dont 4 à cheval.
Réserves générales d'artillerie . . . . 7 batteries, dont 4 montées, 2 à cheval et 1 de montagne.
Total . . . . 36 batteries dont 8 à cheval.

CORPS D'ARMÉE DE BELFORT. (9ᵉ corps.)	HOMMES.	CHEVAUX. de selle	CHEVAUX. de trait et de bât.	VOITURES.
Quartier général (1).	428	189	309	89
2 divisions d'infanterie à 2 brigades	24,084	556	894	276
1 brigade de cavalerie à 2 régiments.	1,535	1,274	110	36
Total du corps d'armée de Belfort. .	26,047	2,019	1,313	401

Les 2 divisions d'infanterie du 9ᵉ corps n'ont pas de bataillons de chasseurs. Chaque division n'a que 2 batteries montées et n'a pas de batterie de canons à balles. Le corps d'armée n'a pas de réserves. L'artillerie ne se compose donc que de 4 batteries montées de 4.

CORPS DE RÉSERVE DE PARIS. (10ᵉ corps.)	HOMMES.	CHEVAUX. de selle	CHEVAUX. de trait et de bât.	VOITURES.
Quartier général (1).	428	189	309	89
3 divisions d'infanterie à 2 brigades.	37,064	840	1,346	417
1 brigade de cavalerie à 2 régiments	1,869	1,552	112	38
Total du corps d'armée de Paris. .	39,361	2,591	1,767	544

(1) Les chiffres de ce quartier général de corps d'armée diffèrent de ceux des

Une seule des 3 divisions du 10ᵉ corps possède 1 bataillon de chasseurs ; chaque division n'a que 2 batteries montées et n'a pas de batteries de canons à balles. Le corps d'armée n'a pas de réserves. L'artillerie ne se compose donc que de 6 batteries montées de 4.

EFFECTIF DES TROUPES EN ALGÉRIE

	HOMMES.
État-major. (Officiers généraux. — Corps d'état-major. — État-major des places. — Interprètes. — Parquets. — Établissements pénitentiaires.).	414
9 régiments d'infanterie, y compris le régiment étranger.	25,541
3 bataillons d'infanterie légère.	3,000
3 régiments de spahis.	3,291
3 régiments de cavalerie français à 7 escadrons et dépôts	3,150
3 bataillons de zouaves et dépôts.	3,066
3 bataillons de tirailleurs et dépôts.	4,039
Compagnies de discipline.	1,646
8 escadrons de chasseurs d'Afrique et dépôt (1)	1,868
Cavaliers de remonte et vétérinaires	804
Artillerie : état-major, 6 batteries, détachements d'ouvriers, artificiers, armuriers et pontonniers.	2,603
Génie : état-major et troupes.	1,097
Administration (Fonctionnaires de l'intendance, officiers d'administration et troupes)	2,420
Train des équipages militaires : 3 dépôts et 12 compagnies provisoires	1,380
Total (1).	54,321

RÉCAPITULATION DE L'ARTILLERIE DE LIGNE.

1ʳᵉ armée.	52 batteries, dont.	13 à cheval et 1 de montagne.
2ᵉ armée.	49 batteries, dont.	11 à cheval et 1 de montagne.
3ᵉ armée.	36 batteries, dont.	8 à cheval et 1 de montagne.
9ᵉ corps	4 batteries montées.	
10ᵉ corps	6 batteries montées.	
Total	147 batteries, dont.	32 à cheval et 3 de montagne.
Algérie.	6 batteries montées.	
Total	153 batteries ou 918 bouches à feu.	

---

8 premiers corps, parce qu'on n'y a pas compris l'escadron d'escorte qui sera tiré de la brigade, et que, de plus, il ne possède ni compagnie, ni détachement de sapeurs-conducteurs du génie.

(1) On suppose ici que chaque régiment de chasseurs d'Afrique laisserait 2 escadrons à son dépôt. Si, comme cela a été indiqué dans la composition de la 1ʳᵉ armée, chaque régiment devait laisser un seul escadron au dépôt, le chiffre total d'effectif des troupes en Algérie serait diminué de 668 et réduit de 54,319 à 53,651.

— 154 —

RÉPARTITION DE LA CAVALERIE DE LIGNE

	NOMBRE DES DIVISIONS d'infanterie des corps d'armée.	CUIRASSIERS.	DRAGONS.	LANCIERS.	CHASSEURS ET HUSSARDS.	SPAHIS.	TOTAL.
Escortes à donner aux quartiers généraux et aux états-majors des 3 armées. — 1 régiment à chaque armée (1)	»	»	»	»	3	»	3
Réserve de la 1re armée	»	4	»	»	4	»	8
Réserve de la 2e réserve	»	3	1	1	1	»	6
Réserve de la 3e armée	»	2	1	1	»	»	4
1re armée { 1er corps	2	»	»	1	2	»	3
{ 2e corps	3	»	2	2	»	»	4
{ 3e corps	2	»	1	»	2	»	3
2e armée { 1er corps	2	»	1	»	2	»	3
{ 2e corps	3	»	»	»	3	»	3
{ 3e corps	2	»	1	1	1	»	3
3e armée { 1er corps	3	»	1	1	2	»	4
{ 2e corps	2	»	1	1	1	»	3
9e corps (Lyon et Paris)	2	1	1	»	»	»	2
10e corps (Paris)	3	»	2	»	»	»	2
Algérie	»	»	»	»	3	3	6
TOTAL	24	10	12	8	24	3	57

GARDE IMPÉRIALE.

	HOMMES.	CHEVAUX de selle.	CHEVAUX de trait et de bât.	VOITURES.
Quartier général (2)	428	189	309	89
1re division d'infanterie (13 bataillons)	13,134	320	537	160
2e divisions d'infanterie (11 bataillons) (3)	11,289	311	528	154
1 division de cavalerie à 3 brigades (30 escadrons)	5,838	4,867	477	146
Réserves de la garde (4)	1,891	444	1,423	288
TOTAL	32,580	6,131	3,274	837

(1) Le régiment de cavalerie légère affecté à chaque armée pour le service des escortes sera monté en chevaux français. Il donnera 2 escadrons au grand quartier général et un escadron à chaque quartier général de corps d'armée. Toutefois, à la 3e armée, qui ne compte que 2 corps d'armée, le quartier général du 1er corps aura deux escadrons au lieu d'un.

(2) Les chiffres de ce quartier général diffèrent de ceux des quartiers généraux de corps des 3 armées, parce qu'on n'y a pas compris l'escadron d'escorte qui sera tiré de la division de cavalerie de la garde, et que, de plus, il ne possède ni compagnies ni détachements de sapeurs-conducteurs du génie.

(3) Cette division ne possède pas de bataillon de chasseurs à pied.

(4) Même composition que la réserve d'un corps d'armée de troupes de ligne à

RÉCAPITULATION DES DIFFÉRENTS CORPS	HOMMES.	CHEVAUX.		VOITURES.
		de selle	de trait et de bât.	
1re armée	129,665	19,753	15,777	3,858
2e armée	120,891	17,314	15,174	5,676
3e armée	87,113	12,674	11,215	2,717
Corps de Belfort	26,047	2,019	1,313	401
Corps de Paris	39,361	2,591	1,767	544
Garde impériale	32,580	6,131	3,274	837
TOTAUX	435,657	60,482	48,520	12,033
		Chev. ou mulets		
Troupes de l'Algérie	54,321	109,002 12,216		
TOTAL GÉNÉRAL	489,978	121,218		12,033

EFFECTIF DE L'ARMÉE SUR LE PIED DE GUERRE

	HOMMES.
Armée active (1)	489,978
État-major à l'intérieur (Officiers généraux en activité et officiers d'état-major non employés dans les armées impériales)	202
9 dépôts d'infanterie de la garde (2)	2,579
6 dépôts de cavalerie de la garde	1,884
2 dépôts des 2 régiments d'artillerie de la garde	529
100 dépôts d'infanterie, à 1,022 hommes chacun (officiers compris)	102,200
20 dépôts de chasseurs à pied, 518 hommes chacun (officiers compris)	10,200
51 dépôts de cavalerie à 314 hommes chacun (officiers compris)	16,014
20 dépôts de régiments d'artillerie	10,520
10 compagnies d'ouvriers (dépôts) (3)	50
6 compagnies d'artificiers (dépôts) (3)	50
1 compagnie d'armuriers (dépôt) (3)	20

2 divisions, sans équipage de pont, avec cette différence que la réserve d'artillerie de campagne ne comprend que 4 batteries, 2 batteries à cheval et 2 batteries de 12, attelées par le régiment d'artillerie à cheval de la garde.

(1) Dans ce chiffre ne sont pas compris les équipages de siège, qui sont en dehors des réserves.

(2) Les dépôts de la garde seront, pendant la guerre, alimentés par des hommes tirés de la réserve.

(3) Les fractions principales sont employées aux armées.

2 régiments du train d'artillerie (dépôt)	1,110
3 dépôts des régiments du génie et des compagnies d'ouvriers du génie	3,589
Gendarmerie, y compris le régiment de la garde impériale et la garde de Paris	24,412
États-majors des places à l'intérieur	837
Écoles militaires (État-major, Metz, Saumur, Polytechnique, Saint-Cyr et Prytanée militaire)	1,152
Cavalerie de manége et de remonte	2,163
Vétérans	300
Infirmiers (intérieur)	1,500
Intendance, médecins des hôpitaux, officiers des services administratifs, aumôniers (intérieur)	800
Équipages militaires à l'intérieur (8 compagnies provisoires et 3 dépôts d'escadrons, y compris la garde)	935
Ouvriers d'administration (intérieur et pour mémoire)	1,200
Sapeurs-pompiers	1,572
TOTAL (1)	673,796

Une armée aussi considérable exige, en temps de paix, l'effectif suivant :

EFFECTIF DE L'ARMÉE SUR LE PIED DE PAIX.	HOMMES.	CHEVAUX OU MULETS.
État-major	4,715	522
Maison de l'Empereur	357	320
Garde impériale — Infanterie : 7 régiments 14,973 ; 1 régiment de zouaves 1,388 ; 1 bataillon de chasseurs à pied 996	17,357	—
Garde impériale — Cavalerie : 6 régiments	5,904	4,494
Garde impériale — Artillerie : 1er régiment 1,137 ; Régiment à cheval 1,137 ; Escadron du train d'artillerie 159	2,433	762 / 862 / 164
Train des équipages militaires	650	650
TOTAL de la garde impériale	26,344	6,932

(1) Au 1er juillet 1868, l'effectif total de l'armée sur le pied de guerre pourra dépasser ce chiffre de 673,796, car on aura à y joindre l'excédant disponible provenant de la classe appelée à cette date, c'est-à-dire 20,000 hommes. L'effectif total, ainsi augmenté, s'élèvera à 693,796 hommes. Dans le chiffre de 673,796, on n'a pas cru devoir comprendre le personnel permanent des établissements fixes de l'artillerie et du génie, arsenaux, fonderies, dépôts centraux, manufactures d'armes, directions, non plus que celui des écoles régimentaires de ces deux armes.

— 157 —

EFFECTIF DE L'ARMÉE SUR LE PIED DE PAIX (suite).

			HOMMES	CHEVAUX OU MULETS
Ligne.	Infanterie.	100 régiments, dont 94 à 2,000 et 6 pour l'Afrique à 2,300 hommes...	201,800	—
		2 régiments de zouaves à 3,600 hom.	10,800	—
		19 bataillons de chasseurs à pied à 800 hommes, 1 en Afrique à 900 . . .	16,100	—
		3 bataillons d'infanterie légère. . . .	3,000	—
		Légion étrangère	3,000	—
		3 régiments de tirailleurs indigènes..	10,500	—
		7 compagnies de discipline.	1,050	—
		1 compagnie de sous-officiers vétérans	100	—
		1 compagnie de fusiliers vétérans . .	200	—
		TOTAL de l'infanterie de ligne. . .	246,500	(1) 402
	Cavalerie.	30 régiments à 5 escadrons	24,090	18,720
		18 régiments à 6 escadrons	17,244	13,482
		4 régiments de chasseurs d'Afrique..	4,496	3,552
		2 régiments de chasseurs (Algérie). .	2,036	1,712
		3 régiments de spahis.	3,489	3,462
		Cavaliers de remonte	2,967	84
		Écoles	242	1,126
		TOTAL de la cavalerie de ligne . .	54,564	42,138
	Artillerie..	15 régiments montés à 1,500 hommes	23,430	12,015
		1 régiment de pontonniers.	1,570	113
		4 régiments à cheval.	4,580	3,500
		10 compagnies d'ouvriers	1,540	—
		6 compagnies d'artificiers	624	—
		1 compagnie d'armuriers.	104	—
		Augmentation pour l'Algérie. . . .	500	500
		2 régiments du train d'artillerie . .	1,716	1,184
		TOTAL de l'artillerie de ligne. . .	34,064	17,312
	Génie. . . .	3 régiments à 2,160 hommes chacun.	6,480	699
		Compagnies d'ouvriers.	224	—
		TOTAL du génie	6,704	699
	Troupes d'administration.	Train des équipages.	8,304	7,060
		Commis aux écritures.	550	—
		Infirmiers.	4,700	—
		Ouvriers d'administration	3,600	—
		Aumôniers, médecins, officiers d'administration.	2,011	160
		TOTAL des troupes d'administration.	19,165	7,220
Gendarmerie, y compris le régiment de la Garde			21,556	13,897
TOTAL GÉNÉRAL.			414,019	89,442

(1) Chevaux d'officiers.

DEUXIÈME PARTIE.

Examen des effectifs et des incomplets.

I. *Infanterie*. — En faisant abstraction de la garde impériale, les corps d'armée ci-dessus indiqués se composent des éléments suivants : 10 corps d'armée comprenant 24 divisions, 49 brigades ou 98 régiments de ligne, 20 bataillons de chasseurs à pied. Si on y ajoute les 9 régiments destinés à l'Algérie, nous aurons 107 régiments, ce qui est le chiffre de nos régiments d'infanterie, y compris les 3 régiments de zouaves, les 3 régiments de tirailleurs algériens et le régiment étranger.

Pour amener les effectifs des corps d'infanterie de la ligne aux chiffres indiqués dans les tableaux ci-dessus ; pour constituer les dépôts des régiments d'infanterie de ligne à 1,000 hommes de troupe, et ceux des bataillons de chasseurs à pied à 500 ; pour amener également les effectifs des corps d'infanterie de la garde aux mêmes chiffres et constituer les dépôts de ces corps à 300 hommes environ pour chaque régiment d'infanterie, et 180 pour le bataillon de chasseurs à pied, il faudrait verser en totalité dans l'infanterie de l'armée (ligne et garde) 200,337 hommes.

En effet, l'infanterie de l'armée compte en ce moment, pour la garde et la ligne réunies, un effectif présent sous les armes de 266,235 hommes; elle devrait compter, mise sur le pied de guerre, 466,572 hommes.

Or, les réserves de l'armée pour l'arme de l'infanterie représentent en ce moment un chiffre de 129,544 hommes. L'incomplet serait donc, pour passer du pied de paix au pied de guerre, de 70,793 hommes.

II. *Cavalerie*. — Les 10 corps d'armée de la ligne emploient 51 régiments de cavalerie formant 4 divisions et 12 brigades. Si on tient compte des 3 régiments de cavalerie français et des 3 régiments de spahis, nécessaires en Algérie, pendant une guerre qu'on aurait à soutenir en Europe, on trouve le chiffre de 57 régiments de la ligne qui représente réellement celui de nos régiments de cette arme, et celui de 63 régiments, si on y ajoute les 6 qui font partie de la garde impériale.

Pour organiser les armées en Europe avec les effectifs de cavalerie arrêtés dans les tableaux ; pour constituer les dépôts des 57 régiments employés dans les 10 corps d'armée de ligne et celui de la garde, à 300 hommes chacun ; pour maintenir les effectifs actuels des 3 régiments de spahis et compléter ceux des 3 régiments de cavalerie légère français destinés à l'Algérie ; pour laisser enfin dans les établissements de la cavalerie (écoles et remontes) un personnel suffisant, il faut en tout 68,025 hommes. Or, l'effectif de la cavalerie sous les drapeaux est aujourd'hui de 55,340 hommes (1). Les hommes de cette arme qui comptent dans les réserves sont au nombre de 18,500. Le chiffre des hommes de cette arme disponibles à l'instant même est donc de 73,840.

Le chiffre des hommes nécessaires étant de 68,025, il y a donc entre nos ressources et nos besoins un

---

(1) L'effectif de la cavalerie sous les drapeaux en hommes de troupes est aujourd'hui de 55,340. Il devrait être, d'après le chiffre arrêté pour le pied de paix, de 56,880 hommes.

Il manque donc en ce moment 1,540 hommes.

Les hommes qui comptent dans les réserves appartenant à la cavalerie sont au nombre de 18,500. Si l'on prélève 1,540 hommes sur cette réserve, on aura dans les rangs. 56,880 hommes
et dans la réserve 16,960

En tout . . . . . . 73,840 hommes disponibles pour la cavalerie à l'instant même.

excédant de 5,816 hommes. Cet excédant pourrait être, en cas d'absolue nécessité, versé au train des équipages et à l'artillerie.

En ce qui concerne les chevaux, les régiments et établissements de la cavalerie (garde comprise) en possèdent 40,662 disponibles actuellement (1).

Pour élever les escadrons de guerre des régiments employés dans les corps d'armée aux chiffres des effectifs arrêtés dans les tableaux ; pour les deuxièmes montures à donner, au moment de la mobilisation, aux lieutenants et sous-lieutenants de ces régiments ; pour les 3 régiments de spahis et les 3 régiments français destinés à être

---

Pour organiser les armées en Europe avec les effectifs de cavalerie arrêtés dans les tableaux ci-dessus, il faut en hommes de troupes, savoir :

			HOMMES.
Pour les 6 régiments de la garde, à 5 escadrons par régiment	(30 escadr.)		3,800
Pour 10 régiments de cuirassiers, à 4 escadrons	—	(40 —)	6,400
Pour 12 régiments de dragons, à 4 escadrons	—	(48 —)	7,680
Pour 8 régiments de lanciers, à 4 escadrons	—	(32 —)	5,120
Pour 17 régiments de cavalerie légère, à 5 escadrons	—	(85 —)	13,600
Pour 4 régiments de chasseurs d'Afrique, à 5 escadrons	—	(20 —)	3,200
Pour les 57 régiments ci-dessus, 12 hommes par régiment, comptant à l'état-major du régiment			684
En tout pour les 57 régiments employés dans les armées.			40,484
Pour les corps laissés en Algérie, savoir :			
2 régiments de spahis.			3,291
3 régiments de cavalerie légère français, à 1,050 hommes par régiment, y compris les dépôts à 275 hommes			3,150
Pour les 57 dépôts de régiments employés aux armées, à 300 hommes par dépôt.			17,100
Pour les remontes (France et Algérie)			3,500
Pour les écoles			500
En tout, armés, à l'intérieur et en Algérie.			68,025

Or, on peut disposer actuellement pour l'arme de la cavalerie de 73,840 hommes. Il y a donc un excédant disponible de 5,816 hommes.

Dans ces conditions, tous les escadrons employés aux armées peuvent compter 160 hommes de troupe à l'effectif ; chaque régiment faisant partie de ces armées peut avoir 300 hommes de troupe à son dépôt, et enfin chacun des 3 régiments de cavalerie légère français laissés en Algérie aura 1,050 hommes, y compris un dépôt de 275 hommes.

(1) Nous comptons aujourd'hui dans la cavalerie, en chevaux de troupe, savoir :

employés en Algérie ; pour les écoles, il faudrait en tout, au moment de la mise sur pied de guerre, 41,371 chevaux. Les ressources actuelles étant de 40,662 (1), il y a donc un incomplet de 709 chevaux.

Cet incomplet de 709 chevaux pourrait être à la rigueur couvert par les chevaux du régiment de cavalerie français à envoyer en Algérie, mais on doit supposer que ces chevaux seront employés à la remonte des officiers sans troupe. De plus, pour constituer les dépôts des

	CHEVAUX DE TROUPE.
Dans la garde impériale	3,960
Dans les 10 régiments de cuirassiers (dépôts compris)	5,500
Dans les 12 régiments de dragons, *idem*	6,600
Dans les 8 régiments de lanciers, *idem*	4,400
Dans les 17 régiments de cavalerie légère destinés à entrer dans les armées en Europe, *idem*	11,200
Dans 4 régiments de chasseurs d'Afrique, *idem*	2,880
Dans les 2 régiments de chasseurs qui sont en Algérie, *idem*	1,400
Dans le régiment de cavalerie légère destiné à passer en Algérie pour y rester pendant la guerre (dépôt compris)	700
Dans les 3 régiments de spahis	2,991
Dans les écoles	1,031
Total des chevaux disponibles existant aujourd'hui dans les régiments et établissements de la cavalerie	40,662
Pour les armées, il faut en chevaux de troupe, d'après les bases arrêtées dans le projet, savoir :	
Pour la garde, 6 régiments à 5 escadrons, 130 chevaux de troupe par escadron	3,900
Pour 10 régiments de cuirassiers, 40 escadrons, *idem*	5,200
Pour 12 régiments de dragons, 48 escadrons, *idem*	6,240
Pour 8 régiments de lanciers, 32 escadrons, *idem*	4,160
Pour 17 régiments de cavalerie légère, 85 escadrons, *idem*	11,050
Pour 4 régiments de chasseurs d'Afrique, 20 escadrons, *idem*	2,600
Pour les 57 états-majors des régiments ci-dessus, à 12 par régiment	684
Pour les 2 régiments de chasseurs qui sont en Algérie (dépôt compris)	1,400
Pour le régiment de cavalerie légère à envoyer en Algérie, *idem*	700
Pour les 3 régiments de spahis, *idem*	2,991
Pour les écoles	1,031
Pour les 2es montures à donner aux lieutenants et sous-lieutenants des 57 régiments	1,415
Total des chevaux nécessaires au moment du passage du pied de paix au pied de guerre	41,371

(1) Tous les chevaux les plus jeunes, existant aujourd'hui dans nos corps de cavalerie, sont susceptibles d'être mis dans le rang.

57 régiments faisant partie des corps d'armée en Europe, au chiffre minimum de 100 chevaux, il faudrait, au moment de la mobilisation, se procurer par voie d'achat direct dans le commerce 5,700 chevaux en sus des 709 signalés ci-dessus ; le total des chevaux de troupe manquant à la cavalerie est donc de 6,409. En cas de nécessité absolue, **on** trouverait ces chevaux dans la gendarmerie.

III. *Artillerie.* — L'artillerie se compose, pour les corps d'armée (non compris celui de la garde) de 147 batteries, dont 32 à cheval et 3 de montagne. En ajoutant les 6 batteries montées jugées nécessaires en Algérie, nous aurons un total de 153 batteries. Or, les 14 régiments d'artillerie montée stationnés en France peuvent nous donner, à 8 batteries par régiment, 112 batteries montées ; les 4 régiments à cheval, 32 batteries à cheval, le régiment qui est en Algérie, 3 batteries de montagne, en sus des 6 batteries montées qui devront rester en Algérie. Nous avons donc ainsi les 147 batteries nécessaires pour les armées actives. Il ne faudrait créer qu'une batterie par régiment à cheval, pour former les dépôts des 4 régiments ; mais il serait nécessaire de puiser dans les réserves de l'armée pour compléter les effectifs des batteries mises sur le pied de guerre.

Pour le train d'artillerie, nous avons compté, dans les 10 corps d'armée de la ligne, 64 compagnies, dont 52 réparties dans les armées et corps d'armée et 12 affectées à un équipage de siége. Nous avons aujourd'hui 24 compagnies formant 2 régiments ; 4 de ces compagnies sont employées en Algérie. La question du détriplement de ces 24 compagnies, en vue d'obtenir le nombre des compagnies nécessaires aux armées, en Algérie et à l'intérieur, est en ce moment à l'étude. Il y a lieu de rechercher comment les ressources actuelles des réserves de l'armée pourraient fournir les sous-officiers, brigadiers et soldats indispensables pour porter au complet du pied de guerre les cadres et les effectifs de ces compagnies détriplées.

Nous avons compté 5 équipages de pont de corps d'armée (bateaux divisibles) répartis ainsi qu'il suit : un équipage à la réserve de chacun des 1er et 3e corps de la 1re et de la 2e armée, et un équipage à la réserve du 1er corps de la 3e armée ; de plus, 3 équipages de pont de réserve à la réserve générale de chacune des 3 armées. Ces 5 équipages emploieront 8 compagnies de pontonniers. Le régiment de pontonniers en possède 14. Il restera donc 6 compagnies disponibles pour la formation de nouveaux équipages, si elle est jugée nécessaire.

L'artillerie compte en ce moment présents dans les corps 32,374 hommes de troupe ; absents par congé à des titres quelconques et pouvant être rappelés immédiatement, 5,451 hommes; en totalité, 37,825 hommes de troupe incorporés. Les hommes qui comptent dans les réserves de l'armée appartenant à l'artillerie sont au nombre de 18,968. Le chiffre des hommes de troupe de l'arme disponibles à l'instant même est donc de 56,793.

Or, pour organiser l'artillerie dans les armées en Europe conformément aux tableaux ci-dessus ; pour laisser, comme dépôt, dans chacun des régiments d'artillerie, l'effectif d'une batterie ; pour laisser aux batteries et aux compagnies du train d'artillerie, employées en Algérie, un nombre d'hommes suffisant, il faut en tout 57,498 hommes de troupe.

Le nombre des hommes disponibles actuellement étant de 56,793, il y a donc un incomplet de 705 hommes de troupe.

En ce qui concerne les chevaux, l'artillerie possède actuellement disponibles dans les corps 5,819 chevaux de selle de troupe. Au moment de la mobilisation de l'armée, pour assurer tous les services aux armées, à l'intérieur et en Algérie, il en faudrait 8,776 en tout. Il y a donc, pour l'artillerie, un incomplet de 2,957 chevaux de selle de troupe.

En chevaux de trait, l'artillerie compte, à la date de ce jour, dans les corps, 12,793 chevaux, et chez les cultivateurs, 11,154; en tout, 23,747 chevaux de trait disponibles immédiatement.

Il en faudrait, au moment du passage sur le pied de guerre, pour subvenir à tous les besoins, 33,260. Il y a donc un incomplet de 9,313 chevaux de trait.

Enfin, il faudrait également 780 mulets pour l'artillerie. Elle n'en a point en ce moment.

IV. *Génie*. — Le génie est réparti ainsi qu'il suit dans les 10 corps d'armée de la ligne, celui de la garde et l'Algérie, savoir :

	Compagnies.
1re ARMÉE. — Au grand quartier général	2
A chacun des 3 quartiers généraux de corps d'armée, 1 compagnie, soit.	3
A chacune des 7 divisions d'infanterie, 1 compagnie, soit .	7
A la réserve générale d'armée, avec le grand parc du génie, 1 compagnie	1
2e ARMÉE. — Au grand quartier général	13
3e ARMÉE. — Au grand quartier général 2	
Au quartier général de chacun des 2 corps d'armée, 1 compagnie, soit 2	9
Aux 5 divisions d'infanterie 5	
Corps d'armée de Lyon et Belfort, aux 2 divisions d'infanterie	2
Corps d'armée de Paris, aux 3 divisions d'infanterie. . . .	3
Garde impériale, aux 2 divisions d'infanterie	2
En Algérie	6
TOTAL GÉNÉRAL. . .	48

Les ressources actuelles des 3 régiments du génie,

jointes aux 2,619 hommes de l'arme actuellement disponibles dans les réserves de l'armée, seraient suffisantes pour permettre de donner aux différents détachements du génie employés dans les armées les effectifs portés dans les tableaux, assurer le service à l'intérieur et en Algérie et constituer les dépôts restés en France à 1,170 hommes par régiment.

En ce qui concerne les chevaux de trait nécessaires au service du génie, les ressources de cette arme se composent de 175 chevaux par régiment, 75 à la partie principale et 100 en Algérie ; en tout 525 chevaux. En supposant que ces chiffres soient réduits de moitié en France et en Algérie, au moment du passage au pied de guerre, on pourrait donc disposer de 260 chevaux pour les parcs et les compagnies du génie qui figurent dans les tableaux.

Or, les 48 compagnies employées dans les armées, les 2 grands parcs d'armée et les 8 parcs de corps d'armée comportent un total de 1,568 chevaux de trait, 540 chevaux de selle et 96 chevaux ou mulets de bât, auquel il faudrait pourvoir au moment de la mobilisation.

Le génie aurait donc besoin, déduction faite des 260 chevaux de trait, actuellement disponibles, de 1,308 chevaux ou mulets de bât.

V. *Train des équipages.* — Les 3 armées, les 2 corps de Paris et Lyon exigent 45 compagnies montées du train des équipages militaires et 12 compagnies légères. La garde en demanderait 3 montées et 1 légère. Par suite du dédoublement opéré à la date du 1er janvier 1868, on pourrait disposer immédiatement de 48 compagnies de la ligne et de 5 de la garde impériale qui, toutes, vont être instruites aussi bien pour le service du train monté que pour celui du train léger.

Au moment où l'armée serait mise sur le pied de

guerre, chacune des 48 compagnies de la ligne laisserait au dépôt de l'escadron 1 officier, lieutenant ou sous-lieutenant, ce qui ferait qu'on disposerait ainsi de 48 officiers pour les 5 escadrons de la ligne, au moyen desquels on constituerait immédiatement 24 compagnies provisoires à 2 officiers par compagnie, et dont les effectifs en sous-officiers, brigadiers et hommes de troupe seraient puisés dans les réserves de l'armée. Dans l'escadron du train de la garde impériale, on laisserait également au dépôt 3 lieutenants et 3 sous-lieutenants, nécessaires pour créer, par les mêmes moyens, 3 autres compagnies provisoires. On aurait ainsi 27 compagnies provisoires, dont 7, aussitôt après avoir été constituées, seraient acheminées sur les armées et les corps d'armée de Paris et Lyon, de manière à compléter le chiffre de 57 compagnies qui y est indispensable. Les 20 autres seraient laissées aux dépôts des escadrons. Il serait utile d'étudier dès à présent les ressources que pourraient donner les réserves de l'armée pour mettre au complet, en sous-officiers, brigadiers et hommes de troupe, les effectifs sur pied de guerre de 48 compagnies de la ligne, des 6 compagnies de la garde existant actuellement, et des 27 compagnies provisoires à créer au moment de la mobilisation. Les 45 compagnies montées et les 12 compagnies légères nécessaires aux armées et aux corps de Lyon et Paris ; les 3 compagnies montées et la compagnie légère nécessaires pour la garde impériale exigent, sur le pied de guerre, 14,238 hommes de troupe (sous-officiers, brigadiers et soldats) ; 2,440 chevaux de selle ; 10,944 chevaux de trait et 3,901 mulets. Les ressources actuelles, tant dans les escadrons de France et d'Algérie que dans celui de la garde, sont de 8,000 hommes de troupe, 1,120 chevaux de selle, 2,920 chevaux de trait et 3,800 mulets (ces derniers en Algérie).

Il manque donc, rien que pour satisfaire aux nécessités des armées actives, 5,238 hommes de troupe, 1,320 chevaux de selle et 8,000 chevaux de trait.

Pour constituer les 6 pelotons hors rang des 6 escadrons (y compris la Garde) à 45 hommes par escadron, et les 20 compagnies provisoires restant dans les dépôts à 100 hommes par compagnie, il faudrait encore 2,270 hommes de troupe, 320 chevaux de selle et 2,000 chevaux de trait (16 chevaux de selle et 100 chevaux de trait par compagnie).

Il manque donc en totalité, pour satisfaire à tous les besoins en France, aux armées et en Algérie, 8,500 hommes de troupe. Les réserves de l'armée possèdent en hommes du train 4,800 hommes ; l'incomplet est donc de 3,700 hommes.

En ce qui concerne les chevaux, il manquerait en totalité, pour satisfaire à tous les besoins, 1,640 chevaux de selle et 10,000 chevaux de trait.

Le train des équipages possède en ce moyen 981 mulets chez les agriculteurs. Ces 981 mulets viendraient en déduction de ceux qu'il serait nécessaire de faire venir de l'Algérie ou bien des 10,000 chevaux de trait formant l'incomplet signalé ci-dessus pour l'organisation des armées en Europe.

On ne doit pas perdre de vue que le train auxiliaire aux armées devra être organisé pour être mis dans la main des officiers du train régulier. Pour répondre à cette nécessité, on reconnaîtra probablement comme indispensable la création d'un officier de plus par compagnie du train régulier, au moment de la mise sur le pied de guerre. On peut admettre qu'un quatrième officier par compagnie peut être chargé de l'organisation et de la direction d'un convoi du train auxiliaire qui comprendrait de 70 à 80 voitures de réquisition. Les 61 compagnies employées dans les armées et dans la garde impériale donneraient ainsi la possibilité d'avoir en train auxiliaire environ 4,300 voitures ; chacune des compagnies aurait à adjoindre à l'officier qui commanderait un convoi de train auxiliaire 1 sous-officier, 2 brigadiers et quelques hommes.

VI. *Infirmiers.* — Les 3 armées, les corps de Paris et Lyon et la garde impériale emploient 3,900 infirmiers. Leur effectif actuel est de 5,000, sur lesquels 2,000 sont employés en Algérie. Les ressources existantes sont donc insuffisantes pour assurer le service dans les armées actives et en Algérie.

En admettant que, pendant la guerre, le chiffre des infirmiers employés en Algérie soit réduit de 2,000 à 1,500 et qu'un pareil nombre de 1,500 soit suffisant pour les hôpitaux de l'intérieur, nous trouvons qu'il en faudrait au moins 6,900 au moment de la mise sur le pied de guerre. L'effectif actuel étant de 5,000, ce serait donc environ 1,900 infirmiers qu'il serait nécessaire de créer en plus, à ce moment.

Pour que la création des infirmiers-brancardiers réponde au but de leur institution, il convient qu'avant le passage sur le pied de guerre un certain nombre d'infirmiers employés dans nos grands hôpitaux de l'intérieur et de l'Algérie reçoivent une instruction spéciale sous le contrôle de l'administration et du service médical (1).

VII. *Ouvriers d'administration.* — Le nombre des ouvriers d'administration de toutes catégories, attachés aux 3 armées, aux corps de Paris et de Lyon et à la garde impériale, est de 6,667. Leur effectif actuel est de 3,700.

---

(1) Cette instruction est indiquée d'une manière presque complète dans le *Dictionnaire des sciences médicales*, t. VIII, à l'article Despotats, signé Percy. Il appartiendrait au Conseil de santé des armées de la compléter.

Il en manque donc environ 3,000, qui seront également à demander aux réserves de l'armée, au moment de la mise sur le pied de guerre. Quant aux besoins de l'intérieur et de l'Algérie, il paraît inutile de s'en préoccuper, la plupart des services devant être assurés, pendant la durée de la guerre, par des ouvriers civils.

Au moment du passage sur le pied de guerre, il faudrait donc recevoir des réserves de l'armée 1,900 infirmiers et 3,000 ouvriers d'administration, en tout 4,900 hommes. Or, les ressources actuelles de ces réserves en hommes de cette catégorie sont de 4,718 hommes. Il y a donc un incomplet de 200 hommes environ. Les 1,200 ouvriers d'administration qui sont portés pour mémoire dans le tableau ci-après, indiquant les forces de l'armée sur le pied de guerre, pourront être créés dans les premiers mois qui suivront le passage au pied de guerre.

VIII. *Employés de l'administration.* — La formation des armées actives, telle qu'elle est présentée dans les projets ci-dessus, exigerait un total de 488 commis aux écritures ou élèves d'administration. Les effectifs actuels permettent de satisfaire immédiatement à ces besoins, mais il serait nécessaire, afin de ne pas laisser en souffrance les services de l'intérieur et de l'Algérie, que le recrutement fournit sans retard un nouveau contingent de 300 jeunes gens environ destinés à augmenter le nombre de ces employés d'administration.

IX. *Officiers d'administration.* — Les 3 armées, les corps de Paris et de Lyon et la garde impériale comportent un total de 811 officiers d'administration de tout grade répartis ainsi qu'il suit : 250 du service des bureaux, 247 du service des hôpitaux, 243 du service des subsistances, 63 du service du campement. Le cadre normal suffit pour pourvoir au service des bureaux et à celui du campement, en admettant que, pour les services qui continueront à fonctionner à l'intérieur et en Algérie, on emploiera un certain nombre d'employés civils, et que la plupart du temps l'entreprise remplacera la gestion directe. Quant au service des hôpitaux, en supposant qu'il soit nécessaire de laisser environ 75 officiers d'administration de ce service en Algérie et autant à l'intérieur, nous trouvons, pour arriver au chiffre de 247 officiers d'administration du service des hôpitaux jugés indispensables aux armées actives, un incomplet d'environ 80. Il y aurait donc, au moment de la mobilisation, à créer 80 officiers d'administration du service des hôpitaux.

X. *Officiers de santé*. — Les différents corps d'armée, y compris celui de la garde, emploient 707 officiers de santé de tout grade. Le cadre normal peut y pourvoir aisément, car il est inutile de se préoccuper des exigences auxquelles il faudrait satisfaire à l'intérieur et même en Algérie; on y emploierait au besoin les médecins civils requis.

XI. *Intendance*. — Le personnel de l'intendance militaire employé dans les 3 armées, les corps de Paris et de Lyon et la garde impériale, se compose de 3 intendants généraux, 14 intendants militaires et 168 sous-intendants et adjoints. Le cadre actuel étant de 8 intendants généraux, 26 intendants militaires et 230 sous-intendants et adjoints, il reste donc disponible, pour assurer le service en France et en Algérie :

5 intendants généraux, 12 intendants militaires, 62 sous-intendants et adjoints.

Or, et même avec les ressources du cadre de réserve, le chiffre de 12 intendants est suffisant pour le service de l'Algérie et des divisions les plus importantes de l'intérieur. Il faut en effet des fonctionnaires en activité de service dans les postes ci-après : Alger, Oran, Constantine, Paris, Châlons, Lyon, Marseille, Toulouse, Rennes, Lille, Metz, Strasbourg, Besançon et Grenoble, en tout 14. Il y a donc un incomplet de 2 fonctionnaires du grade d'intendant.

Pour le grade de sous-intendant et d'adjoint, nous pensons qu'il en faudrait au moins 116 pour l'Algérie et l'intérieur, répartis ainsi qu'il suit : 30 en Algérie ; 8 à Paris ; 15 à Lyon, Metz et Strasbourg ; 4 à Marseille ; 6 à Lille et au camp de Châlons ; 19 à Toulouse, Rouen, Montpellier, Toulon, Verdun, Langres, Mézières, Thionville, Belfort, Besançon, Arras, Douai, Valenciennes, Dunkerque, Rouen, Nantes, Bordeaux, Brest et Bayonne; enfin 34 pour le reste de l'intérieur, 1 pour 2 départements.

Après l'organisation des armées, il reste 62 fonctionnaires de ces grades disponibles. L'insuffisance est donc de 54 sous-intendants et adjoints.

En résumé, il paraît nécessaire, en cas de formation des 3 armées et des corps d'armée de Lyon et de Paris, de renforcer le cadre de l'intendance de 2 intendants et de 54 sous-intendants et adjoints.

XII. *Officiers d'état-major.* — Le nombre des officiers d'état-major de tous grades strictement nécessaires pour les 3 armées et les corps d'armée de Paris et Lyon et la garde impériale, est de 446 (1), en ne donnant qu'un seul aide de camp aux généraux de division, en supprimant les aides de camp des généraux chefs d'état-major généraux, et en détournant les lieutenants d'état-major de

---

(1) Dans ce chiffre de 446 ne figurent pas les officiers qui seraient nécessaires pour le service télégraphique, si on doit organiser ce service : 12 ou 15 environ.

leur stage régimentaire pour les faire concourir au service des états-majors divisionnaires.

Le nombre des officiers de ce corps qu'il serait strictement nécessaire de laisser en France et en Algérie, et cela en supprimant les aides de camp des généraux commandant les subdivisions territoriales, est de 188, réparti ainsi qu'il suit :

Auprès de l'Empereur et des princes.	6
Près du ministre de la guerre.	3
Au dépôt de la guerre et dans les bureaux du ministère .	10
États-majors des six grands commandements de France.	24
États-majors des divisions territoriales (2 par division, sauf Paris et Lyon, qui en auraient 6).	52
Aides de camp des généraux commandant les divisions territoriales	22
Place de Paris.	4
Près du commandant des dépôts de la garde	1
En mission.	7
Écoles militaires.	12
En Algérie.	42
Au Sénégal.	1
Aides de camp des maréchaux non employés activement .	4
Total. . . .	188

En résumé. . . . . 446 aux armées.
188 en France et en Algérie.

Total. . . . 634

Or, le cadre du corps d'état-major ne compte que 580 officiers, y compris les 100 lieutenants.

Il y a donc une insuffisance de 54 officiers, sans tenir compte des non-valeurs qui doivent nécessairement exister dans le corps, et qu'on peut estimer à environ 15 ou 20, d'après des renseignements qui paraissent certains, et sans compter d'autre part ceux d'un service télégraphique à créer (15 environ).

Dans ces conditions, et sans entrer dans l'examen de la question de savoir comment ce déficit pourrait être comblé autrement que par des emprunts faits aux corps de troupes, il serait à désirer que l'administration de l'armée pût mettre à la disposition du corps d'état-major, pour le service de ses bureaux, aux armées comme à l'intérieur, une partie notable de ses commis et de ses élèves d'administration pour être employés à titre de secrétaires, ce qui paraît possible. On éviterait ainsi l'inconvénient grave d'énerver les corps de troupes en leur prenant, comme on l'a fait jusqu'ici, des sous-officiers pour remplir le même office.

XIII. *Matériel roulant.* — Les 3 armées, les corps de Paris et Lyon et la garde impériale comportent un matériel de :

2,540 voitures de bagages à 1 cheval ;

247 voitures, dites d'état-major, à 4 roues et à 2 chevaux ;

2,496 voitures du train à 4 chevaux ;

780 voitures à 1 cheval (voitures Masson) pour le train léger.

L'administration possède en ce moment :

2,100 voitures de bagages à 1 cheval ;

380 voitures, dites d'état-major, à 4 roues et à 2 chevaux ;

400 voitures Masson environ.

Il ne manque donc que 440 voitures de bagages à 1 cheval, et 380 voitures du train à 1 cheval.

Quant aux voitures du train à 4 chevaux, les ressources de l'administration représentent un chiffre plus que double de celui nécessaire.

Si l'administration a l'intention, comme cela paraît être en projet, de faire transporter à la suite des troupes un jour de vivres (riz, biscuit, sucre et café), à raison de 1 voiture par bataillon d'infanterie et 1 par régiment de cavalerie, le matériel nécessaire existe et est plus que suffisant

XIV. *Attelages de voitures régimentaires et des états-majors.* — Pour les attelages des voitures de bagages régimentaires et autres, il faudrait, savoir :

                                                           Chevaux de trait.

Pour 2,540 voitures régimentaires à 2 roues 3,667 (1)
Pour 247 voitures d'état-major à 4 roues 519 (1)
Pour 69 voitures de trésorerie à 4 chevaux. 276
Pour 3 voitures d'imprimerie à 4 chevaux. 12
                                           En tout. . . . 3,474

En mulets de bât, savoir :

                                                           Mulets de bât.

Pour les états-majors généraux et divisionnaires . . 131
Pour les 105 régiments d'infanterie et les 21 bataillons de chasseurs (y compris la garde), cantines d'ambulance. 356
Pour les 57 régiments de cavalerie (y compris la garde), cantines d'ambulance et vétérinaires 171
                                           En tout 658

RÉCAPITULATION DES INCOMPLETS.

OFFICIERS.

Officiers d'état-major, au moins. 90
Intendants militaires. 2
Sous-intendants et adjoints à l'intendance 54
Officiers d'administration du service des hôpitaux . . . 80

HOMMES DE TROUPE.

	NOMBRE d'hommes indispensables.	NOMBRE d'hommes sous les drapeaux.	NOMBRE d'hommes en réserve.	DÉFICIT.
Infanterie.	466,572	266,235	129,544	70,793
Cavalerie	68,025	55,340	18,500	—
Artillerie	57,498	37,825	18,968	705
Train des équipages.	16,508	8,000	4,800	3,708
Infirmiers et ouvriers d'administration	13,567	8,700	4,718	149
Commis aux écritures et élèves d'administration	780	480	—	300
TOTAL.	622,950	376,580	176,530	75,655

(1) On compte dans le chiffre le nombre des chevaux haut-le-pied à raison de 1 pour 20.

On voit que la cavalerie seule a un excédant de 5,815 hommes.

Ainsi, en appelant sous les drapeaux toutes les réserves, il y aurait encore, pour obtenir les chiffres d'effectifs portés dans les tableaux, un incomplet de 75,655 hommes; mais ce chiffre doit être diminué de celui de 5,815 hommes qui sont en excédant pour l'arme de la cavalerie : il se trouve ainsi réduit à 69,840. Cet incomplet devra être couvert par la classe prochaine appelée le 1er juillet. Le contingent disponible de cette classe peut être évalué à 78,000 hommes, chiffre qui, en cas de guerre, s'augmenterait certainement d'environ 15,000 engagés volontaires. Au 1er juillet, on peut donc compter sur environ 93,000 jeunes soldats qui, ajoutés aux réserves actuelles de l'armée, forment un total dépassant les besoins d'environ 23,000.

CHEVAUX ET MULETS.

CHEVAUX DE SELLE.

	Chevaux.
Cavalerie.	6,409
Artillerie.	2,957
Génie	540
Trains des équipages militaires.	1,640
Déficit total.	11,546 (1).

CHEVAUX DE TRAIT.

Artillerie.	9,313
Génie.	1,308
Train des équipages militaires	10,000
Attelages des voitures régimentaires et des états-majors.	3,474
Déficit total.	24,095 (2).

---

(1) Dans ce chiffre n'est pas compris celui des chevaux de selle qu'il serait encore nécessaire de donner au moment de la mise sur le pied de guerre aux adjudants-majors et médecins des corps d'infanterie, ainsi qu'aux officiers d'administration et aux aumôniers employés dans les corps d'armée, qui ont droit à recevoir des montures de l'État. Ce chiffre est d'environ 1,400.

(2) Dans ce chiffre de 24,095 n'est pas compris celui des chevaux de trait

MULETS OU CHEVAUX DE BAT.

Artillerie	780
Génie	96
Corps de troupe d'infanterie et de cavalerie	527
États-majors	131
Train des équipages militaires	néant (1)
Déficit total	1,534

MATÉRIEL ROULANT.

Voitures d'équipage réglementaires à 1 cheval	440
Voitures du train léger, dites Masson	380
Déficit total	820

SITUATION DE NOTRE ARMEMENT ET DE NOS APPROVISIONNEMENTS EN MUNITIONS DE GUERRE

POUR LES ARMÉES APPELÉES A TENIR LA CAMPAGNE.

Armes et munitions. — Nous avons en ce moment 155,000 fusils modèle 1866. On peut compter qu'au 1er avril nous en aurons 100,000 de plus; ce qui nous donnerait à cette date 255,000 fusils de modèle.

Nous avons en ce moment 50,000 fusils transformés. Au 1er avril nous en aurons 100,000; ce qui nous assure pour le 1er avril un total de 355,000 fusils se chargeant par la culasse.

En fusils modèle 1866	255,000
En fusils transformés	100,000
En totalité	355,000

Ce chiffre répond à nos besoins présumés pour l'arme-

---

nécessaires pour atteler les voitures de réserves de vivres destinées à marcher avec les bataillons et les régiments de cavalerie. Pour atteler à 4 chevaux, le nombre en serait de 1,633.

(1) Le train possède en Algérie un nombre de mulets suffisant pour satisfaire aux besoins des armées en Europe. Il en possède de plus 981 en France chez les agriculteurs. Ces 981 mulets pourraient venir en déduction de ceux qu'on tirerait d'Algérie pour les armées en Europe. Les mulets qui resteraient ainsi en Algérie seraient utilisés par les compagnies provisoires du train créées sur ce point au moment du passage du pied de paix au pied de guerre.

ment de toute notre infanterie employée aux armées. Au 1ᵉʳ juillet tous nos dépôts d'infanterie et les corps employés en Algérie pourront eux-mêmes être pourvus du nouvel armement. Nous aurons en effet à cette date 370,000 fusils modèle 1866 et 150,000 transformés.

En munitions d'infanterie, nous possédons en ce moment, en cartouches pour fusils modèle 1866, 34,000,000 ; en cartouches pour fusils transformés, 5,000,000. Au 1ᵉʳ avril nous aurons en cartouches pour fusils modèle 1866, 55,000,000; en cartouches pour fusils transformés, 20,000,000; nos besoins à cette date seront donc satisfaits.

Indépendamment de ce que chaque homme d'infanterie porterait sur lui en cartouches, savoir : 90 cartouches par homme muni du fusil modèle 1866 ; 60 pour fusil transformé, l'approvisionnement du parc attelé aux armées donnerait encore 250 cartouches par homme. La fabrication va être continuée activement, pour répondre à un approvisionnement plus élevé.

Artillerie de campagne. — Nous comptons pour les armées 918 bouches à feu.

Avec les ressources actuelles, chaque bouche à feu peut avoir son approvisionnement assuré à 400 coups. Au 1ᵉʳ avril on aura doublé cet approvisionnement, et dès à présent on se met en mesure d'avoir un second double approvisionnement.

Parc de siége. — Nous avons en ce moment un grand parc de siége, personnel et matériel, tout prêt à suivre nos armées. Un second existe en ce qui concerne le matériel.

Paris, 20 janvier 1868.

CHAPITRE III.

QUESTIONS RELATIVES
A LA
MOBILISATION DE L'ARMÉE

Les préoccupations du chef de l'État ne s'étendaient pas seulement à s'assurer du nombre de soldats qu'il pourrait, à un moment donné, mettre sous les armes; elles embrassaient également les moyens qu'il jugeait les plus propres à faciliter la mobilisation de l'armée. Nous devons avouer que souvent la routine des bureaux vint entraver les mesures les plus utiles.

Le maréchal Niel avait bien rendu compte à l'Empereur qu'il avait préparé dans son cabinet tous les ordres nécessaires à la convocation des soldats de réserve, et que, grâce aux mesures prises, les effectifs de tous les corps destinés à entrer dans les armées actives devraient être complétés dans un délai de neuf jours, de quinze jours au plus. Le maréchal Lebœuf, qui lui succéda au ministère de la guerre, affirma de nouveau que quinze jours seraient suffisants. L'expérience prouva malheureusement qu'il ne pouvait en être ainsi.

L'Empereur avait insisté à plusieurs reprises pour que les régiments fussent endivisionnés, ce qui aurait eu l'avantage de former d'avance les états-majors et de mettre les généraux en communication avec les troupes qu'ils devaient commander. Mais au ministère on créa à ce projet tant d'obstacles qu'il dut y renoncer.

NOTE SUR LES EFFETS DE CAMPEMENT A DISTRIBUER AUX TROUPES.

Il était désirable que les effets de campement fussent donnés aux troupes, afin qu'en cas de mobilisation aucun retard ne fût apporté dans leur distribution. Le ministre envoya à l'Empereur, sur ce sujet, la note suivante :

« Le passage rapide du pied de paix au pied de guerre étant dans les armées actuelles une condition forcée, il serait naturel de donner à tous les corps, en temps de paix, les divers effets de campement. On atteindrait ainsi ce double résultat : Les soldats apprendraient à les porter et à s'en servir, et si la guerre survenait ils en seraient pourvus. (Nous comprenons ici dans le nombre des effets de campement les petits bidons remplaçant la peau de bouc des Espagnols.)

« Voici l'inconvénient de ce système :

« Les soldats ne se servant pas de ces objets en temps de paix, n'attachent aucune importance à leur conservation, et, d'un autre côté, les détériorations leur étant imputées, comme celles de la literie et tant d'autres, la masse individuelle se trouve obérée et les soldats deviennent négligents, parce qu'ils perdent toute chance de toucher un décompte. Par ce même motif, les corps ajournent le plus possible les réparations de ce matériel, qui reste en mauvais état. La guerre survenant, on n'a pas le temps de faire les réparations, et le soldat part sans qu'on se soit assuré qu'il est réellement pourvu de ce qui lui devient indispensable. Si, au contraire, on lui faisait dans ce moment-là une distribution de tous les effets de campement *en parfait état*, on n'aurait aucune préoccupation à cet égard et le soldat en aurait l'usage et en supporterait le fardeau en même temps qu'il en sentirait l'utilité.

« Telles sont les considérations d'après lesquelles, à moins de nouveaux ordres de l'Empereur, les choses restent réglées comme suit :

« Tous les régiments d'infanterie qui sont dans les camps (62 cette année) sont pourvus des effets de campement. A la levée des camps, ils déposent ces effets en magasin, où ils sont immédiatement remis à neuf.

« Dans les divisions de cavalerie de Versailles, Lunéville et Lyon, il y a un escadron pourvu des effets de campement. Chaque escadron peut ainsi, à tour de rôle, bivouaquer et se livrer à tous les exercices du service en campagne.

« Le ministre donne des ordres pour que les 6 régiments de la garde impériale reçoivent également des effets de campement pour un escadron. Soit en tout 20 régiments de cavalerie qui seront pourvus en partie d'effets de campement.

« En outre, les régiments du camp de Châlons (8 pour les deux séries) et ceux, au nombre de 3, du camp de Lannemezan ont, pendant la durée du camp, des effets de campement pour tout leur effectif. Soit en tout 31 régiments qui sont pourvus en totalité ou en partie.

« Au point de vue de l'instruction ces dispositions paraissent suffisantes, puisque les régiments passeront tous les deux ans dans les camps ou dans les divisions actives.

« Nous pensons que ce système est le meilleur : il suffit à l'instruction des hommes, il est beaucoup plus économique pour l'État et pour les soldats, enfin il donne la certitude qu'au jour de l'entrée en campagne chacun sera pourvu d'effets en parfait état.

« Maréchal Niel.

« 25 juillet 1868. »

MOBILISATION DES ESCADRONS DE GUERRE.

Au désir manifesté par l'Empereur d'avoir toujours les escadrons de guerre des régiments de cavalerie mobilisés, le maréchal Niel, ministre de la guerre, répondit par la note suivante :

« Dans les armées où la durée du service est longue, comme en Russie, et dans celles qui ne se recrutent pas par la voie des appels, comme en Angleterre, les contingents de recrues sont relativement peu nombreux, et il est impossible de confier leur instruction à une fraction du corps qui constitue le dépôt du régiment. C'est ce qui s'est souvent appliqué en France, dans toutes les armes, même dans la cavalerie, sous l'empire de la loi du 21 mars 1832. Les contingents incorporés chaque année n'atteignaient pas le septième de l'effectif de l'armée, puisque la loi du 26 avril 1855 avait pour effet de retenir sous les drapeaux beaucoup d'anciens soldats dont l'instruction était complète.

« Dans les armées où la durée du service est courte, comme en Prusse, il devient nécessaire de faire concourir à l'instruction des jeunes soldats toutes les fractions constituées.

« Ainsi les recrues sont réparties par portions égales entre les compagnies, escadrons ou batteries d'un même régiment souvent disséminés dans plusieurs garnisons, au lieu d'être groupées dans un seul dépôt sous la direction d'un seul chef. L'hiver est consacré à l'instruction de détail, qui est poussée avec assez de rapidité pour qu'au printemps les jeunes soldats, aussi bien que les vieux, puissent aborder les manœuvres d'ensemble.

« La loi du 1er février 1868, en réduisant la durée du service à cinq ans (en réalité à quatre ans et demi), augmente dans une proportion notable la force des contingents de recrues à incorporer chaque année. Si on tient compte de ce que la garde et la gendarmerie ne se composent que d'anciens soldats dont l'instruction est complète et choisis parmi les meilleurs sujets de la ligne, et si on défalque l'effectif de certains corps spéciaux, se recrutant en dehors de la voie des appels, on doit reconnaître que dans les régiments de toutes armes de la ligne les recrues composeront sensiblement le quart de leur effectif.

« Il sera à la rigueur possible, dans l'infanterie, de les instruire dans les dépôts qui présentent les ressources nécessaires ; mais dans la cavalerie une pareille mesure paraît, sinon impossible, du moins d'une exécution tellement difficile qu'il y a lieu d'y renoncer.

« Prenons pour exemple un régiment de cavalerie à 5 escadrons. Son effectif d'hiver est de 739 hommes, officiers compris. Il recevra chaque année, en moyenne, de 160 à 180 hommes de recrues qu'il faudra instruire. Répartis par fractions égales dans tous les escadrons, soit 35 par escadron, leur instruction, commencée au 1er octobre, sera assez avancée au 1er avril pour qu'ils puissent prendre part aux manœuvres d'ensemble qui commencent à cette époque. Ils seront prêts, à plus forte raison, à aller dans les camps d'instruction au 1er mai ou au 15 juillet.

« Il ne faut pas oublier, en effet, que l'instruction du soldat se fait autant par les camarades de chambrée, qui donnent aux jeunes soldats les traditions du régiment et les mettent au courant de tous les détails du métier, que par les cadres.

« Si, au contraire, les jeunes soldats sont groupés dans un seul escadron, la tâche des officiers et sous-officiers instructeurs est plus pénible, l'enseignement est plus lent. Une fois leurs classes terminées, les recrues sont versées dans leurs escadrons définitifs, changent de chef et, en résumé, il y a beaucoup de temps perdu et des inconvénients de toute nature dont il est sage de tenir compte.

Mais dans la cavalerie la question se complique de l'éducation du cheval. Pour enseigner l'équitation, il faut de vieux chevaux, et d'autre part la place des jeunes chevaux est forcément dans l'escadron du dépôt. D'un autre côté, pour former ces jeunes chevaux, il faut des cavaliers dont l'instruction soit parfaite. Il y a là des difficultés inconciliables et qu'on pourrait éviter en répartissant les jeunes chevaux et les jeunes soldats également dans tous les escadrons, sauf, au moment d'une entrée en campagne, à composer l'escadron de dépôt avec des hommes et des chevaux qui ne seraient pas susceptibles de faire un bon service de guerre. On en agirait de même au moment où les régiments seraient appelés à faire partie d'un camp.

« Cette dernière manière d'opérer est commandée par les conditions de la nouvelle loi de recrutement. Elle présente peut-être quelques inconvenients de détail : celui d'avoir des recrues dans tous les escadrons pendant la saison d'hiver est le plus considérable, mais cette époque de l'année n'est pas celle des opérations de guerre, et d'ailleurs cet inconvénient n'est-il pas compensé par l'avantage de donner à nos officiers de cavalerie, en les faisant participer à l'instruction, des habitudes d'activité qu'il est essentiel d'entretenir dans cette arme plus que partout ailleurs, et qui font défaut aux corps de troupes qui, comme la garde, n'ont pas de recrues à former.

« En résumé, avec la nouvelle loi qui a réduit le temps du service effectif à quatre ans et demi, tous les efforts de la cavalerie doivent tendre à mettre le plus rapidement possible les hommes et les chevaux en état de faire campagne. Tous les officiers, depuis le colonel jusqu'au sous-lieutenant, doivent concourir à ce but, qui est leur premier devoir en temps de paix. Au moment de la mise du régiment sur pied de guerre, les escadrons mobilisés seront composés de la manière la plus solide ; les éléments les moins valides en officiers, en hommes et en chevaux composeront le dépôt.

« Maréchal Niel.

« 25 juillet 1868. »

ARTILLERIE.

NOUVEAU MATÉRIEL.

On a reproché au gouvernement du second Empire de ne pas avoir créé une artillerie aussi efficace que celle de la Prusse. Comme, dans la campagne de 1870, on a été frappé de la justesse et de la portée des canons en acier se chargeant par la culasse, on en a immédiatement conclu que le Comité français de l'artillerie aurait dû adopter depuis longtemps les nouvelles bouches à feu.

Ceux qui formulent ces accusations ignorent tout ce que cette question renferme de problèmes compliqués et difficiles à résoudre, par cette raison que les avantages et les inconvénients des différents systèmes divisent les meilleurs esprits. Admettez, dira-t-on, les canons en acier? Mais voilà les Prussiens qui les ont abandonnés! Admettez les canons se chargeant par la culasse? Mais voilà que l'artillerie anglaise y a complétement renoncé!

Il est donc naturel que le Comité d'artillerie en France ait hésité longtemps avant de changer un matériel qui avait fait ses preuves en Italie, et dont la transformation devait amener d'excessives dépenses.

L'avis personnel de l'Empereur était qu'il fallait fabriquer de nouveaux canons en bronze se chargeant par la culasse, et, s'il n'a pas imposé son opinion, il n'y a pas lieu de s'en étonner, car c'eût été de sa part une grande présomption que de prétendre mieux résoudre cette question que les hommes spéciaux et distingués qui composaient le comité d'artillerie.

Néanmoins, l'Empereur fit faire d'abord à ses frais, à l'atelier de Meudon, des essais pour les mitrailleuses et pour un canon de 7, en bronze, se chargeant par la culasse. Les essais avaient parfaitement réussi sous l'habile direction du commandant de Reffye ; mais, sauf les mitrailleuses, les canons n'avaient pas encore pu être assez expérimentés pour être adoptés par le Comité.

Il ne pouvait donc être question, en 1870, de changer notre matériel. La préoccupation du chef de l'État dut se borner à s'assurer que les bouches à feu de campagne seraient promptement distribuées aux régiments qui devaient les servir. A cet effet il reçut du ministre le rapport suivant :

NOTE DU MINISTRE DE LA GUERRE SUR L'EMPLACEMENT DU MATÉRIEL DES BATTERIES.

« Pour satisfaire au désir exprimé par l'Empereur, le ministre de la guerre a l'honneur de mettre ci-après sous les yeux de Sa Majesté l'indication des divers points sur lesquels, en cas de mobilisation, chaque corps d'armée trouverait son matériel :

« *Artillerie.* — Le matériel de l'artillerie est divisé en deux catégories :

« *La première catégorie* comprend le matériel sur roues prêt à marcher ; elle se compose de 90 batteries dont 20 de 12 rayé et de 70 rayé avec portions de parc correspondantes et 16 réserves divisionnaires d'infanterie.

« Ces batteries sont distribuées ainsi qu'il suit :

Batteries.	de 12.	de 4.
A Vincennes.	2	7
A Versailles.	2	4
A La Fère.	2	3
A Douai.	»	4
A Metz.	2	6
A Strasbourg.	3	6
A Besançon.	»	6
A Lyon.	2	2
A Valence.	»	4
A Grenoble.	»	4
A Toulon.	2	6
A Toulouse.	»	8
A Rennes.	2	6
A Bourges.	3	4
	20	70
	90	

« Autant que les moyens d'emmagasinement l'ont permis, on a placé auprès de chaque régiment un nombre de batteries-matériel égal au moins à la moitié du nombre des batteries-personnel des corps.

« Ainsi à Vincennes, résidence de 2 régiments comptant ensemble, en personnel, 16 batteries montées ou à cheval, il y a 9 batteries de matériel prêtes à être attelées.

« La *deuxième catégorie* est composée des mêmes éléments que la première, mais demanderait 15 jours pour être mise en route : elle comporte 11 batteries de 12 et 47 batteries de 4, total 58, avec 9 réserves divisionnaires d'infanterie.

« Ces 58 batteries ont été réparties d'après les mêmes principes que celles de la première catégorie. Il convient d'y ajouter les 24 batteries de canons à balles qui sont réunies à Meudon ; ces batteries n'ont leur personnel ni préparé ni organisé, et il faudrait par conséquent un certain temps pour les mettre en route.

« *Pour le harnachement*, on a suivi les mêmes principes que pour les batteries, c'est-à-dire que chaque garnison d'artillerie a une réserve proportionnée à ses besoins en cas de mobilisation.

« De plus, on forme en ce moment à Saint-Omer, près du régiment du train, un dépôt de 5,000 harnais ; et à Auxonne, près du 2e régiment, un dépôt de 8,000 harnais.

« En résumé, l'idée fondamentale des mesures prises, c'est que chaque corps d'armée et chaque armée trouvent sur les lieux de leur formation le personnel et le matériel d'artillerie qui leur sont nécessaires. Autant que possible, les batteries d'un même régiment et les régiments d'un même commandement d'artillerie seront réunis dans le même corps d'armée, sous les ordres de leurs chefs naturels.

« Ainsi, par exemple, s'il s'agit d'une armée à former dans l'Est, sur le pied de trois corps, le corps de droite trouvera son artillerie à Besançon, le corps du centre à Strasbourg, celui de gauche à Metz.

« L'armée formée dans le Nord s'alimentera avec les ressources de Douai, La Fère, Vincennes et Rennes.

« L'armée de réserve, avec les ressources de Toulouse et de Bourges.

« Le corps d'armée de Lyon avec Grenoble, Lyon et Valence.

« Le corps de réserve de Paris, avec les excédants des régiments de Vincennes, La Fère, Douai et Bourges.

« *Génie*. — Les parcs du génie, organisés d'après des bases récemment arrêtées, ne seront terminés qu'à la fin de l'année 1868.

« On peut disposer immédiatement de 43 parcs de compagnie, 8 parcs de corps d'armée et 2 grands parcs.

« Les parcs de compagnie sont ainsi placés :

A Arras.	4
A Metz.	28
Au camp de Châlons	3
Au camp de Lannemezan	1
Au camp de Satory	1
A Civita-Vecchia	1
A Montpellier.	5
Total.	43

« Les 8 parcs de corps d'armée sont placés à Lyon, à Vincennes et à Metz ; la première armée trouverait les siens à Metz ; la seconde à Metz et à Vincennes ; l'armée de réserve à Lyon.

« Les deux grands parcs sont à Metz ; ils seraient affectés à la 1re et la 2e armée. Le troisième grand parc à construire sera affecté à l'armée de réserve.

« *Équipages militaires.* — Tout le matériel du train des équipages militaires se trouve en ce moment à Vernon.

« Ce matériel est au complet, sauf 283 voitures de blessés.

« Si, au moment d'une mobilisation, ces voitures n'étaient pas encore construites, elles seraient remplacées par un même nombre de paires de litières.

« *Habillement et campement.* — Les magasins des corps sont en possession des effets d'habillement nécessaires aux hommes incorporés et à ceux qui viendraient de la réserve au moment de la mobilisation de l'armée.

« Des réserves seraient en outre expédiées des magasins centraux sur les bases d'opérations des armées aussitôt qu'elles auraient passé la frontière.

« Le matériel de campement qui existe en approvisionnement suffisant serait tiré :

« Pour la première armée : de Metz, Strasbourg, Châlons et Paris ;

« Pour la 2ᵉ armée et la garde impériale : de Paris et de Lille ;

« Pour la 3ᵉ armée : de Lyon et au besoin de Paris, qui renferme la plus grande quantité des approvisionnements.

« *Harnachement*. — Les régiments de cavalerie ont en magasin un nombre de harnachements égal à leur effectif sur le pied de guerre.

« Les magasins centraux ont en outre un approvisionnement de réserve de 12,000 selles destiné à suivre les corps d'armée; la première armée trouverait cette réserve à Metz et Strasbourg; la seconde à Paris et Lille; la troisième à Lyon et Marseille.

« Le magasin de Paris, dont les réserves ont été dirigées sur les magasins centraux désignés ci-dessus, recevra prochainement 5,000 selles en ce moment en cours d'exécution.

« *Matériel des subsistances*. — Le service des subsistances a son matériel au complet, sauf un déficit de 736 prélarts; un marché a été passé pour rehausser ses approvisionnements.

« La première armée trouverait son matériel à Strasbourg, Langres et Paris ;

« La 2ᵉ armée et la garde impériale, à Paris ;

« La 3ᵉ à Lyon et à Marseille.

« *Matériel d'ambulance*. — Le matériel d'ambulance est au complet. Il est réuni, à Paris, dans les magasins centraux et dans les docks récemment créés aux Invalides. Une réserve constituée à Marseille a surtout pour objet de satisfaire aux besoins de l'Algérie et des troupes qui s'embarqueraient dans les ports de la Méditerranée. »

« Maréchal Niel.
« 25 juillet 1868. »

DISTRIBUTION DES ÉQUIPAGES MILITAIRES.

L'Empereur ayant demandé, en 1868, combien de temps il faudrait pour mettre sur roues les voitures engerbées à Vernon, il lui fut répondu que cette opération durerait plusieurs mois. Surpris d'un semblable réponse, il donna l'ordre de répartir les voitures dans différents endroits, et le ministre de la guerre, en vertu de cet ordre, rendit compte de son exécution dans la note suivante :

« La concentration à Vernon de toutes les voitures du train des équipages est dangereuse en tout temps : en cas de guerre, le long délai nécessaire à l'expédition d'un matériel aussi important (aujourd'hui 6,700 voitures, 10,000 harnais, 1,400 bâts, etc.), pourrait apporter des entraves à une prompte mobilisation ; pour porter remède à cette situation, les mesures suivantes ont été adoptées :

« Construire des hangars au parc de Châteauroux pour 1,200 voitures environ, afin que l'escadron du train des équipages, dont le dépôt occupe cette place, trouve à sa portée les voitures qui lui sont nécessaires sans être obligé de les tirer de Vernon.

« Profiter de l'établissement de l'artillerie et du génie à Satory pour y installer toutes les voitures qui doivent être délivrées aux états-majors et aux corps de troupe, la remise ou l'expédition de ces équipages devant absorber pour un certain temps les moyens du parc de Vernon et entraver, par suite, la formation des parcs de l'administration destinés aux armées.

« Construire des abris au camp de Châlons pour environ 600 voitures destinées aux compagnies du train marchant avec les premières divisions.

« Répartir dans les places de l'Est les voitures régimentaires destinées aux premiers corps.

Lorsque ce projet sera mis à exécution, la répartition des voitures sera la suivante :

1re armée :	Voitures régimentaires pour 1 div. d'inf.	à Metz.
	Voitures régimentaires pour 1 div. d'inf.	à Strasbourg
	Voitures régimentaires pour 1 div. d'inf.	à Besançon.
	Voitures régim. pour le reste de l'armée.	à Toul.
	Voitures des états-majors des brig. et div.	
	Voitures du train des équipages.	c. de Châlons
	Réserve.	à Vernon.
2e armée :	Voitures régimentaires et d'état-major pour 2 divisions d'infanterie et 1 division de cavalerie.	à Lyon.
	Le reste des voitures régim. et d'état-major	à Satory.
	Toutes les voitures du train des équipages et réserve	à Châteaurx.
3e armée : Armée de réserve, etc.	Voitures régimentaires et des états-majors	à Satory.
	Toutes les autres voitures.	à Vernon.

« Dans cette hypothèse, la première armée peut trouver, entre le camp de Châlons et la frontière, toutes les voitures qui lui sont nécessaires pour se mettre en marche.

« L'armée de Lyon a ses moyens sous la main, ceux de l'armée de Paris sont à Satory ; en même temps les parcs de Châteauroux et de Vernon délivrent les voitures nécessaires aux 2e et 3e armées.

« On organise en ce moment les petits dépôts de l'Est; les voitures d'une division sont à Metz; il n'y a à Strasbourg que les voitures d'une brigade, et à Besançon celles d'un régiment ; le dépôt de Toul sera ouvert dans quelques jours.

« Les constructions faites à Châlons, d'après les bases

indiquées ci-dessus, seront vraisemblablement terminées dans un mois.

« Lyon a les voitures nécessaires à une division d'infanterie et à une division de cavalerie ; on lui donnera prochainement les voitures d'une deuxième division d'infanterie, lorsque les réparations du matériel réexpédié de Civita-Vecchia seront terminées.

« Les hangars en construction aujourd'hui à Satory contiendront toutes les voitures régimentaires.

« On peut espérer que toute la répartition du matériel sera faite avant le printemps dans les divers établissements, à l'exception toutefois du parc de Châteauroux, les travaux n'ayant pu être commencés sur ce point faute de fonds. »

On voit par ce qui précède que le chef de l'État avait approfondi, autant qu'il était en son pouvoir, les différentes questions qui intéressaient la bonne constitution de l'armée.

CHAPITRE IV

LOI MILITAIRE DE 1868

Comparaison entre les effectifs probables des armées française et allemande.

D'après le travail reproduit au chapitre II, l'Empereur avait jugé, en 1868, indispensable de pouvoir mettre en ligne 490,000 hommes, ainsi répartis :

	Hommes.
La 1re armée, ayant comme réserve la garde impériale, aurait été de.	162,000
La 2e armée.	121,000
La 3e armée.	87,000
Le corps d'armée de Paris.	40,000
Le corps d'armée de Lyon ou de Belfort.	26,000
Les troupes d'Algérie.	54,000
Total.	490,000

Pour que la France pût mettre à la frontière ce nombre d'hommes, il fallait y comprendre la dernière classe appelée. Mais si la guerre avait lieu au printemps, les jeunes soldats de cette classe, dont l'instruction militaire n'était pas terminée, devaient être laissés pendant un certain temps dans les dépôts. D'un autre côté, si l'armée active était tout entière consacrée à un service de guerre extérieur, il ne restait plus de soldats faits à l'intérieur, pour défendre les places fortes, car les hommes réunis dans les dépôts devraient être uniquement employés à tenir toujours au complet les effectifs des corps en campagne, et même à former les 4ᵉˢ bataillons.

Enfin, l'expérience acquise dans les guerres précédentes avait surabondamment démontré que le nombre des soldats formant la réserve n'était pas assez considérable, d'abord parce que le chiffre des hommes rappelés était toujours inférieur au chiffre officiel; ensuite parce qu'il importait de pouvoir incorporer des soldats déjà exercés dans les dépôts; parce qu'enfin il était indispensable de pouvoir créer promptement en arrière de l'armée active une autre armée de réserve prête à donner son appui à la première ou même à la remplacer en cas de revers.

Le résultat de ces investigations fut que, pour être en mesure de faire face aux éventualités qui pouvaient se produire, il fallait à la France 400,000 hommes sous les armes, et 400,000 en réserve.

Pénétré de ces idées, le maréchal Niel présenta en 1868 aux Chambres un projet de loi demandant :

1º Que la classe entière, déduction faite des exemptions et des dispenses établies par la loi de 1832, fût mise à la disposition du gouvernement. C'était environ 150,000 hommes chaque année;

2º Que la loi annuelle des finances divisât chaque classe appelée au tirage en deux parties, dont l'une serait incorporée dans l'armée active et l'autre ferait partie de la réserve;

3º Que la durée du service dans l'armée active fût de cinq ans, à l'expiration desquels les soldats serviraient encore quatre ans dans la réserve;

4º Que la durée du service des jeunes gens qui n'auraient pas été compris dans l'armée active fût de quatre ans dans la réserve et de cinq ans dans la garde nationale mobile.

Ce projet fut modifié par le Corps législatif, qui maintint le principe de la loi de 1832 sur le vote annuel du contingent, divisé en deux parties composées : la première, des jeunes gens devant être mis en activité de service; la seconde, de ceux qui étaient laissés dans leurs foyers.

Quant à la garde nationale mobile, le Corps législatif, en réduisant les exercices à quinze jours par année, et en exigeant que ces exercices ne pussent entraîner à un déplacement de plus d'une journée, annula complétement l'avantage qu'on pouvait tirer de cette nouvelle institution.

Néanmoins, la loi de 1868 améliorait nos forces militaires; elle mettait à la disposition du gouvernement 9 contingents de 100,000 hommes, si le Corps législatif continuait à voter le contingent qu'il avait admis dans les années précédentes. Elle organisait une réserve composée des militaires qui, soit sous les drapeaux, soit dans la seconde partie du contingent, avaient appartenu à l'armée pendant cinq ans ; mais pour que cette loi pût produire les bons résultats qu'on en espérait, il fallait attendre neuf années.

Une conséquence fâcheuse de la loi de 1868 fut la suppression de la loi de dotation qui permettait les rengagements avec prime ; cette loi qui, nous ne le nions pas, avait le grand tort de permettre de se dispenser du service moyennant une somme versée à la caisse de dotation, avait eu le grand avantage de conserver dans l'armée d'anciens sous-officiers ; la suppression de la prime priva l'armée d'un élément qui donnait à ses cadres une grande solidité.

Quoique en 1870 la loi de 1868 n'eût pas eu le temps de produire tous ses effets, l'effectif de l'armée, au 1er juillet 1869, était déjà considérable. Nous reproduisons le tableau récapitulatif suivant de la situation de l'armée au 1er juillet 1869 :

EFFECTIF RÉELLEMENT PRÉSENT.

	HOMMES.
L'effectif général de l'armée au 1ᵉʳ juillet 1869 est de...	414,754
Le total général des absents à la même date, de.....	35,534
Le nombre des hommes réellement présents à leur corps est donc de..................	379,220

EFFECTIF DE GUERRE.

ARMÉE ACTIVE.

L'effectif général de l'armée active au 1ᵉʳ juillet 1869 est de 414,754
De ce chiffre, il faut déduire :

1° Les non-valeurs organiques (état-major des places ; gendarmerie ; école de cavalerie ; cavaliers de remonte et vétérinaires des dépôts ; vétérans) 25,447
2° Le déficit permanent (compagnies de discipline ; hommes aux hôpitaux, détachés de leurs corps, en jugement, en détention) . 30,230
} 55,677

L'effectif des combattants de l'armée active est donc de . 359,077

MILITAIRES DANS LEURS FOYERS
(non-compris dans l'effectif des corps).

Lois de 1832 et 1855 :
  2ᵉˢ portions des contingents, classes 1862-63-66 113,742
  En congé illimité, classes 1862-63-64-65-66 . . 21,229
Lois de 1868 :
  2ᵉˢ portions des contingents, classes 1867 et 1868 (1). 104,315
  Réserve, classe 1867, provenant des 1ʳᵉˢ et 2ᵉˢ portions 311

} 134,971

} 104,626

Total au 1ᵉʳ juillet 1869 . . .   239,597

Les non-valeurs (employés dans les services publics, hommes à réformer, malades, insoumis, déserteurs) étant de . . .   5,345

L'effectif des hommes disponibles dans leurs foyers (non compris dans l'effectif des corps) se trouve réduit à .   234,252

Effectif des hommes à mettre en ligne au 1ᵉʳ juillet 1869. .   593,329

Total de l'armée active et des militaires dans leurs foyers sans déduction des non-valeurs . . .   654,351

---

(1) Ce chiffre comprend les 1ʳᵉ et 2ᵉ portions du contingent de la classe de 1868 pour 77,185 hommes.

Au mois de juillet 1870, l'effectif était à peu près le même, comme on peut s'en convaincre par la note suivante du maréchal Lebœuf, ministre de la guerre :

Paris, le 6 juillet 1870.

NOTE SOMMAIRE POUR L'EMPEREUR SUR LA SITUATION DE L'ARMÉE

Quinze jours après l'ordre donné par l'Empereur, on aura formé deux armées comptant :

350,000 hommes de toutes armes ;

875 bouches à feu, avec 1er et 2e approvisionnements.

Il resterait :

A l'intérieur.	161,500	hommes
En Algérie.	50,000	»
A Civita-Vecchia	6,500	»
Total	238,000	»
Ajoutant le chiffre ci-dessus.	350,000	»
L'on trouve	588,000	hommes

disponibles pour la guerre.

Ajoutant les non-valeurs . .	74,546	»
L'on obtient. . . .	662,546	hommes

comptant à l'armée régulière.

A ces forces, il y a lieu d'ajouter, dès le premier jour, 100,000 hommes de garde nationale mobile habillés, équipés, armés et organisés avec leurs cadres.

A partir de l'ordre impérial il faudrait environ trois semaines pour faire venir d'Afrique sur le Rhin les 3 régiments de zouaves, les 3 régiments de tirailleurs, et les remplacer en Algérie par quatre régiments d'infanterie de ligne.

Il faudrait plus d'un mois pour faire venir à Marseille et Toulon les 4 régiments de chasseurs d'Afrique.

J'ai l'honneur de demander à l'Empereur de vouloir bien me donner ses ordres à l'heure même où la résolution de Sa Majesté sera arrêtée.

Le Ministre de la guerre,

Maréchal Lebœuf.

Il ressort clairement des deux états de situation fournis par les ministres de la guerre, en 1869 comme en 1870, que l'Empereur devait compter sur un effectif de 588,000 combattants. De ce chiffre il y avait à retrancher : 75,000 hommes du contingent de la classe de 1869, lesquels devaient être habillés et incorporés le 1er juillet 1870, mais qui, n'étant pas instruits, devaient rester quelque temps dans les dépôts; 50,000 hommes jugés nécessaires pour l'Algérie, et 63,000 hommes, comprenant les cadres et les anciens soldats qu'il fallait également laisser dans les dépôts.

Ces défalcations faites, mais en diminuant le nombre des troupes à l'intérieur, en rappelant la brigade de Civita-Vecchia, on pouvait envoyer à la frontière 400,000 hommes.

Les forces de l'Empire se trouvaient donc ainsi réparties :

		HOMMES.
	Armée active.	400,000
Dans les dépôts :	Anciens soldats . . , ...	63,000
	Classe de 1869	75,000
	Troupes laissées en Algérie.	50,000
		588,000
	Non-valeurs	74,000
	Effectif total	662,000

Comme il était possible de diminuer les troupes de l'Algérie de 20,000 hommes, en n'y laissant que 30,000 hommes, on pouvait avoir en France, en sus de 400,000 hommes envoyés à la frontière, un noyau de 20,000 anciens soldats qui, réunis aux 138,000 laissés dans les dépôts, pouvaient former les 4es bataillons des régiments en campagne.

La question se résumait donc à savoir si cet effectif de 400,000 combattants était suffisant pour résister aux forces de l'Allemagne du Nord.

On a beaucoup parlé des rapports du colonel Stoffel, et l'on s'est demandé comment l'Empereur, connaissant ces rapports, pouvait espérer que la France fût à même de mettre sur pied des armées assez nombreuses pour lutter avec la Prusse.

A ce propos, il faut bien examiner quelles étaient réellement les forces de la Confédération de l'Allemagne du Nord. Si on calcule le nombre des soldats exercés que possède ce pays, on arrive à un chiffre très-considérable qu'on peut porter à 900,000 hommes. Car, indépendamment des cadres, le roi de Prusse pouvait disposer, en outre des trois contingents d'environ 80,000 hommes présents sous les drapeaux, de 9 contingents en réserve ou dans la landwehr. Mais ce chiffre, qui donnait à l'Allemagne l'immense avantage de porter immédiatement son armée à l'effectif de guerre, de la maintenir au complet et de créer pendant la guerre avec sa landwehr plusieurs armées de réserve, ne représente nullement le nombre réel des combattants qu'elle peut mettre en ligne au commencement d'une campagne, car ce nombre doit être en rapport avec les cadres permanents de l'armée, et il faut un temps assez long pour former les nouveaux cadres affectés aux armées de réserve. Ainsi, l'armée active de la Confédération du Nord se composait de 13 corps d'armée, dont chacun avait un effectif moyen ne dépassant pas 30,000 hommes.

Si donc la Confédération de l'Allemagne du Nord était laissée à ses propres forces et que les États du Sud ne se joignissent pas à elle, elle ne pouvait mettre en ligne, au moment d'une déclaration de guerre, que 390,000 hommes. Ce chiffre devait encore être réduit, car il était présumable que le roi de Prusse serait obligé de laisser un corps ou deux en Allemagne pour défendre les côtes du Nord contre l'éventualité d'une attaque de la part de la flotte française, qui devait, avec une division formée d'infanterie de marine et de quatrièmes bataillons, constituer un corps de débarquement. Cette supposition était d'autant mieux fondée, qu'en effet, au commencement de la campagne, le 1er et le 6e corps restèrent sur les bords de la Baltique et qu'ils ne furent envoyés en France qu'après nos premiers revers. Ainsi on calculait que le nombre des troupes prussiennes ne dépasserait pas 330,000 hommes.

Si, cependant, les États du Sud s'adjoignaient à la Prusse, celle-ci se trouvait renforcée de deux corps bavarois, de deux divisions wurtembergeoises et badoises, le tout formant environ 90,000 hommes.

Les troupes que nous devions trouver en face de nous allaient donc être, soit de 330,000 hommes, sans les États du Sud, soit de 420,000 hommes avec leur concours (1).

Voilà l'armée que, selon toutes les probabilités, la France devait se préparer à combattre en 1870, et à laquelle elle pouvait opposer 400,000 hommes, si les calculs du ministre de la guerre étaient justes, et si on avait le temps de les rassembler. On était donc fondé à croire que les forces des deux adversaires ne seraient pas disproportionnées.

---

(1) Les trois armées allemandes qui entrèrent en France au commencement de la campagne ne comptaient que 338,000 hommes. Les armées de réserve ne parurent que plus tard sur les champs de bataille.

CHAPITRE V.

PROJET D'ORGANISATION DE L'ARMÉE DU RHIN.

L'organisation telle qu'elle avait été arrêtée par l'Empereur en 1868, dans les tableaux reproduits au Chapitre II, comprenait, avec la garde, 11 corps d'armée, dont 9 formaient trois armées distinctes ; de sorte que cette organisation nécessitait trois grands états-majors d'armée et 11 états-majors de corps d'armée. Or, comme les nombreux états-majors sont souvent un embarras, que nous avions un nombre insuffisant d'officiers d'état-major, l'Empereur se détermina à n'avoir que 8 corps d'armée, ce qui retranchait 3 grands états-majors d'armée et 3 états-majors de corps d'armée. C'était la formation que l'Empereur Napoléon Ier avait arrêtée en 1815 et qui avait été mise en pratique en Italie en 1859. Les corps d'armée ne formaient qu'une seule armée, sous un même commandement, bien qu'il fût entendu que les maréchaux recevraient, suivant les circonstances, le commandement momentané sur plusieurs corps d'armée réunis (1).

---

(1) L'Empereur avait reçu à ce sujet les observations suivantes d'un général étranger, dans lequel il avait une grande confiance, et auquel il avait, en 1870, communiqué le projet d'organisation exposé au chapitre II :
1° En janvier 1868, manquaient 75,000 hommes à l'effectif de guerre. Ce chiffre sera amoindri depuis, mais n'aura pas disparu.

Rappelons ici les dispositions de Napoléon Ier en 1815. L'armée, formée avec une si prodigieuse activité, occupait, le 1er juin, les cantonnements indiqués ci-après et était organisée de la manière suivante :

ARMÉE QUI COMBATTIT A LIGNY ET A WATERLOO.

1er corps, général comte d'Erlon. — 4 divisions d'infanterie, 1 division de cavalerie ; cantonné à Lille.

2e corps, général comte Reille. — 4 divisions d'infanterie, 1 division de cavalerie ; cantonné à Valenciennes.

3e corps, général comte Vandamme. — 3 divisions d'infanterie, 1 division de cavalerie ; cantonné à Mézières.

4e corps, général comte Gérard. — 3 divisions d'infanterie, 1 division de cavalerie; cantonné à Metz.

2° Depuis 11 ans, sans grande guerre, le nombre des illustrations militaires diminue de jour en jour, soit par décès, soit par infirmités, surtout depuis 2 ans. Il y a manque d'officiers d'état-major et d'administration, pour former les quartiers-généraux. Il faudrait donc en avoir moins.

3° La division par 2 ou 3 est ce qu'il y a de plus mauvais. Napoléon demandait 5 unités pour le champ de bataille. Les mêmes troupes pourraient fournir 4 corps de l'armée du centre à 3 ou 4 divisions d'infanterie, plus la garde impériale, chaque aile formée d'un corps (ou, si on veut, d'une armée) à 4, même 5 divisions d'infanterie (dans ce dernier cas, sans les subdiviser en corps d'armée). Il y aurait donc 4 quartiers généraux de corps d'armée ou d'armée de moins.

4° Les corps de Paris et de Lyon ne peuvent compter comme tels, n'étant pas munis de réserves et de parcs. Leurs divisions devront renforcer les autres corps de l'armée.

5° L'Algérie, qui est maintenant gardée par 4 régiments d'infanterie et 4 escadrons de chasseurs ou légers, ne fournit que 2 régiments et 1 bataillon. C'est trop peu.

3 régiments et 3 bataillons, ainsi que les dépôts des troupes d'Afrique, les spahis, les 5e et 6e escadrons des 7 régiments de cavalerie, et peut-être les 6 escadrons des autres régiments, montés sur chevaux arabes, suffiraient, ainsi que deux batteries montées.

6° Pour les escadrons d'escorte, on dissout 3 régiments de cavalerie. C'est bien dur pour une brave troupe qui en serait affectée. Les régiments de cavalerie légère se remontant en France pourraient donner chacun le 5e escadron.

7° Les batteries de montagne ne trouvent rien à faire dans toute l'Allemagne, le Tyrol excepté. Les remplacer par des batteries de campagne.

8° Enfin, pour une guerre d'existence, il faut tout mettre en jeu. Les 8 premiers corps et la garde seraient insuffisants.

6ᵉ corps, général comte Lobau. — 3 divisions d'infanterie, 1 division de cavalerie ; cantonné à Laon.

Garde impériale. — 3 divisions d'infanterie, 1 division de cavalerie ; cantonnée à Paris.

Quatre corps de cavalerie de réserve, sous les ordres du maréchal de Grouchy, étaient cantonnés entre l'Aisne et la Sambre.

L'armée occupant le reste du territoire se composait des corps suivants :

5ᵉ corps, général comte Rapp. — 3 divisions d'infanterie, 1 division de cavalerie ; cantonné en Alsace.

7ᵉ corps, maréchal Suchet. — 4 divisions, dont 2 de garde nationale d'élite, 1 division de cavalerie ; cantonné à Chambéry.

Il y avait de plus 4 corps d'observation :

Le 1ᵉʳ corps dans le Jura ;

Le 2ᵉ corps dans le Var ;

Le 3ᵉ corps dans les Pyrénées-Orientales ;

Le 4ᵉ corps à Bordeaux ;

Enfin, il y avait un corps dans la Vendée.

Ainsi, le 1ᵉʳ juin, l'armée qui devait se réunir sur la frontière de la Belgique, était répartie sur une ligne qui s'étendait depuis Lille jusqu'à Metz, et si l'Empereur eût été attaqué avant d'avoir pu rassembler ses corps d'armée, on n'aurait pas manqué de dire que les troupes avaient été disséminées sur la frontière. Mais le grand art de Napoléon fut de dissimuler ses mouvements à l'ennemi, et de réunir toute son armée sur la Sambre avant que celui-ci en fût informé.

ORGANISATION ET EMPLACEMENT DE L'ARMÉE EN JUILLET 1870.

ARMÉE D'ALSACE.

1ᵉʳ corps, maréchal de Mac-Mahon. —4 divisions d'infanterie, 1 division de cavalerie ; cantonné en Alsace.

7ᵉ corps, général Douai. — 3 divisions d'infanterie, 1 division de cavalerie; cantonné à Belfort.

Réserve de cavalerie. — 1 division ; cantonnée à Haguenau.

Le 7ᵉ corps, aussitôt formé, devait se réunir en Alsace au 1ᵉʳ corps.

ARMÉE DE METZ.

2ᵉ corps, général Frossard. — 3 divisions d'infanterie, 1 division de cavalerie ; cantonné aux environs de Metz.

3ᵉ corps, maréchal Bazaine. — 4 divisions d'infanterie, 1 division de cavalerie; cantonné aux environs de Metz.

4ᵉ corps, général Ladmirault. — 3 divisions d'infanterie, 1 division de cavalerie; cantonné aux environs de Metz.

5ᵉ corps, général de Failly. — 3 divisions d'infanterie, 1 division de cavalerie; cantonné aux environs de Metz.

Garde impériale. — 2 divisions d'infanterie, 1 division de cavalerie ; cantonnée aux environs de Metz.

Réserve de cavalerie. — 1 division cantonnée à Pont-à-Mousson, 1 division cantonnée à Lunéville.

Réserve d'artillerie, cantonnée à Toul.

ARMÉE DE RÉSERVE.

6ᵉ corps, maréchal Canrobert. — 4 divisions d'infanterie, 1 division de cavalerie ; réunies au camp de Châlons.

On a vu, dans les chapitres précédents, que l'armée prête à entrer en ligne ne pouvait être, en chiffre rond, que de 400,000 hommes, si on en laissait 50,000 en Algérie et 138,000 dans les dépôts.

Il résultait de cet examen, qu'on ne pouvait pas, en juillet 1870, porter l'effectif de guerre des régiments d'infanterie à 2,785 hommes, ni celui des bataillons de chasseurs à 938 hommes, comme cela avait été arrêté dans le projet de 1868 ; et on avait conclu que l'effectif actif de chaque régiment d'infanterie de ligne serait de 2,520 hommes, et celui des bataillons de chasseurs à pied de 800 hommes ; on laissait 1,000 hommes à chaque dépôt de régiment d'infanterie, dont 300 anciens soldats et 700 jeunes soldats de la classe de 1869, et 400 hommes à chaque dépôt de bataillon de chasseurs à pied, dont 200 anciens soldats et 200 jeunes soldats de la classe de 1869. En conséquence, l'effectif de la division d'infanterie de ligne, au lieu d'être de 13,134 hommes, chiffre arrêté en 1868, devait être réduit à 11,967 hommes.

Sur les 24 divisions d'infanterie de ligne qui devaient former les armées d'Alsace et de Metz, il y en avait 4 auxquelles il n'était pas possible de donner un bataillon de chasseurs à pied, puisque nous n'en avions que 20 ; de sorte que l'effectif d'une division d'infanterie, privé de bataillon de chasseurs à pied, devait, par suite, être diminué de 800 hommes et ramené à 11,167 hommes. Dans le 1er corps d'armée, il y avait deux divisions, formées des régiments de zouaves et des régiments de tirailleurs algériens, qui n'avaient point de bataillons de chasseurs. Dans le 7e corps d'armée, il en était de même pour les divisions Conseil-Dumesnil et Dumont.

Les 17 divisions qui entraient dans la composition des 2e, 3e, 4e, 5e et 6e corps d'armée avaient toutes un bataillon de chasseurs à pied.

La division de cavalerie attachée aux corps d'armée qui comptaient 4 divisions d'infanterie devait être formée à 3 brigades. Les trois armées n'eussent employé que 50 régiments de cavalerie sur 54, dont trois devaient être envoyés en Algérie. Il devait en rester un disponible pour le grand quartier-général de l'armée du Rhin.

D'après cela, les effectifs des armées concentrées à Metz et en Alsace devaient être :

ARMÉE D'ALSACE (DUC DE MAGENTA).

	HOMMES.
1er corps (4 divisions d'infanterie) 46,144	
Quartier général du 1er corps 791	
1re division de cavalerie mixte (à 3 brigades) . . 5,003	
Réserve du 1er corps (avec 8 batteries, et un équipage de pont). 3,383	
Total.	55,321
7e corps, 3 divisions d'infanterie (général Douay). 36,806	
Quartier général du 7e corps 791	
1re division de cavalerie mixte. 3,705	
Réserve du 7e corps (avec 7 batteries et un équipage de pont) 3,047	
	44,349

RÉSERVES GÉNÉRALES DE L'ARMÉE D'ALSACE.

Réserve d'artillerie pour les 1er et 7e corps d'armée et comprenant 10 batteries 1,940	
Grand parc de campagne pour l'armée, composé des 1er et 7e corps, environ. 1,660	
Grand parc du génie, pour la même armée 400	
Réserve générale des services administratifs. . . 500	
Réserve générale de cavalerie (une division de cuirassiers) (général Bonnemain). 3,371	
	7,871
Effectif de l'armée d'Alsace.	107,541

ARMÉE DE METZ (MARÉCHAL BAZAINE).

	HOMMES.
3e corps d'armée (4 divisions d'infanterie)	47,868
2e, 4e et 5e corps d'armée (à 3 divisions) et 38,406 hommes par corps).	115,218
4 quartiers-généraux, pour les 2e, 3e, 4e et 5e corps, à 791 hommes chacun	3,164
Réserve du 3e corps (l'équipage de pont et 8 batteries). . .	3,383
A reporter.	169,633

Report	169,633
Réserves des 2ᵉ, 4ᵉ et 5ᵉ corps (sans équipages de pont), avec 7 batteries par corps	8,301
La garde impériale (défalcation faite de ses dépôts)	28,000
Réserve générale d'artillerie de campagne, comptant 14 batteries, dont 4 pour les 2 divisions de réserve de cavalerie	1,812
Grand parc de campagne, calculé pour les 19 divisions de l'armée de Metz (y compris les 2 divisions d'infanterie de la Garde)	2,500
Réserve générale de cavalerie, comprenant la division de chasseurs d'Afrique (effectif 4,000 hommes), et 1 division de cuirassiers et dragons (effectif 5,003 hommes), soit pour les deux divisions	9,003
Grand parc du génie	450
Réserve des services administratifs, environ	1,000
Effectif de l'armée de Metz	220,699

ARMÉE DU CAMP DE CHALONS (MARÉCHAL CANROBERT).

Le 6ᵉ corps d'armée réuni à Châlons et destiné à remplacer l'armée de Metz, pouvait compter à son effectif, savoir :

	HOMMES.
Pour les 4 divisions d'infanterie	47,868
Pour son quartier-général	791
Pour les réserves avec 7 batteries (son équipage de pont et ses services administratifs)	2,703
Pour son parc du génie	400
1 division de cavalerie mixte (3 brigades)	5,003
Effectif du 6ᵉ corps	56,765

L'effectif total des armées devait donc être de :

	HOMMES.
1° Armée d'Alsace	107,541
2° Armée de Metz	220,699
3° 6ᵉ corps d'armée	56,765
Effectif général des armées	385,005

Les deux armées d'Alsace et de Metz et le 6ᵉ corps d'armée possédaient 147 batteries, dont 32 à cheval, soit 862 bouches à feu.

Ainsi, quoique d'après les données officielles le nombre des combattants fût de 588,000, on n'avait compté que 385,800 hommes pour l'armée du Rhin. Il semblait donc qu'il avait été fait une part très-large aux éventualités défavorables. Quelle amère déception dut éprouver le chef de cette armée quand, au bout de trois semaines, les huit corps d'armée envoyés à la frontière ne fournirent que 220,000 hommes !...

Cette différence inconcevable entre le nombre de soldats présents sous les drapeaux et ceux qui devaient s'y trouver, est l'exemple le plus frappant et le plus déplorable du vice de notre organisation militaire. Pour le comprendre, il faut savoir que, malgré les dispositions arrêtées par le maréchal Niel dès 1868, les hommes de la réserve obligés d'aller trouver les dépôts, pour être, de là, renvoyés dans les régiments, mirent un temps infini à rejoindre leurs corps.

D'un autre côté, le Corps législatif ayant toujours insisté auprès du ministre de la guerre pour qu'on accordât des permissions de mariage aux hommes de la réserve, beaucoup, n'étant plus célibataires, parvinrent à se faire exempter par les généraux commandant les départements, quoique cette exemption fût en opposition formelle avec les ordres du ministre.

Malgré l'ordre plusieurs fois donné par l'Empereur de distribuer aux troupes d'une manière permanente les objets et ustensiles de campement, cette mesure n'avait pas reçu son exécution. Les voitures de régiment qui devaient, pendant la paix, être réparties en plusieurs magasins sur des points choisis à proximité de la frontière, étaient encore, en 1870, entassées pour la plupart à Vernon et à Satory.

Les corps d'infanterie n'avaient point, dans l'état de paix, reçu le nombre de fusils correspondant à l'effectif de guerre ; on leur en avait donné 2,000 pour l'effectif maximum de paix : on eût dû leur en distribuer de 4 à 5,000. Ils n'avaient point non plus en magasin les approvisionnements en munitions calculés, pour le pied de guerre, à 90 cartouches par homme dans le rang. Il en devait résulter des retards considérables avant que les corps eussent reçu des magasins centraux et des directions d'artillerie les objets de campement, les fusils et les munitions qui leur étaient indispensables.

Il y eut encore bien des erreurs commises. Une des plus graves fut de ne pas avoir fait exercer les contingents antérieurs à l'année 1869 avec les nouveaux fusils ; car les hommes qui faisaient partie de la réserve, et qui ne connaissaient que l'ancien armement, étaient étrangers au fusil se chargeant par la culasse, et quand ils arrivèrent à leurs corps, en 1870, il fallut refaire leur éducation militaire.

Le service des mitrailleuses ou canons à balles laissa aussi beaucoup à désirer. La connaissance de ces nouvelles bouches à feu avait été tenue secrète ; seulement le maréchal Lebœuf, sur la recommandation de l'Empereur, avait fait venir à Meudon, en 1869, le nombre de capitaines d'artillerie nécessaire pour commander les batteries de canons à balles, afin qu'ils se missent au courant du tir et du service de ces pièces. Par une inadvertance coupable des bureaux de l'artillerie, au ministère, quand la guerre éclata, au lieu de mettre à la tête des batteries de mitrailleuses les officiers initiés à leur pratique, on préféra en désigner d'autres, plutôt que d'intervertir le tour des officiers à marcher.

Il s'ensuivit que beaucoup firent de ces mitrailleuses un emploi peu judicieux. Trompés par le nom, ils crurent qu'on devait s'en servir à une petite distance, comme des canons tirant à mitraille, tandis qu'au contraire leur tir n'est efficace qu'au delà de 1,800 mètres.

Par les différentes causes qu'on vient d'énumérer, le

passage du pied de paix au pied de guerre fut beaucoup plus long qu'on ne s'y était attendu, et ce fut la raison principale de nos revers.

CHAPITRE VI

DÉBUT DE LA CAMPAGNE DE 1870

Les frontières de la France étant protégées au nord par la neutralité de la Belgique, à l'est par la neutralité de la Suisse, les seules lignes accessibles, soit pour l'attaque, soit pour la défense, forment un triangle, dont Lauterbourg est le sommet, et dont les côtés partant de ce point se dirigent, l'un à l'ouest, sur Sierck, l'autre au midi, sur Belfort. Le premier côté qui, pour nous, est celui de gauche, longe la frontière de la Bavière rhénane et la Sarre. Il a 140 kilomètres d'étendue en ligne directe ; le second côté, ou côté droit, longe le Rhin sur 160 kilomètres.

Une armée française, prenant l'offensive, devait nécessairement, pour pénétrer en Allemagne, traverser l'un ou l'autre de ces deux côtés. Par le côté gauche, elle pouvait marcher droit sur Mayence pour en faire le siége ; par le côté droit, il lui fallait franchir le Rhin pour envahir le grand-duché de Bade.

On le voit, les frontières Nord-Est de la France sont géographiquement très-mal disposées pour favoriser une attaque contre l'Allemagne ; car, soit qu'une armée française se dirige vers le Nord, soit qu'elle s'avance vers l'Est, elle peut toujours être attaquée sur ses flancs, et est obligée d'employer des troupes nombreuses à les couvrir et à les protéger.

En effet, l'Allemagne, possédant les deux rives du Rhin, depuis Cologne jusqu'à Rastadt, est maîtresse du cours du fleuve, et ayant à sa disposition un grand nombre de chemins de fer, elle peut sans difficulté faire passer ses troupes sur la rive gauche, de sorte que si une armée française s'avance sur Mayence, elle peut être attaquée sur le flanc droit par une armée allemande, traversant le fleuve sur un point quelconque, au-dessous de Rastadt, et sur le flanc gauche par les troupes réunies à Trèves; si, au contraire, elle marche à l'Est vers le Rhin, le flanc gauche peut être menacé d'un côté sur toute la ligne qui s'étend de Lauterbourg à Sierck, de l'autre sur le cours du fleuve qui s'étend jusqu'à Bâle.

La nature des choses indiquait donc clairement Metz et Strasbourg comme les deux points principaux de concentration des corps d'armée ; car quel que fût le plan qu'on adoptât, l'armée d'Alsace et l'armée de Metz devaient combiner leurs mouvements pour réunir leurs efforts, soit qu'on passât le Rhin, soit qu'on marchât vers le Nord. Dans les deux cas, l'armée de Châlons devait servir de réserve et assurer les communications de l'armée active. Si les circonstances forçaient l'armée française à rester sur la défensive, les troupes d'Alsace devaient se retirer sur les défilés des Vosges, où l'armée de Metz serait venue les rejoindre.

Strasbourg n'avait pas paru à l'Empereur un point de passage favorable, parce qu'après avoir franchi le Rhin on se serait trouvé en face des défilés de la forêt Noire; ou bien, si on voulait suivre la rive droite du fleuve et s'emparer du chemin de fer, il aurait fallu entreprendre le siége de Rastadt. Le point qui paraissait préférable était Maxau, qui se trouve à 30 kilomètres au-dessus de la forteresse de Germersheim et à 20 kilomètres au-dessous de Rastadt, ce qui permettait de laisser ces deux forteresses, l'une à sa gauche, l'autre à sa droite.

Ce plan n'avait de chance de réussite que si on gagnait l'ennemi de vitesse en s'emparant de Maxau avant qu'il n'y eût rassemblé ses troupes. Le passage de vive force d'un grand fleuve est une opération hasardeuse qui a rarement réussi; on ne devait pas y songer.

Le but à atteindre consistait à rassembler d'abord sur les points indiqués ci-dessus les corps d'armée, non-seulement avec le nombre d'hommes arrêté d'avance, mais avec les accessoires essentiels, tels que les voitures, les parcs, les équipages de pont, les chaloupes canonnières, et enfin les approvisionnements indispensables en vivres et en matériel.

La concentration des principales forces françaises en Alsace et à Metz ne dévoilait pas à l'ennemi les projets de l'Empereur, elle lui permettait, le moment arrivé, de réunir sept corps d'armée, et, à leur tête, de prendre résolûment l'offensive. Mais, pour qu'il en fût ainsi, il était nécessaire que tous les corps fussent également prêts à entrer en campagne : car une armée est un grand corps dont toutes les parties doivent se prêter un mutuel appui, et agir avec ensemble; si une seule fait défaut, tout se trouve paralysé et le plan général ne peut plus être exécuté. Ainsi, il était indispensable, non-seulement que les troupes réunies à Metz fussent au complet, mais il fallait que le corps qui se rassemblait à Belfort fût arrivé à Strasbourg pour renforcer celui du maréchal Mac-Mahon ; il fallait que le corps de réserve du maréchal Canrobert, qui se formait à Châlons, eût remplacé en Lorraine les troupes destinées à entrer en Allemagne. Malheureusement les espérances que l'on avait conçues ne purent se réaliser.

Au lieu d'avoir, comme on devait s'y attendre, 385,000 hommes en ligne à opposer aux 430,000 de l'Allemagne du Nord jointe aux États du Sud, l'armée, lorsque l'Empereur arriva à Metz, le 25 juillet, ne comptait que 220,000 hommes, et encore, non-seulement les effectifs n'étaient pas au complet, mais bien des accessoires indispensables faisaient défaut. L'armée de la Moselle n'avait que 110,000 hommes au lieu de 220,000 ; celle du maréchal de Mac-Mahon que 40,000 au lieu de 107,000. Le corps du général Douay, à Belfort, éprouvait de grandes difficultés à se former ; enfin le corps du maréchal Canrobert n'était pas encore complet.

L'Empereur comprit que dans de pareilles conditions le passage du Rhin devenait impossible, et, obéissant, pour ainsi dire, à l'impatience de l'armée et de la nation, il se décida alors à marcher sur la Sarre. Le 2 août, toute l'armée occupait les positions suivantes :

Le 2ᵉ corps, général Frossard, à Forbach ; le 3ᵉ corps, maréchal Bazaine, à Saint-Avold ; le 4ᵉ corps, général Ladmirault, à Bouley ; le 5ᵉ corps, général de Failly, à Sarreguemines ; la garde impériale était aux environs de Metz. Les quatre premiers corps d'armée, formant près de 80,000 hommes, étaient réunis dans un rayon de 20 kilomètres.

Le corps du général Frossard s'empara facilement des hauteurs de Saarbrück. Cette affaire n'eut pas une grande importance, vu le petit nombre des troupes ennemies ; toutefois, elle nous assurait le passage de la rivière, ce qui était un avantage et permettait d'empêcher les troupes prussiennes, qui se réunissaient à Trèves, de se servir du chemin de fer pour se porter vers l'Est. Dans cette circonstance, le Prince impérial montra un sang-froid au-dessus de son âge ; mais des amis maladroits ayant exagéré le mérite de son attitude, les malveillants tournèrent en ridicule ce qui au fond était digne d'éloge.

Quoique l'affaire de Saarbrück eût eu lieu le 2 août, l'armée française resta immobile le 3 et le 4. L'Empereur, pour marcher en avant, attendait que l'effectif de l'armée fût augmenté par l'arrivée des hommes de la réserve, que l'armée d'Alsace fût complétée par l'adjonction du 7ᵉ corps, enfin, que le corps de Châlons fût arrivé à Metz. Pouvait-on, en effet, s'avancer dans un pays difficile, offrant peu de ressources, avant d'avoir pu combiner ses mouvements avec les autres corps d'armée ? En se dirigeant vers Mayence, la difficulté des approvisionnements était grande, car il était impossible de songer à rétablir le chemin de fer, dont les tunnels, disait-on, avaient été détruits, et les flancs de notre armée pouvaient être inquiétés, à gauche par les troupes prussiennes de Trèves, à droite par celles qui étaient déjà à Kaiserslautern. Les troupes restèrent donc inactives sur la rive gauche de la Sarre. Mais lorsque le 4 août on apprit l'échec subi à Wissembourg par la division du général Abel Douay, l'Empereur donna aussitôt l'ordre de concentrer l'armée, de la rappeler vers Metz, et il donna le commandement des trois corps d'armée de la Sarre au maréchal Bazaine.

En conséquence, il fut enjoint au 2ᵉ corps de quitter les hauteurs de Saarbrück et de se retirer à Saint-Avold ; le 4ᵉ corps établit son quartier-général à Boucheporn, le 2ᵉ devait occuper Putelanges. Quant au 5ᵉ, qui était à Sarreguemines, il fut envoyé à Bitche pour se mettre en relation avec le maréchal de Mac-Mahon. Les ordres de l'Empereur furent transmis et exécutés lentement. Le 2ᵉ corps, au lieu de se retirer jusqu'à Saint-Avold, resta à Forbach. D'ailleurs plusieurs divisions avaient été placées à une trop grande distance, et il fallut du temps pour les rassembler.

Ordinairement l'Empereur indiquait aux commandants des corps d'armée la position centrale où devaient être établis leurs quartiers généraux, mais ils étaient libres de placer leurs divisions comme ils l'entendaient. Or, il arriva que plusieurs ayant étendu leurs lignes outre mesure, il fallut attendre pour se mouvoir que les divisions détachées fussent concentrées. D'un autre côté, par suite des mauvaises habitudes d'Afrique, l'armée était encombrée de bagages. On rencontrait des chariots entiers chargés de sucre et de café, tandis qu'on manquait des choses les plus indispensables comme le biscuit. Les hommes, portant des poids énormes, marchaient lentement : enfin le mauvais temps ralentit beaucoup les mouvements.

L'Empereur dut alors regretter amèrement d'avoir dirigé l'armée vers le Nord avant d'être complétement prêt à entrer en campagne, car il sentit après l'échec de Wissembourg combien il était important de pouvoir soutenir l'armée d'Alsace. L'ennemi ayant dévoilé ses intentions, le plan le plus raisonnable était de laisser une forte garnison à Strasbourg et à Metz et de réunir toutes les forces disponibles derrière les Vosges. Mais d'un côté le duc de Magenta faisait connaître qu'il était en mesure de prendre l'offensive, qu'il espérait même avoir un succès; de l'autre, il fallait trop de temps pour ramener l'armée vers l'Est ; néanmoins elle commença à se concentrer sur Saint-Avold et le 5ᵉ corps fut envoyé de Bitche en Alsace pour appuyer le corps du duc de Magenta.

Le projet du commandant en chef est clairement indiqué par la dépêche suivante, envoyée le 6 au matin par le major général, au maréchal Bazaine: « L'intention « de l'Empereur est de se relier au maréchal Mac-Mahon « et en même temps de concentrer les corps d'armée

« d'une manière compacte. » La promptitude des événements empêcha l'exécution de ce plan.

Le 6 août, pendant que l'armée du Prince royal de Prusse accablait par des forces supérieures le corps d'armée du maréchal Mac-Mahon, les troupes prussiennes débouchaient de Saarbrück et de Sarrelouis pour attaquer l'armée française.

Le 2ᵉ corps soutint à lui seul dans la position de Spicheren les efforts des Prussiens. Et quoique l'armée française fût attaquée dans un mouvement de retraite, le 2ᵉ corps n'était pas abandonné à lui-même ; il pouvait-être facilement secouru par trois divisions qui étaient en mesure d'arriver en deux heures sur le champ de bataille. La division Montaudon était à Sarreguemines, à 10 kilomètres, la division Castagny à Putelanges, à 16 kilomètres ; la division Mettmann à Marienthal, à 14 kilomètres.

Dans cette malheureuse journée, où le corps du général Frossard combattit héroïquement, la fatalité voulut qu'aucun secours n'arrivât à temps pour changer une défaite en victoire.

Après la bataille du 6, les ordres furent donnés d'une manière encore plus pressante pour concentrer l'armée au nord de Metz. Le 10, elle prit une forte position sur la rive gauche de la *Nied française* dans l'intention d'y attendre l'ennemi ; mais l'Empereur, ayant été reconnaître le terrain et trouvant que la droite pouvait être facilement tournée, d'autant plus que déjà un corps allemand s'avançait par Sarre-Union, résolut de concentrer l'armée plus en arrière, sous la protection des forts avancés de Metz. Le 11, toutes les troupes avaient pris leur position dans le camp retranché et, dans la journée du 12, la plus grande partie du 6ᵉ corps, commandé par le maréchal Canrobert, arriva du camp de Châlons.

L'heure des plus cruelles épreuves allait sonner. Qu'on juge de la douleur que doit éprouver un souverain lorsque, à la tête d'une armée pleine de vigueur et d'enthousiasme, il se voit dans l'impossibilité d'employer avantageusement son ardeur et son dévouement. Tous ses projets avaient été mis à néant par le retard apporté dans la formation des corps. L'initiative vigoureuse prise par les Prussiens l'avait obligé à battre en retraite, après s'être avancé jusqu'à la frontière.

Tous ces mouvements qui semblaient le résultat de l'hésitation et que, dans les rangs de la troupe comme dans le public, on jugeait avec sévérité, avaient produit un effet défavorable pour l'Empereur. Quoique fatiguée par des marches pénibles, affectée par les échecs de Wissembourg, de Frœschwiller, de Spicheren, l'armée n'exprimait qu'un désir, celui de marcher en avant. Mais celui qui avait la responsabilité du commandement ne croyait pas devoir obéir à ce sentiment bien naturel dans des hommes qui ont la conscience de leur force et de leur valeur.

L'Empereur était, il est vrai, à la tête de 120,000 hommes disciplinés et prêts à tout entreprendre, mais trois armées ennemies, dont chacune était plus forte que la sienne, s'avançaient contre lui; par le nord l'armée du général Steinmetz et celle du prince Frédéric-Charles, par l'est celle du Prince royal de Prusse ; déjà les corps de cavalerie de ces trois armées avaient fait leur jonction et avaient paru dans les environs de Faulquemont. Si l'armée française acceptait la bataille en s'avançant vers la Sarre, elle pouvait être coupée de Metz par les troupes du Prince royal ; si, au contraire, elle se dirigeait vers les Vosges, elle pouvait être compromise par les armées du prince Frédéric-Charles et du général Steinmetz.

Certes, aujourd'hui qu'on a vu se dérouler les tristes conséquences de la campagne, on peut dire qu'il eût mieux valu tomber vaillamment à la tête de ses 120,000 hommes que d'être amené par la force des choses aux capitulations de Metz et de Sedan; mais qui pouvait prévoir alors l'étendue qu'atteindraient nos malheurs?

Les événements que nous venons de rappeler avaient diminué la confiance des troupes dans le chef de l'État, car la réputation militaire qu'il avait acquise pendant la courte campagne d'Italie n'était pas assez bien établie pour résister à la mauvaise fortune. A Paris ces mêmes événements avaient produit des effets encore plus pernicieux. L'opinion publique rendait le maréchal Lebœuf responsable des lenteurs apportées à la formation de l'armée, et l'opposition demandait avec instance que l'Empereur abandonnât le commandement. Dans ces circonstances, un succès important aurait pu seul fermer la bouche aux opposants, mais, ce succès, il n'était guère permis de l'espérer. L'Empereur dut prendre la résolution d'accepter la démission du maréchal Lebœuf, et, le 13 août, il remit le commandement de l'armée du Rhin au maréchal Bazaine, qui avait la confiance de l'armée et du pays.

Tout en plaçant sous les ordres du maréchal Bazaine toutes les troupes réunies à Metz, l'Empereur n'en restait pas moins, d'après la Constitution, le chef suprême de l'armée, et pouvait, dans une position analogue à celle qu'avait prise le roi de Prusse, diriger la défense générale du pays; mais à Paris, le gouvernement, en butte aux attaques de l'opposition, dont la violence croissait avec nos revers, se voyait forcé à toute sorte de concessions.

Dès le 11 août, M. de Kératry réclamait la mise en

accusation du maréchal Lebœuf; le Corps législatif n'accepta pas sa proposition. Le 12, le comte de Palikao vient annoncer à la Chambre que le maréchal Lebœuf avait donné sa démission et le 13, que le maréchal Bazaine commandait l'armée du Rhin. Dans cette séance, M. Gambetta réclama pour que la guerre fût conduite *républicainement*. Sur l'interpellation de M. Barthélemy Saint-Hilaire demandant si le commandement du maréchal Bazaine s'étendait également à la garde impériale, le ministre de la guerre répondit affirmativement, et M. Guyot-Montpeyroux insistant pour savoir s'il n'y avait pas d'autres commandements au-dessus ou à côté du sien, le comte de Palikao affirma qu'il n'y en avait point d'autres : « Alors, » s'écria M. Barthélemy Saint-Hilaire, le maréchal Bazaine est généralissime, cela rassurera le pays ! »

Il était évident que les ministres, sans cesse harcelés par les attaques perfides de l'opposition, étaient, malgré leur zèle et leur dévouement, impuissants à défendre l'Empereur. Tout l'engageait donc à retourner à Paris; mais il ne voulait pas exécuter ce projet avant que l'armée du Rhin eût quitté Metz.

Le 13 août, le maréchal Bazaine fit connaître à l'Empereur qu'il suivrait le plan déjà arrêté, consistant à faire passer toute l'armée sur la rive gauche de la Moselle, afin d'atteindre Verdun et de se diriger ensuite sur Châlons pour se joindre aux troupes qui s'y rassemblaient.

Le 14, le mouvement de retraite commença dès le matin. Deux corps d'armée étaient déjà parvenus sur la rive gauche, l'Empereur avait fixé son quartier général à Longeville, lorsque le soir le bruit du canon annonça que la portion de l'armée laissée sur la rive droite était attaquée. Comme elle se trouvait sous la protection des forts, on pouvait espérer que le mouvement de retraite ne serait pas arrêté; mais plusieurs divisions repassèrent sur la rive droite pour prendre part à la lutte, de sorte que la bataille de Borny, quoique glorieuse pour nos armes, retarda de plusieurs heures le passage des troupes.

Néanmoins, le matin du 15, on reprit la marche sur Verdun. Il y a trois routes qui conduisent de Metz à Verdun : la première qui est la plus directe et la plus au sud, passe par Gravelotte, Rezonville, Mars-la-Tour, Harville et Haudimont. La deuxième, à partir de Gravelotte, se dirige à droite et traverse Conflans et Étain; enfin la troisième, qui est la plus au nord, traverse Sainte-Marie-aux-Chênes, Briey, pour aller rejoindre la seconde route à Étain.

Présumant que l'ennemi n'aurait pas eu le temps de passer sur la rive gauche de la Moselle, le maréchal Bazaine avait projeté de conduire l'armée à Verdun par les deux premières routes. Dans la matinée du 15, l'Empereur et le Prince impérial avaient été forcés de quitter précipitamment leur demeure, où plusieurs officiers venaient d'être tués par les projectiles d'une batterie ennemie. Le 15 au soir, ils étaient établis avec une partie de l'armée à Gravelotte.

Le télégraphe n'existant pas sur cette ligne, Napoléon III ne pouvait recevoir de nouvelles de la capitale; c'est pour se mettre en relation avec Paris qu'il se décida à précéder l'armée à Châlons, et partit le 16, à 4 heures du matin, avec une escorte de deux régiments de cavalerie de la garde. On prévoyait si peu la veille une bataille générale pour le lendemain, qu'il avait été arrêté que l'Empereur prendrait la route la plus courte, mais les maréchaux Bazaine et Canrobert l'engagèrent à passer par Conflans et Étain. Sur cette route, en effet, on ne rencontra que quelques uhlans, qui disparurent aussitôt.

L'Empereur arriva à Verdun le 16, à 3 heures, et le soir du même jour au camp de Châlons. Là, il apprit les glorieuses, mais infructueuses batailles de Rezonville et de Saint-Privat et il éprouva un mortel regret de ne pas y avoir assisté.

CHAPITRE VII

RÉUNION AU CAMP DE CHALONS, MARCHE DE REIMS VERS METZ

Il y a des situations que les circonstances dominent avec leur inflexible logique, en dépit des prévisions humaines et des intentions les plus loyales.

Lorsqu'en partant pour la guerre, l'Empereur institua une Régence à Paris, il savait qu'il laissait derrière lui une femme digne de remplir le rôle qu'elle était appelée à jouer; il pensait, d'ailleurs, que du quartier impérial il pourrait encore diriger la marche générale des affaires; mais, en vertu de la nouvelle forme du Gouvernement, il abandonnait, par le fait, le pouvoir dont il était investi.

D'après les précédents du premier Empire, la Régence ne devait fonctionner qu'à partir du moment où l'Empereur aurait quitté le territoire français; c'est ce qui avait eu lieu en 1859 pendant la campagne d'Italie; mais en 1870, il fut décidé que la Régence existerait de fait, dès le départ de l'Empereur de Paris; et, quoique par les lettres patentes, l'Impératrice n'eût que des pouvoirs restreints, comme elle présidait un ministère déclaré responsable par la Constitution, il s'ensuivit forcément qu'il y eut au fond deux gouvernements : l'un à l'armée, ayant tous les attributs de la souveraineté, sans avoir, auprès de lui, aucun des intermédiaires légaux pour l'exercer; l'autre à

Paris, entouré de tous les dépositaires de l'autorité, mais ne possédant pas toutes les prérogatives du pouvoir.

Ainsi la Régente n'avait le droit ni de convoquer les Chambres, ni de changer les ministres, ni de nommer à aucun emploi élevé, civil ou militaire, ni d'exercer le droit de grâce, et cependant elle avait à côté d'elle un ministère responsable. Cette situation anormale devait naturellement amener bien des appréciations différentes et des décisions contraires.

C'est ainsi que les Chambres furent convoquées sans que les ministres eussent demandé à l'Empereur son consentement. Ils s'y crurent, il est vrai, autorisés, parce que, dans son discours d'adieu au Corps législatif, Napoléon III avait dit aux députés que, si les circonstances devenaient graves, l'Impératrice les rappellerait auprès d'elle. Néanmoins, il ne pouvait y avoir de convocation légale que par un décret signé de l'Empereur.

Réunir les Chambres après des échecs militaires, c'est, en France, appeler la révolution, car, dans les malheurs publics ce sont les passions qui dominent; l'opposition voit grandir son influence en raison directe des revers de la patrie, et loin de soutenir le Gouvernement par patriotisme, elle cherche tous les moyens de l'affaiblir et de le renverser.

La première conséquence de la réunion du Corps législatif fut la chute du ministère Ollivier. L'Impératrice demanda à l'Empereur la permission, par le télégraphe, de former un nouveau ministère, ce qui lui fut accordé; mais il en résulta que, contrairement à la Constitution, les ministres furent choisis sans la participation de l'Empereur; et ceux-ci, dès leur entrée en fonctions, pressés par la nécessité, se virent forcés de nommer à tous les emplois, de choisir les généraux en chef, de tout décider en un mot sans en référer à l'Empereur.

Dans la bonne fortune, les difficultés de gouvernement que nous venons de signaler disparaissent, car il est facile de se mettre d'accord sur les mesures à prendre lorsque le succès a augmenté la légitime influence du chef de l'État; mais après des événements malheureux, il en est tout autrement : la force morale ne réside plus aux armées ; elle retourne aux pouvoirs publics qui siègent dans la capitale. Cela est si vrai que Napoléon Ier lui-même, quoiqu'il fût maître absolu et entouré d'un incomparable prestige, sentit qu'après des revers, le plus grand danger qui menaçait l'ordre de choses établi n'était plus en face de l'ennemi, mais à Paris, et il y courut après les désastres de Moscou, comme après ceux de Waterloo.

L'intention de Napoléon III était donc de retourner dans la capitale, pour reprendre en main les rênes du Gouvernement; néanmoins, une pensée chez lui dominait toutes les autres, c'était de ne rien faire qui pût entraver la défense nationale; confiant dans l'énergie et le patriotisme de l'Impératrice, il ne voulait retourner aux Tuileries que si sa présence devenait une force pour le Gouvernement et non une cause de division et de troubles.

Parvenu, le 16 août, au camp de Châlons, l'Empereur y trouva le général Trochu, investi par le ministre de la guerre du commandement des troupes qui s'y rassemblaient. Le 18, arriva le maréchal Mac-Mahon, avec les débris de son corps d'armée.

Ces deux officiers généraux furent appelés par l'Empereur à un conseil, auquel assistèrent le prince Napoléon, le colonel Schmitz, chef d'état-major du général Trochu, le général Berthaud, commandant la garde mobile de Paris.

Dans cette réunion on décida que, pour ne pas se mettre en opposition avec la déclaration du général de Palikao au Corps législatif, et pour satisfaire l'opinion publique qui demandait l'unité du commandement, le maréchal Bazaine serait nommé par l'Empereur généralissime de toutes les forces françaises. Quoique le duc de Magenta fût plus ancien de grade que le maréchal Bazaine, il ne voulut pas mettre une question personnelle en balance avec l'intérêt du pays, et consentit de bonne grâce à cet arrangement, imitant en cela l'exemple de désintéressement donné à Metz par le maréchal Canrobert. Cependant, dans la position où se trouvait le maréchal Bazaine, cette nomination était illusoire; aussi, dès qu'il apprit de quel pouvoir il venait d'être investi, il s'empressa d'écrire au maréchal Mac-Mahon qu'il ne pouvait, du lieu où il était, diriger les mouvements d'autres armées que la sienne, et qu'en conséquence, il le laissait libre d'agir comme il l'entendrait.

Le duc de Magenta était naturellement désigné pour commander en chef l'armée de Châlons; il fut décidé qu'elle se retirerait vers la capitale. En même temps, le général Trochu, dont la loyauté n'était alors mise en doute par personne, fut nommé gouverneur de Paris.

On discuta longtemps pour savoir ce qu'on ferait des 15,000 gardes nationaux mobiles de Paris, qui étaient au camp. Il fut reconnu unanimement qu'il était impossible de les fondre dans l'armée, où ils introduiraient l'indiscipline, et qu'il était également impossible de les laisser à Châlons. Le général Berthaud déclara qu'excepté deux bataillons qu'on pouvait envoyer dans une place forte, il répondait de la subordination des autres si on les laissait retourner près de Paris. Le général Trochu insista pour qu'il en fût ainsi, et on décida qu'ils seraient envoyés au camp de Saint-Maur, près Vincennes. On ajouta, en outre, qu'il était indispensable de leur enlever leurs objets de campement pour les distribuer aux troupes régulières qui en manquaient.

Quant à l'Empereur, ne commandant plus l'armée, sa place était à la tête du Gouvernement ; il prit en conséquence la résolution de se rendre dans la capitale dès qu'il s'en serait entendu avec le gouvernement de la Régente.

Ces résolutions, communiquées à Paris, y soulevèrent de graves objections. Des hommes, dont l'opinion avait un grand poids aux yeux de l'Empereur, lui soumirent les réflexions suivantes :

« Si le chef de l'État revenait à Paris après un succès,
« il y arriverait avec la force morale nécessaire pour
« rétablir la confiance, relever les courages et dompter
« les mauvaises passions ; mais rentrer aux Tuileries
« après de pénibles revers, abandonner l'armée pour être
« obligé de combattre peut-être dans la rue les fauteurs
« de désordre, c'est un rôle qui ne peut lui convenir. Au
« point où en sont les choses, la nécessité d'une dicta-
« ture est évidente, et cependant le prestige de l'Empe-
« reur a été trop affaibli pour qu'il puisse s'en emparer.
« Il faudrait, pour sauver le pays, avoir recours aux
« mesures les plus énergiques, modifier peut-être le
« ministère, dissoudre le Corps législatif, sévir contre
« beaucoup d'individus qui jouissent momentanément
« de la faveur populaire, et ces mesures, quoique légales,
« auraient l'air d'un coup d'État ; l'Empereur croit-il que
« l'opinion publique le suivrait dans cette voie. D'ailleurs,
« il n'existe plus à Paris de force armée sur laquelle
« l'Empereur puisse compter ; en y envoyant la garde
« nationale mobile, qui est animée d'un mauvais esprit,
« on augmente encore les difficultés. Le général Trochu
« a dit à l'Empereur que le moment était arrivé de pren-
« dre des résolutions viriles ; ce conseil est exact, pourvu

« qu'elles ne produisent pas un effet contraire à ce qu'on
« en attend.

« Que l'Empereur se souvienne de ce qui est arrivé
« après Waterloo au chef glorieux de sa famille. Napo-
« léon Ier est revenu à Paris avec la résolution de sauver
« la patrie, mais, en présence de l'attitude des Chambres
« et de l'hostilité des hommes politiques, il a lui-même
« reculé devant l'idée de recourir à des mesures excep-
« tionnelles contre des Français, alors que l'étranger s'a-
« vançait sur la capitale ! »

Ces réflexions, qui ne manquaient pas de justesse, modifièrent les intentions de l'Empereur : il se résigna à ne point abandonner l'armée du maréchal Mac-Mahon, quelle que fût sa destination, soit qu'elle se retirât sur Paris, soit qu'elle se dirigeât sur Metz. Sa position, néanmoins, était la plus pénible où jamais souverain se soit trouvé. Chef de l'État, responsable devant le peuple français, il était, par la force des choses, privé des droits qu'il tenait de la nation, et condamné à l'impuissance lorsqu'il voyait sous ses yeux ses armées et son gouvernement marcher aux abîmes !

La position de l'Impératrice était encore plus critique. Seule au milieu d'une population en fermentation, qu'un incident quelconque pouvait soulever contre elle, sans avoir à sa disposition des troupes dévouées, sans un général investi de sa confiance, elle se trouvait à la tête d'un ministère hésitant et en face d'un Corps législatif déjà presque factieux. Un seul sentiment soutenait son courage, c'était la pensée qu'elle répondait à la confiance que le pays et l'Empereur avaient mise en elle, et ne se dissimulant pas qu'elle occupait le poste le plus périlleux, elle préférait s'y trouver seule que d'y voir son mari et son fils !

D'après ce qui avait été convenu, le maréchal Mac-Mahon commença le 21 août son mouvement de retraite, et l'armée campa en grande partie le soir en arrière de Reims.

Ce jour même un personnage éminent arriva de Paris pour insister auprès de l'Empereur et du maréchal afin que l'armée volât au secours du maréchal Bazaine. Le duc de Magenta objecta les raisons suivantes : Il ignorait si le maréchal Bazaine avait des vivres et des munitions suffisantes pour résister quelques jours encore ; il pouvait être obligé de capituler avant que l'armée de secours l'eût rejoint ; en admettant même que le maréchal Bazaine pût se frayer un chemin à travers les lignes ennemies qui l'enfermaient, se dirigerait-il vers le nord ou vers le sud? Comment, dans une telle incertitude, commencer un mouvement dangereux avec des troupes encore mal organisées? En supposant même que la jonction des deux armées s'opérât heureusement, ce résultat était-il préférable à celui qu'on obtiendrait en ayant sous les murs de Paris une armée manœuvrant pour empêcher l'investissement d'une capitale contenant 300,000 combattants? Il fut donc décidé qu'il continuerait sa marche vers Soissons ou Paris; mais le lendemain, 22 août, parvint une dépêche du maréchal Bazaine qui semblait pleine de confiance : elle annonçait qu'il espérait prendre l'offensive et se frayer un chemin vers Montmédy. Cette nouvelle fit changer les résolutions arrêtées ; le duc de Magenta vint aussitôt trouver l'Empereur pour lui dire que maintenant la position de Bazaine étant connue, on pouvait tenter d'aller le rejoindre, puisque l'opinion de Paris et celle de l'armée étaient favorables à ce mouvement. L'Empereur, quoiqu'à regret, accéda à ce projet, décidé désormais à s'abandonner au cours des événements. Il se borna seulement à conseiller au maréchal de ne pas s'éloigner du chemin de fer qui assurait les approvisionnements.

Ainsi donc, quoique le duc de Magenta ait obéi en grande partie aux injonctions venues de Paris, c'est la nouvelle reçue de Metz, le 22, qui fit changer ses projets et le décida à courir la chance qui se présentait.

La marche vers Metz une fois décidée, il était clair qu'elle n'avait de chance de succès qu'autant qu'on aurait mis une grande célérité à franchir les 180 kilomètres environ qu'il s'agissait de parcourir. Mais les quatre corps qui formaient l'armée de Châlons étaient peu en état de se mouvoir avec promptitude. Le 1er corps (général Ducrot) était composé de bonnes troupes, mais fatiguées, et encore sous l'impression de l'échec subi à Frœschwiller. Le 5e corps (général de Failly), quoique n'ayant pas combattu, était épuisé par une marche longue et pénible. Le 7e (général Douay), formé à la hâte, ne présentait pas la solidité qu'on aurait pu désirer. Le 12e (général Le Brun) comprenait deux bonnes divisions, la première formée d'anciens régiments; la deuxième de quatre régiments d'infanterie de marine; mais la troisième était composée de quatre régiments de marche dont les soldats manquaient complétement d'instruction militaire.

De plus, la plupart des corps n'étaient pas pourvus des accessoires les plus indispensables.

Telle était l'armée avec laquelle on allait entreprendre une opération que des troupes bien constituées eussent pu seules exécuter.

Le moyen le plus simple qui s'offrait pour transporter l'armée dans le Nord-Est était le chemin de fer qui de Reims passe par Rethel, Mézières, Sedan, Montmédy, Longuyon et Thionville; mais le matériel étant insuffisant, le duc de Magenta ne crut pas pouvoir se servir de la voie ferrée.

En admettant que les troupes fissent sans interruption 20 kilomètres par jour, ce qui pour une armée est une marche forcée, elles ne devaient être rendues sous les murs de Metz qu'au bout de neuf jours.

La question était donc de savoir si pendant ce trajet l'armée ennemie n'aurait pas le temps de se rassembler sur le flanc ou sur les derrières de notre armée. Examinons quelle était la position de l'ennemi.

Le roi de Prusse avait divisé ses troupes en quatre armées : les deux premières, sous les ordres du prince Frédéric-Charles et du général Steinmetz, bloquaient Metz avec 180,000 hommes. Les deux autres, fortes d'environ 210,000 hommes, sous les ordres du prince royal de Saxe et du prince royal de Prusse, s'avançaient vers le camp de Châlons et Paris.

Lorsqu'on apprit, le 25 au soir, au quartier général prussien, la marche du maréchal Mac-Mahon, l'armée du prince de Saxe formait la droite et avait déjà occupé les défilés de l'Argonne ; le quartier général était à Clermont, en Argonne. Le prince de Prusse avait le sien à Bar-le-Duc.

Tandis que l'armée française commençait le 23 août sa marche de flanc, l'armée allemande entreprenait le 26 au matin un changement de front sur sa droite, l'aile gauche en avant.

Si donc nous supposons que les armées française et allemande eussent chacune fait 20 kilomètres par jour, la première, partant de Reims le 23, pouvait être en huit jours à Briey entre Longuyon et Metz, ayant fait 160 kilomètres ; la seconde, partant de Bar-le-Duc le 26, pouvait être en cinq jours au même endroit, n'ayant eu à parcourir que 100 kilomètres. En effet, dès le 27, le roi de

Prusse avait établi son quartier général à Clermont, en Argonne. Ainsi, quoique l'armée du maréchal de Mac-Mahon eût, par un heureux hasard, commencé son mouvement trois jours plus tôt que les Prussiens, il y avait toute probabilité qu'avant d'arriver devant les lignes de Metz, elle aurait eu affaire aux deux armées des princes de Prusse et de Saxe.

Résumons ici les faits principaux de la campagne.

Le 23, l'armée quitta les environs de Reims, se dirigea vers l'est, et vint camper sur la Suippe. Le quartier général fut établi à Bétheniville (1).

Le duc de Magenta, persuadé que ses ordres avaient été exécutés et que tous les corps d'armée étaient également approvisionnés de vivres pour plusieurs jours, avait cru pouvoir s'éloigner du chemin de fer ; mais ayant reconnu que les 5e et 12e corps en étaient dépourvus, il fut obligé d'obliquer à gauche et de diriger ces deux corps vers Rethel, où le quartier général fut établi le 24 août.

Toute la journée du 25 fut employée à la distribution des vivres. Pendant ce temps le 1er corps se portait à Attigny, le 7e à Vouziers, où ils arrivèrent le 25, de sorte qu'à cette date, toute l'armée occupait les hauteurs qui bordent la rive gauche de l'Aisne.

De Rethel, le quartier général fut porté le 26 à Tourteron, ainsi que le 12e corps ; le 5e fut dirigé sur Neuville, le 1er à Sémuy, à 8 kilomètres d'Attigny, sur la rive droite de l'Aisne ; le 7e restait à Vouziers.

Le 27 août, les renseignements envoyés par l'avant-garde du 7e corps ayant fait croire à la présence de forces ennemies imposantes du côté de Grand-Pré, l'armée fut placée de manière à pouvoir appuyer le 7e corps, resté à

---

(1) Pendant cette campagne, à partir du camp de Châlons, le maréchal Mac-Mahon plaça toujours son quartier général à côté de celui de l'Empereur.

Vouziers. En conséquence, le 1ᵉʳ corps prit position en arrière de Quatre-Champs et de Terron, le 5ᵉ à Châtillon et Belleville, le 12ᵉ au Chesne-Populeux, où s'établit le quartier général.

L'armée se trouvait ainsi réunie le 27, à cheval sur le canal qui joint l'Aisne à la Meuse; mais si elle devait continuer sa marche vers l'est, lorsque déjà l'ennemi occupait fortement le passage important de Stenay sur la Meuse, les inconvénients d'une marche de flanc apparaissaient avec tous ses dangers.

Il est clair qu'une armée de 80 ou 100,000 hommes avec son artillerie et ses bagages n'avancerait que très-lentement, si elle ne pouvait marcher que sur une seule route; il faut nécessairement que les différents corps d'armée prennent autant que possible des routes parallèles à la ligne d'opération principale. Lorsqu'on a l'ennemi devant soi, les différentes colonnes peuvent, par des mouvements faciles, se soutenir réciproquement; mais lorsque l'ennemi est sur votre flanc, tous les mouvements deviennent difficiles et dangereux, car les différents corps sont menacés d'être attaqués isolément et dans de mauvaises situations. Si, par exemple, la colonne qui est le plus près de l'ennemi veut se rapprocher de la colonne du centre, elle ne peut le faire qu'en abandonnant la ligne d'opération principale, et elle est obligée d'adopter une formation désavantageuse, où les embarras qu'occasionnent toujours les bagages, augmentent dans une grande proportion; car si on les met en tête ou au milieu des troupes, ils ralentissent ou même arrêtent leur marche; si on les met en arrière, ils risquent d'être attaqués ou enlevés par l'ennemi. C'est ce qui devait malheureusement arriver bientôt.

Le duc de Magenta, préoccupé de la position de son armée et averti que le prince royal de Prusse avait réuni

ses troupes à celles du prince royal de Saxe, vit que l'ennemi l'avait gagné de vitesse et résolut, pour sauver la seule armée que la France eût encore disponible, de prendre la direction de Mézières et donna des ordres en conséquence. Mais, pendant la nuit, il reçut du ministre de la guerre l'injonction formelle de continuer sa marche vers Metz. « Si vous abandonnez le maréchal Bazaine, di-
« sait le général Palikao, une révolution éclatera dans
« Paris ; ce n'est point le prince de Prusse que vous avez
« devant vous, mais un de ses lieutenants ; vous avez
« deux, peut-être trois jours d'avance. Le ministère
« vous engage à persévérer dans votre résolution pre-
« mière. » On voit combien le ministère était mal renseigné. L'Empereur, partageant entièrement l'avis du maréchal Mac-Mahon, aurait pu s'opposer à ce conseil, venu de Paris, qui était presque un ordre, mais, résigné à subir les conséquences de la position que les événements lui avaient faite, il laissa celui auquel il avait remis le commandement entièrement libre d'agir comme il l'entendait.

Il fut donc décidé que l'armée reprendrait sa marche vers Montmédy ; les corps et les bagages, qui avaient déjà pris la route de Mézières, furent rappelés dans la nuit, et le 28, le quartier général fut porté à Stone. Le 12e corps campa dans ce lieu et à la Besace ; le 1er occupait le Chesne-Populeux, le 7e Boult-aux-Bois, sur la route de Vouziers à Buzancy, le 5e Belval.

L'ennemi occupant Stenay, on ne pouvait traverser la Meuse qu'en aval de cette place ; mais pour exécuter ce passage, il fallait opérer les mouvements dangereux dont nous parlions tout à l'heure.

Le 29, le 1er corps se rendit du Chesne-Populeux à Raucourt, où fut établi le quartier général ; son arrière-garde et les bagages avaient été, pendant ce trajet, inquiétés par l'ennemi. Le 12ᵉ corps passa sans encombre, dans la soirée, la Meuse à Mouzon ; le 5ᵉ, qui avait une marche pénible pour se rendre de Belval à Beaumont, traînant ses bagages à la suite de sa colonne, eut à soutenir plusieurs escarmouches ; le 7ᵉ qui, de Boult-aux-Bois, devait atteindre Buzancy, s'arrêta à Oches ; il avait à sa suite plusieurs centaines de voitures de réquisition qui ralentirent sa marche, et des boulets ennemis mirent le désordre dans ses convois.

D'après les ordres du maréchal, le passage de la Meuse devait être effectué de la manière suivante dans la journée du 30 : le 12ᵉ corps seul était depuis la veille sur la rive droite à Mouzon ; le 1ᵉʳ corps devait, de Raucourt, passer la Meuse à Remilly pour occuper Carignan, lieu désigné pour le quartier général ; le 5ᵉ, qui était à Beaumont, avait l'ordre d'arriver à Mouzon ; le 7ᵉ, qui était à Oches, devait se porter par Stone sur Villers, où un pont de bateaux avait été établi ; mais lorsque le 5ᵉ corps, après avoir été surpris à Beaumont, fut rejeté en désordre sur Mouzon, il ne put être que faiblement secouru par le 12ᵉ corps, qui se trouvait sur la rive droite. Quant au 7ᵉ, qui était peu éloigné, il aurait pu, au lieu de passer la Meuse à Villers, marcher au canon et tomber sur la gauche du corps ennemi engagé à Beaumont ; mais engagé dans le défilé de Stone et de Raucourt, encombré de bagages dans lesquels des obus ennemis mettaient le désordre, il ne fut pas libre de ses mouvements, se dirigea sur Remilly et se rejeta même en partie sur Sedan.

Ainsi, les corps d'armée étaient ou attaqués isolément sans pouvoir se soutenir réciproquement, ou étaient mis en désordre, sans avoir combattu. Tel était le fâcheux résultat d'une marche de flanc avec des troupes peu manœuvrières.

Le 30, à quatre heures du soir, l'Empereur et le duc de

Magenta se trouvaient sur les hauteurs de Mouzon, où le 12ᵉ corps était en position. Ils avaient tous les deux mis pied à terre. On entendait dans le lointain le canon du corps du général de Failly, et le général Pajol, qui avait été en reconnaissance pour juger de l'état des choses, avait rapporté la nouvelle que le 5ᵉ corps se retirait sur Mouzon. Le maréchal dit alors à l'Empereur que bientôt toute l'armée aurait passé sur la rive droite de la Meuse, que lui-même ne voulait pas quitter Mouzon avant que l'opération fût achevée, mais que, tout allant bien, il engageait l'Empereur à se rendre à Carignan où le 1ᵉʳ corps devait être arrivé et où serait le quartier général.

Napoléon III partit donc plein de confiance sur le résultat de la journée; mais une heure à peine après son arrivée à Carignan, le général Ducrot vint lui communiquer les nouvelles les plus alarmantes; le 5ᵉ corps avait été rejeté en désordre sur Mouzon, la brigade envoyée à son secours avait été entraînée dans la fuite. Le maréchal faisait dire à l'Empereur de se rendre le plus tôt possible à Sedan, où l'armée se retirerait. Celui-ci ne pouvait croire que la scène eût changé si complétement en quelques heures; il voulait néanmoins rester avec le 1ᵉʳ corps; mais, sur les instances du général Ducrot, il se décida à prendre le chemin de fer et arriva à 11 heures du soir à Sedan. On lui proposa de continuer sa route sur Mézières, et de profiter du chemin de fer qui était encore libre. Il pouvait y rallier le corps du général Vinoy et établir un nouveau centre de résistance dans une des places fortes du Nord, mais il pensa qu'on l'accuserait de mettre sa personne à couvert et préféra partager le sort de l'armée quel qu'il fût. Les équipages et l'escorte étant restés à Carignan, l'Empereur entra seul à pied, suivi de ses aides de camp, au milieu du silence de la nuit, dans cette ville de Sedan qui allait être le théâtre de si terribles événements.

Sedan, classé comme place forte, est situé sur la rive droite de la Meuse ; seul, le faubourg de Torcy est sur la rive gauche, couvert par un ouvrage avancé qui forme une vaste tête de pont. La ville, qui, grâce à la faible portée des anciennes bouches à feu, était défilée des collines qui l'environnent, se trouvait aujourd'hui en prise à l'artillerie ennemie placée sur les hauteurs qui s'élèvent sur les deux rives de la Meuse ; elle était d'ailleurs incomplétement armée, mal approvisionnée, et ne possédait aucun ouvrage extérieur. Sur la rive droite, deux ruisseaux, le Floing en aval et la Givonne en amont de la ville, se jettent dans le fleuve presque perpendiculairement à son cours ; l'un se dirigeant du village d'Illy à celui de Floing, l'autre du village de Givonne à celui de Bazeilles ; ils circonscrivent le terrain sur lequel la bataille allait se livrer. Les points culminants sont le calvaire d'Illy, près du village de ce nom et le bois de Givonne, situé à l'ouest du village de Givonne. La seule route restée libre pour communiquer avec Mézières, était la route départementale qui passe par les villages de Floing, Saint-Albert, Vrigne-aux-Bois et Tumécourt.

Si l'on voulait se retirer sur Mézières, il eût fallu occuper fortement le défilé très-étroit qui s'étend de Floing dans la direction de Vrigne-aux-Bois, et, abandonnant la place à elle-même, appuyer la gauche de la ligne sur les hauteurs d'Illy et de Givonne.

Le général Ducrot, il faut le reconnaître, avait bien jugé la position, et c'est au calvaire d'Illy qu'il voulait établir le centre de la résistance ; cependant, le 31 août, les troupes furent établies autour de la ville ; elles occupaient une demi-circonférence qui, de Sedan comme centre, avait environ 3,000 mètres de rayon, et dont les extrémités aboutissaient aux villages de Bazeilles et de Floing.

De cette position semi-circulaire, il résultait forcément que la ligne de retraite se trouvait au centre et que, si les troupes étaient repoussées, elles devaient, par un instinct naturel, se précipiter vers la ville qui devenait alors un entonnoir où elles devaient s'engloutir. Au-dessus et au nord de Sedan, se trouvent les restes d'un retranchement abandonné, appelé le vieux camp, qui domine les ravins environnants, et tout le terrain qui s'étend au sud de ce camp est couvert, ainsi que le dit le général Ducrot, « de murs de clôture, de jardins, de haies, d'un
« certain nombre de maisons qui se relient à celles du
« fond de Givonne et font de cet endroit un véritable
« dédale. Défendu par quelques troupes solides, il serait
« très-difficile de s'en rendre maître; mais au contraire,
« si des corps repoussés et en désordre viennent y cher-
« cher un abri, il devient impossible de les rallier et de
« les reformer. »

C'est sur ce terrain accidenté que nous venons de décrire, que le 1er septembre au matin commença la bataille. L'ennemi, attaquant à la fois nos deux ailes, cherchait évidemment à nous envelopper et à nous couper toute retraite.

Le maréchal duc de Magenta s'était aussitôt porté aux avant-postes et avait fait prévenir l'Empereur. Celui-ci monta à cheval, suivi de son état-major et escorté par un peloton de guides.

Il est facile de comprendre quel était l'état moral de son esprit. N'exerçant plus les fonctions de général en chef, il n'était pas retenu par ce sentiment de la responsabilité qui anime l'âme de celui qui commande; il ne ressentait pas non plus cette excitation entraînante qu'éprouvent ceux qui obéissent, et qui savent que leur dévouement peut amener la victoire. Témoin impuissant d'une lutte désespérée, convaincu que, dans cette fatale journée, sa vie comme sa mort était inutile au salut commun, il s'avançait sur le champ de bataille avec cette froide résignation qui affronte le danger sans faiblesse, mais aussi sans enthousiasme.

En sortant de la sous-préfecture, l'Empereur rencontra le maréchal Mac-Mahon qu'on rapportait blessé dans une voiture d'ambulance. Après avoir échangé avec lui quelques paroles, il se dirigea vers le village de Bazeilles, où la division d'infanterie de marine était vivement engagée. A Balan le général de Vassoigne lui rendit compte de la position des troupes. Tout groupe d'officiers attirant immédiatement sur lui le tir de l'artillerie ennemie, l'Empereur laissa son escorte et la plupart de ses aides de camp auprès d'un bataillon de chasseurs abrité derrière un mur, et s'achemina, suivi de quatre personnes, vers une élévation de terrain découvert où l'on embrassait la plus grande partie du champ de bataille.

A ce moment le général Ducrot, auquel le maréchal Mac-Mahon avait remis le commandement, exécutait un mouvement de retraite qui, dans les circonstances présentes, était le meilleur parti à prendre. L'Empereur lui envoya un de ses officiers d'ordonnance, le capitaine d'Hendecourt, pour savoir la direction qu'il voulait donner aux troupes. Ce jeune officier, plein d'avenir, ne reparut plus, emporté probablement par un obus; tout le terrain sur lequel on se trouvait était sillonné par les projectiles ennemis éclatant de tous côtés.

Après être resté plusieurs heures entre la Moncelle et Givonne, l'Empereur voulut aller rejoindre des lignes d'infanterie qu'on apercevait à gauche sur la hauteur et dont il était séparé par un ravin infranchissable. Pour s'y rendre il fallait faire un détour, ce qui l'amena sur un terrain coupé de chemins creux, de haies, de clôtures de jardins, qui forment le dédale dont nous avons parlé plus haut. Dans le ravin qu'on appelle le fond de Givonne, les routes étaient encombrées de blessés, qu'on portait aux ambulances, d'un parc d'artillerie qui bouchait les avenues et au travers duquel la division Goze avait peine à passer. Arrivé près de l'ancien camp retranché, il fut impossible de pousser plus en avant, l'infanterie qui occupait ce poste se retirant en bon ordre du côté de la ville. Il était déjà évident que toute ligne de retraite était coupée par l'ennemi qui occupait la circonférence, puisque les projectiles dirigés vers le centre frappaient les troupes par devant et par derrière. Beaucoup de soldats, prétextant le manque de cartouches, se dirigeaient vers la seule porte de la ville restée ouverte.

Après avoir été, pendant près de cinq heures, témoin d'une lutte dont le dénoûment se faisait pressentir, l'Empereur, désespérant de pouvoir, du point où il était, gagner les hauteurs d'Illy, se décida à entrer en ville dans l'intention de s'aboucher avec le maréchal blessé, et dans l'espoir de ressortir par la porte qui conduit à Mézières par la route départementale. Trois officiers de son état-major étaient blessés et portés par des soldats; c'est ainsi qu'il arriva à la sous-préfecture, plusieurs obus ayant éclaté devant son cheval sans l'atteindre. Il fit aussitôt reconnaître le chemin par lequel il voulait ressortir, mais on vint lui rendre compte que la porte de Mézières était barricadée et impossible à franchir, et que déjà les rues qu'il venait de suivre étaient obstruées par un concours d'hommes, de chevaux et de voitures de toute espèce. Force fut donc de rester en ville et d'y attendre les événements. Vers trois heures, un officier du général Wimpffen, qui avait, comme le plus ancien, pris le commandement en chef, parvint après de grandes difficultés à la sous-préfecture : il venait proposer à l'Empereur de se mettre à la tête des troupes qu'on pourrait rassembler pour tenter de se faire jour du côté de Carignan ; le premier mouvement de Napoléon III fut d'accepter la proposition, mais il comprit bientôt qu'à part la difficulté de sortir à cheval au milieu de l'encombrement des rues, il ne lui convenait pas de sacrifier, pour se sauver, la vie de beaucoup de soldats et de s'échapper avec le général en chef, en abandonnant le reste de l'armée et la laissant sans direction exposée à une perte certaine. Il refusa donc l'offre du général de Wimpffen.

Pendant ce temps, les choses avaient pris un caractère de plus en plus grave ; les héroïques mais inutiles charges de la cavalerie n'avaient pu arrêter la marche de l'ennemi ; le brave général Margueritte, blessé à mort, venait, sur sa demande, d'être transporté auprès de l'Empereur. A ce moment, sur les deux rives de la Meuse, les collines environnantes étaient garnies de plusieurs centaines de bouches à feu qui, par un tir convergent, lançaient leurs projectiles sur la ville. Des maisons brûlaient, les toits volaient en éclats, la mort faisait de nombreuses victimes, soit parmi les hommes entassés dans les rues, soit dans les casernes transformées en ambulances, soit dans les cours où s'étaient réfugiés des soldats de tous les corps.

Sur ces entrefaites, les trois commandants des trois corps d'armée, les généraux Lebrun, Douay et Ducrot, vinrent les uns après les autres déclarer à l'Empereur que toute résistance était devenue impossible, que les soldats, après avoir combattu pendant douze heures, sans prendre ni repos ni nourriture, étaient découragés, que tous ceux qui n'avaient pas pu rentrer en ville étaient entassés dans les fossés et contre les murs de la place, et qu'il fallait prendre une résolution.

Depuis le départ de Châlons jusqu'à cette époque, l'Empereur s'était fait un devoir de n'intervenir en quoi que ce fût dans les dispositions et les résolutions du général en chef, auquel il avait remis le commandement ; mais, dans ce moment suprême où, par une fatalité inouïe, 80,000 hommes semblaient réduits à mourir sans pouvoir combattre, il se rappela qu'il était souverain, qu'il avait charge d'âmes et qu'il ne devait pas laisser massacrer sous ses yeux des hommes qui, plus tard, pouvaient encore servir la patrie.

Napoléon III envoya un de ses aides de camp au haut de la citadelle pour s'assurer de l'état des choses ; celui-ci eut toutes les peines du monde à y pénétrer ; les rues et la citadelle même étant remplies de soldats qui s'y étaient réfugiés. Le rapport de l'aide de camp confirma les paroles des généraux. En conséquence, l'Empereur envoya le général Lebrun au général de Wimpffen, avec le conseil de demander une suspension d'armes qui donnerait le temps, si elle était accordée, de relever les blessés et de considérer ce qu'il y avait à faire.

Le général Lebrun ne revenant pas et le nombre des blessés augmentant sans cesse, l'Empereur prit sur lui de faire arborer le drapeau parlementaire. En prenant cette décision, Napoléon III comprit toute la gravité de la responsabilité qu'il encourait et entrevit les accusations dont il serait l'objet. La situation apparut à ses yeux dans toute sa gravité, et le souvenir d'un passé glorieux vint, par son contraste avec le présent, en augmenter l'amertume. Comment admettrait-on que l'armée de Sébastopol, de Solférino, pût être obligée de mettre bas les armes ! Comment faire comprendre que resserrées dans un étroit espace, plus les troupes étaient nombreuses, plus la confusion était grande, et moins il était possible de rétablir la régularité indispensable pour combattre? Le prestige dont jouissait à juste titre l'armée française allait donc s'évanouir tout à coup, et, en présence d'une calamité sans exemple, l'Empereur, quoique étranger aux résolutions prises, restait seul responsable aux yeux du monde des malheurs que la guerre allait entraîner? Et comme si, à cette heure suprême, rien ne devait manquer à la gravité de la situation, le général de Wimpffen envoya sa démission à l'Empereur ; de sorte que cette armée débandée allait se trouver sans chef et sans direction, lorsque la plus grande énergie était nécessaire pour rétablir un peu d'ordre et traiter avec plus de chances de succès avec l'ennemi. La démission ne fut pas acceptée, et le général en chef comprit qu'ayant commandé pendant la bataille, son devoir l'obligeait à ne point déserter son poste dans des circonstances aussi critiques.

Pendant qu'on arborait le drapeau parlementaire, un officier prussien demanda à être introduit au quartier général. On sut par lui que son souverain était aux portes de la ville; de son côté, le roi de Prusse ignorait également que Napoléon III se trouvât dans les murs de Sedan.

Dans ces circonstances, l'Empereur crut que le seul parti qui lui restait à prendre était de s'adresser directement au souverain de l'Allemagne du Nord.

On avait tellement répété dans les journaux que le roi de Prusse ne faisait pas la guerre à la France, mais à l'Empereur, que celui-ci était persuadé qu'en disparaissant de la scène et en se remettant entre les mains du vainqueur, il obtiendrait des conditions moins désavantageuses pour l'armée et donnerait en même temps à la Régente la facilité de conclure la paix à Paris. Il envoya donc par un de ses aides de camp une lettre au roi de

Prusse, dans laquelle il lui annonçait qu'il lui remettait son épée (1).

Le roi reçut le général Reille entouré de tout son état-major et parut étonné que la lettre ne renfermât pas la reddition de la place et de l'armée; mais ayant appris que le commandement en chef était exercé par le général de Wimpffen, il demanda que celui-ci se rendit dans la soirée au quartier général prussien.

Lorsque le général de Wimpffen fut arrivé en présence du général de Moltke, il plaida chaleureusement en faveur de ses troupes, mais le chef de l'état-major prussien lui répondit : « Votre armée ne compte pas en ce moment plu de 80,000 hommes ; nous en avons 230,000 qui l'entourent complétement ; toute notre artillerie est en position et peut foudroyer la place en deux heures ; vos troupes ne peuvent sortir que par les portes, sans possibilité de se former en avant ; vous n'avez de vivres que pour un jour et presque plus de munitions. Dans cette situation, la prolongation de la défense ne serait qu'un massacre inutile ; la responsabilité retombera sur ceux qui ne l'auront pas empêché. »

---

(1)   « Monsieur mon frère,

« N'ayant pas pu mourir au milieu de mes troupes, il ne me reste plus qu'à remettre mon épée entre les mains de Votre Majesté.

« Je suis, de Votre Majesté,
« le bon frère,
« Napoléon. »

Le roi répondit :

« Monsieur mon frère,

« En regrettant les circonstances dans lesquelles nous nous rencontrons, j'accepte l'épée de Votre Majesté, et je la prie de vouloir bien nommer un de vos officiers muni de vos pleins pouvoirs, pour traiter de la capitulation de l'armée qui s'est si bravement battue sous vos ordres. De mon côté, j'ai désigné le général de Moltke à cet effet.

« Je suis, de Votre Majesté,
« le bon frère,
« Guillaume. »

Le comte de Bismark fit connaître au général Reille que le roi de Prusse serait bien aise d'avoir une entrevue avec l'Empereur; il fut arrêté qu'elle aurait lieu le lendemain, dans un endroit qu'on choisirait à cet effet.

Le 2 septembre au matin, Napoléon III, accompagné du prince de la Moskowa, monta dans un drowski attelé de deux chevaux, et s'achemina vers les lignes prussiennes. Le général Reille le précédait à cheval, afin d'avertir le comte de Bismark de son arrivée. Comptant revenir en ville, il ne prit congé ni des troupes qui l'entouraient, ni du bataillon de grenadiers, ni des cent-gardes qui formaient son service habituel. Lorsqu'on abaissa le pont-levis de la porte sud de Sedan, les zouaves qui s'y trouvaient de service le saluèrent encore du cri de : Vive l'Empereur ! C'était le dernier adieu qui devait frapper ses oreilles ! Arrivé à un quart de lieue de Donchery, et ne voulant pas se rendre au quartier général prussien, l'Empereur s'arrêta dans une petite maison qui se trouvait sur la route et y attendit le chancelier de la Confédération du Nord. Celui-ci, prévenu par le général Reille, arriva bientôt.

La conversation s'engagea sur la position de l'armée française, question d'une urgence vitale. Le comte de Bismark déclara que le général de Moltke était seul compétent pour traiter la question. Il demanda ensuite à l'Empereur s'il voulait entamer des négociations pour la paix; celui-ci répondit que sa position actuelle l'empêchait d'aborder ce sujet; que la Régente étant à Paris, entourée des ministres et des Chambres, elle pouvait dans toute son indépendance négocier pour obtenir ce but désirable pour tous.

— « Mais reprit le chancelier de la Confédération, avec
« le caractère français comme je le connais, on ne nous

« pardonnera jamais nos succès ; la paix ne peut être
« qu'une trêve. »

— « Si les conditions proposées par la Prusse, ré-
« pliqua l'Empereur, sont empreintes de cette générosité
« que montra l'empereur Alexandre en 1815, la paix
« qu'on concluera peut être durable. »

Lorsque M. de Moltke fut arrivé, Napoléon III lui demanda que rien ne fût arrêté avant l'entrevue qui devait avoir lieu, car il espérait obtenir du Roi quelques concessions avantageuses pour l'armée. M. de Moltke ne promit rien ; il annonça seulement qu'il allait se rendre à Vendresse, où se trouvait le roi de Prusse, et le comte de Bismark engagea l'Empereur à se rendre au château de Bellevue, qui avait été choisi pour être le lieu de l'entrevue. Il devenait manifeste qu'elle serait retardée jusqu'à la signature de la capitulation.

Pendant ce temps, le général de Wimpffen avait réuni un conseil de guerre composé d'environ 32 officiers généraux, qui, à l'unanimité des voix, suivant le rapport officiel du général de Wimpffen (1), déclarèrent qu'il était impossible de continuer la lutte, et que la capitulation était une dure mais absolue nécessité. Le général en chef de l'armée française arriva bientôt au château de Bellevue, et, réuni dans une chambre du rez-de-chaussée aux généraux de Moltke, de Podbielski et au comte de Bismark, il discuta les clauses de la capitulation. Lorsqu'elle fut signée, le général de Wimpffen vint en rendre compte à l'Empereur, qui était resté tout ce temps à l'étage supérieur. Quelques moments après, le roi de Prusse arriva à cheval, accompagné du Prince royal et suivi de quelques officiers.

Il y avait trois ans que les souverains de France et de

---

(1) Deux généraux réclamèrent, prétendant qu'ils avaient été opposés à la capitulation.

Prusse s'étaient rencontrés dans des circonstances bien différentes. Guillaume III était venu à Paris avec l'empereur de Russie pendant l'exposition universelle, et Napoléon III lui avait fait les honneurs de la capitale, resplendissante alors du concours de toutes les industries de l'univers, des merveilles qu'enfante la prospérité, de la présence de tous les souverains de l'Europe. Aujourd'hui, trahi par la fortune, Napoléon III avait tout perdu et venait de remettre entre les mains du vainqueur la seule chose qui lui restât — sa liberté !

Le roi de Prusse, ainsi qu'il l'écrivit à la reine, comparant dans sa pensée la position actuelle de l'Empereur avec celle qu'il occupait lorsqu'il l'avait vu la dernière fois, lui témoigna une vive sympathie pour ses malheurs, qu'il attribuait, disait-il, à des conseils imprudents. Il déclara néanmoins qu'il lui était impossible d'accorder de meilleures conditions à l'armée. Il apprit à l'Empereur qu'il avait désigné le château de Wilhelmshöhe, près de Cassel, pour être sa résidence ; le Prince royal vint ensuite lui serrer affectueusement la main, et au bout d'un quart d'heure, le Roi se retira. Il fut permis à l'Empereur d'envoyer en chiffres une dépêche à l'Impératrice ; cette dépêche l'informait des événements qui avaient eu lieu et l'engageait à négocier la paix.

Pendant cette entrevue, le comte de Bismark prit à part le général Castelnau, aide de camp de l'Empereur, et lui dit qu'il ne fallait ajouter aucune foi aux versions des journaux, d'après lesquels le Roi aurait déclaré ne faire la guerre qu'à l'Empereur. Le Roi, naturellement, combattait l'armée et son chef tant qu'il avait les armes à la main, mais il n'avait jamais émis l'intention de renverser une dynastie qui, d'après lui, était celle qui convenait le mieux à la France et à l'Europe.

Il fut décidé que Napoléon III resterait au château de

Bellevue jusqu'à ce qu'il pût être conduit en Allemagne à travers la Belgique.

Le 3 septembre, l'Empereur, accompagné d'un aide de camp du Roi, de la plupart des officiers de sa maison, et escorté par un escadron de hussards, s'achemina vers la Belgique, en traversant les lignes prussiennes. Arrivé le soir à Bouillon, il y fut reçu par la population avec les démonstrations de la plus vive sympathie; le lendemain il alla coucher à Verviers.

Le 5, au matin, il apprit dans cette ville la révolution qui avait éclaté à Paris.

Ainsi les malheurs de la campagne de 1870 allaient être centuplés. Plus de gouvernement régulier pour rassembler les forces du pays et montrer à l'ennemi tout un peuple uni pour sa défense; plus de gouvernement reconnu pour traiter d'une paix honorable et invoquer l'appui des puissances neutres. La France va être livrée à une démagogie effrénée, qui fera couler inutilement des torrents de sang, qui gaspillera toutes les ressources du pays pour aboutir à une paix honteuse!

C'est sous l'empire de ces tristes pressentiments que l'Empereur, séparé de son fils, ignorant le sort réservé à l'Impératrice, arriva, le 5 au soir, près de Cassel. Le gouverneur civil et le gouverneur militaire de la province le reçurent à la gare.

Napoléon III monta en voiture et fut conduit au château de Wilhelmshöhe, ancienne résidence de son oncle le roi de Westphalie. Il y resta jusqu'au 19 mars, jour où il apprit que la Commune, fille du 4 Septembre, venait de triompher, pour bientôt ensanglanter et brûler la capitale de la France!

RÉFLEXIONS

LES ORDRES DU COMMANDANT EN CHEF

C'est ainsi que l'Empereur raconte avec une simplicité admirable la campagne de 1870, les péripéties de ce drame dont le dernier acte engloutit sa couronne.

Son abnégation fut si grande, qu'il se fit une règle de n'intervenir en quoi que ce fût : d'un côté, il avait remis tous ses pouvoirs entre les mains du gouvernement de la Régence, et peu de temps après il s'était démis du commandement en chef de l'armée ; il n'était plus qu'un simple spectateur encourageant et soutenant par sa présence le moral de l'armée et donnant à la nation l'exemple du sacrifice.

Aussi, à Sedan, fût-il entièrement étranger aux dispositions et aux résolutions du général en chef ; il se tint constamment sous le feu, au milieu de ces braves bataillons qui luttaient contre l'impossible, et pourtant nous avons appris depuis quelles étaient les douleurs physiques auxquelles l'Empereur était en proie, douleurs atroces et dont personne ne se doutait, jusqu'au jour où, deux ans plus tard, lors d'une première opération, le docteur Sir Henry Thompson s'écria en voyant l'état de Napoléon III : « Mais il faut que l'Empereur ait été mille fois héroïque pour être resté à cheval pendant la bataille de Sedan ; l'agonie a dû être constante, et je n'ai jamais rien connu de semblable. »

Le moment suprême était arrivé ; des centaines de bouches à feu lançaient leurs projectiles sur nos soldats sans défense ; les généraux accouraient tour à tour, déclarant que toute résistance était devenue impossible. Alors l'Empereur comprit que l'heure avait sonné, et qu'il fallait boire le calice jusqu'à la lie. Sa grande âme se résigna ; il reprit un instant l'autorité pour mettre un terme à cette boucherie inutile et assumer la responsabilité d'un acte auquel il n'avait pas concouru.

Ce fut une action sublime de dévouement ! Ce sera un éternel honneur pour celui qui eut le courage de remplir ce triste devoir !

Cependant la France pouvait encore rester grande ; la paix pouvait être faite, et au 4 septembre, avant la chute de l'Empire, nous pouvions sauver nos provinces et la plus grande partie de nos milliards.

Mais le ver rongeur avait fait son œuvre ; la démagogie, après avoir couvé dans l'ombre ses sinistres desseins, parut au grand jour, et donnant la main à l'ennemi qui souillait le sol de la patrie, elle désorganisa la France et amena cette série de désastres qui ne se termina que par l'abandon de deux de nos provinces.

Le sacrifice accompli par Napoléon III servit d'armes à la calomnie ; l'insulte fut répandue avec système et persistance par les émeutiers du 4 Septembre, et ce fut par ces moyens que le nouveau gouvernement contribua à servir ses projets odieux, à égarer une nation affolée. Mais la vérité ne tarda pas à surgir et à faire jaillir au cœur des Français un sentiment de réparation et de justice envers Napoléon III.

Bientôt l'histoire impartiale, libre de toute influence criminelle, de toute spéculation ambitieuse, montra au monde la prospérité éblouissante du second Empire ; on se rappela Sébastopol, Magenta, Solférino, l'Italie affranchie, la grande pensée des nationalités, les glorieuses campagnes de Chine et de l'Indo-Chine, la France à son apogée.

Puis enfin l'Empereur, en proie aux souffrances les plus cruelles, essayant d'éviter une guerre qu'il redoutait, sachant que des années lui seraient nécessaires pour accomplir dans l'armée française des réformes qu'il avait demandées avec insistance depuis longtemps et dont l'exécution fut paralysée sans cesse par cette fraction du Corps législatif toujours prête à jeter feu et flamme lorsqu'il était question d'augmenter le budget de la guerre, de perfectionner notre artillerie, nos armements.

Cependant, lorsque, poussé par les événements, par l'opinion publique, il ne lui fut plus permis de reculer, Napoléon III avait le droit de compter sur le succès, et la victoire eût été sans nul doute du côté de nos aigles si les effectifs qu'on avait annoncés eussent existé autrement que sur le papier.

« Nos effectifs de paix et de guerre en hommes et en chevaux sont supérieurs à ceux de la Prusse. » Cette phrase était contenue dans un dernier rapport à l'Empereur, quelques jours après la déclaration de guerre ; aussi le Souverain éprouva, ainsi qu'il le raconte lui-même, une bien cruelle déception lorsqu'il vit, au lieu des 400,000 hommes avec lesquels il croyait entrer en campagne, qu'il n'avait en réalité à la frontière que la moitié de ces forces.

Aujourd'hui, il est facile d'établir que, parmi les diverses causes qui ont assuré la victoire aux Allemands, il faut placer la disproportion des forces numériques; mais elle n'aurait pas été aussi grande à chaque bataille si les corps d'armée s'étaient mutuellement soutenus, ainsi que leurs chefs en avaient reçu l'ordre de l'Empereur.

La Prusse n'a jamais lutté dans cette campagne que contre des forces inférieures, et il est très-douteux qu'elle eût voulu accepter la bataille à nombre égal de soldats et de canons.

Tout le monde reconnaît aujourd'hui que les armées françaises ne sont pas dégénérées, et que pendant la campagne de 1870 elles ont toujours mérité leur ancienne réputation de bravoure. Les batailles de Borny, de Vionville, de Gravelotte en sont un témoignage éclatant : ces trois journées furent — on le sait aujourd'hui — autant de victoires, mais on ne sut pas, ou on ne put pas, en profiter.

Aussi insisterons-nous encore sur ce point important : si, dès le début, les plans de l'Empereur eussent été exécutés, l'élan de nos soldats, l'initiative des officiers de l'armée du Rhin, auraient, malgré l'infériorité du nombre, amené une première victoire sur la Prusse, et cette victoire aurait pu être décisive.

A Forbach, le 8 août, les 30,000 hommes du général Frossard, malgré le désavantage d'une surprise, pouvaient jusqu'au soir espérer la victoire contre les 70,000 hommes du général Steinmetz. Qui oserait dire que la journée n'aurait pas été en notre faveur si le général Frossard avait reçu le renfort de plusieurs divisions *qui étaient à sa portée, et qui devaient et pouvaient voler à son secours ?*

A Reischoffen, le 6 août, le maréchal Mac-Mahon n'avait que 33,000 hommes contre les 120,000 hommes du prince royal de Prusse, et avec cet héroïque corps d'armée il lutta la journée entière contre cette armée formidable. N'est-il pas raisonnable de penser qu'il aurait remporté la victoire s'il eût été secondé par le corps du général de

Camden Place,
Chislehurst.
le 15

Mon cher Monsieur de la Chapelle

Quoique le document soit le [...]

[...] soit très

importants pour ma propre

responsabilité, je préfère le retrancher

car cela aurait trop d'inconvénients

[...]

[...] Je vous

prie donc de le retrancher.

J'aurai demain prendre de

toutes les peines que j'ai vous

donner et vous en à Lors

mes sentiments affectueux

Napoléon

Monsieur le Comte de Lachapelle
Westbourne Villas
Harrow
Londres

Failly qui avait été placé à une courte distance du maréchal, avec ordre de le soutenir, et qui put en effet protéger sa retraite? Pourquoi n'accourut-il pas au bruit de la canonnade? Quelles furent les différentes raisons, les incidents qui empêchèrent l'exécution des ordres formels du Souverain?

Il ne m'appartient pas d'entrer dans plus de détails sur ces tristes pages de notre histoire contemporaine. L'Empereur a voulu garder le silence sur les culpabilités; je dois religieusement respecter la volonté de celui qui m'écrivit la lettre ci-contre.

Camden Place,
Chislehurst.

le 22 Mai

Mon cher Monsieur de Lachapelle

Je viens d'envoyer une lettre pour
....
.... Vous
verrez par la lettre ci-jointe
que j'ai la prie de vous donner
des conseils ....
....
....

Recevez l'expression de mes
sentiments d'amitié

[signature]

LES AMIS DE LA DERNIÈRE HEURE.

LE SOUVERAIN HOMME D'ÉTAT

Inutile de m'étendre sur la fidélité de ces hommes à la foi sincère, au dévouement traditionnel, qui suivirent en exil la famille impériale, qui voulurent partager la mauvaise fortune, le pain de l'exil, après avoir eu leur place marquée auprès du Souverain dans les jours de prospérité.

Les noms de Conneau, Daviller, Clary, Corvisart, Bassano, Piétri, Filon et ceux de quelques autres resteront dans l'histoire du second Empire comme un symbole de loyauté, de fidélité au malheur.

Prêts en tous temps à sacrifier leur vie pour leur auguste maître, ils l'entourèrent jusqu'au dernier moment d'une tendre sollicitude, multipliant leurs soins pour faire oublier la patrie, les amis absents, et alléger l'amertume de l'exil.

A l'étranger, Napoléon III avait trouvé des amitiés sincères. La noblesse, la hauteur de son caractère étaient appréciés, et il était entouré d'un dévouement à toute épreuve qui se manifestait à chaque instant sous toutes les formes. La famille royale d'Angleterre donnait l'exemple, et la reine Victoria, le prince de Galles ne cessaient de prodiguer à l'Empereur toutes sortes d'attentions. Quant au peuple anglais, le respect et l'affection qu'il portait à Napoléon III se traduisaient par des ovations chaleureuses chaque fois qu'il paraissait en public.

Il serait trop long d'énumérer ici la longue liste de ces hommes qui montrèrent à l'Empereur une affection vraie, constante, qui cherchèrent chaque jour à atténuer les douleurs du passé en redoublant de prévenances.

Souvent je servis d'intermédiaire pour porter auprès de l'auguste exilé les vœux, les offres de service de ces étrangers si nobles, si désintéressés.

Nombre d'entre eux avaient été les hôtes des Tuileries, lorsque la gloire, la splendeur environnaient le trône ; d'autres n'avaient approché Napoléon III que sur la terre d'exil, mais à tous le monarque avait su inspirer un respect, une affection dont le souvenir fournira une nouvelle preuve des grandes vertus, des immenses qualités qui distinguaient celui qui avait le don de se créer de tels dévouements.

Pour ces étrangers, Camden Place, la modeste habitation du Souverain déchu, était entourée d'une auréole bien plus lumineuse que le palais des Tuileries, depuis qu'ils avaient compris l'esprit de droiture, d'abnégation qui avait dirigé les derniers actes de la vie officielle de l'Empereur.

Ils sympathisaient profondément avec cette grande infortune ; ils rendaient hommage à la dignité, au courage moral de l'exilé, et cette sympathie ne se bornait pas à quelques paroles ; loin d'être aussi stérile, elle se manifestait par les offres les plus loyales, les plus généreuses. L'Empereur y était très-sensible ; il tenait à l'estime de ses amis, il leur répondait avec affabilité et leur témoignait combien il était touché de tant de preuves de dévouement. Mais il ne consentait jamais à mettre à con-

Cowes, le 16 sept.

Mon cher Monsieur de la Chapelle
Je vous ai écrit à Paris, croyant
que vous y étiez encore.

....

Il m'a spécialement que Mac Leui
....
....
....
....

Revenez moi dire que
....
....

[signature]

M. le Comte de La Chapelle
4 Westbourne villa
Harrow Road   London

[postmark: COWES SP 16 72]

tribution pour lui-même cette bonne volonté, ces offres généreuses.

Ce qu'on admirait surtout en Angleterre, c'était le désintéressement de Napoléon III, qui avait repris la route de l'exil sans songer à ce bien-être personnel qui ne peut être assuré que par la fortune ; il était revenu pauvre, lui qui aurait pu avoir tant de millions, et lorsque la réalité fut bien connue du public anglais, la haute estime qu'on avait déjà pour le grand Souverain s'accrut dans des proportions extraordinaires.

De tous les côtés des offres spontanées se multipliaient et l'Empereur n'aurait eu qu'à dire un mot pour avoir à sa disposition et sans condition aucune des capitaux considérables.

Parmi ces sympathiques personnages un surtout avait été distingué par l'Empereur, et il le retrouva sans cesse aux heures les plus cruelles de l'adversité. Ce haut financier et économiste m'a prié de taire son nom ; il avait été admis dans l'intimité et ses rapports étaient continuels ; toujours prêt à rendre des services, ses offres furent souvent acceptées, et ce fut certainement un des meilleurs amis et le plus désintéressé. C'était un échange de vues remarquables entre le grand monarque et le brillant économiste; plusieurs projets de réforme financière furent conçus, et au moment même où la maladie de l'Empereur nécessita une opération, ils élaboraient ensemble par mon entremise un plan pour la suppression de l'octroi en France, projet réalisable sans diminuer les ressources du revenu. J'étais le rédacteur de ce travail admirable et j'étais étonné de sa simplicité pratique.

Cet économiste éminent avait également suggéré un système financier qui permettrait de supporter le poids des dettes énormes dont notre pays est grevé sans pour cela avoir recours à ces impôts oppressifs, extraordinaires, qui sont la ruine de tous ; mais l'Empereur est mort, et son héritier, le Prince si intelligent, si plein de promesses, connaîtra et mûrira les grandes pensées dont s'occupaient son auguste père et ses amis dévoués.

Parmi les visiteurs assidus de Camden Place, princes, hommes d'État, diplomates, généraux accourus de tous les pays, on entrevoyait çà et là une silhouette personnifiant cette pléïade d'amis qui étaient toujours restés dévoués, dans les mauvais jours comme dans la prospérité.

Je rencontrais souvent un personnage qui a bien des titres pour se flatter d'avoir été un des amis les plus sincères de l'Empereur. Le chevalier Henri Wikoff, avait en 1840, rencontré à Londres, à la table hospitalière du roi Joseph, le prince Louis-Napoléon ; plus tard, il avait fait un long voyage pour se mettre à la disposition du prince Louis-Napoléon, lorsqu'il était prisonnier à Ham ; il l'avait visité dans ces jours d'épreuve, et avait publié un intéressant récit de sa conversation avec le prisonnier. Cette brochure fit grand bruit en 1847, tant en Angleterre qu'aux États-Unis, et, chose digne de remarque, c'est qu'elle renfermait, pour ainsi dire, le programme du second Empire. Le chevalier revit le prince à l'Élysée, puis rarement aux Tuileries ; car la grande fortune était survenue et le philosophe qui avait prodigué ses bons offices au prince captif se tint à l'écart le jour où la récompense l'attendait.

A la chute de l'Empire, on le vit de nouveau accourir pour offrir ses consolations, ses services au prince, qui avait retrouvé la captivité à Wilhelmshöhe et l'exil à Chislehurst.

L'Empereur aimait à recevoir souvent les gens qui lui étaient sympathiques, et sous les ombrages de Camden Place on rencontrait à chaque instant, réunis dans ce pieux pèlerinage, les sommités de la société française, anglaise et américaine ; c'était dans ces allées pittoresques du parc attenant au château qu'il recevait ses intimes lorsque la saison le permettait, et dans ces promenades comme dans les réceptions habituelles, les visiteurs subissaient le charme d'une conversation où se mêlait à la justesse d'idées, à l'élévation de l'esprit, une courtoisie, une affabilité simple et touchante.

Il serait trop long d'analyser ici les différents sujets abordés dans ces entrevues avec des personnages politiques divers ; cependant j'en citerai un qui a un certain caractère d'actualité, car il a trait à un acte politique qui est appelé peut-être à révolutionner le système actuel et dont la grande pensée émane directement de l'Empereur Napoléon III, fait inconnu probablement.

Il s'agit du « Congrès des arbitrations, » système inauguré par l'Angleterre et l'Amérique au sujet des questions de l'*Alabama* et des Pêcheries de Terre-Neuve.

Vers le milieu de novembre, je fus appelé à amener auprès de l'Empereur M. Thornton Hunt, écrivain politique attaché à un des grands organes de la presse anglaise, et je ne puis mieux établir la véracité de ce que j'avance qu'en publiant une analyse de la lettre qui m'a été adressée par ce personnage.

« Au mois de mars 1865, m'écrivait M. Thornton Hunt, j'eus l'honneur d'être reçu aux Tuileries par Sa Majesté l'Empereur. En me trouvant en son auguste présence, je fus frappé par la dignité calme avec laquelle il m'accueillit et qui se changea bientôt en affabilité à mesure que la conversation s'engageait.

« Assis près de Napoléon III et juste en face, j'écoutais avec attention et je répondais avec empressement aux demandes qui m'étaient faites. Les sujets abordés furent nombreux, mais sur chacun d'eux je remarquai l'idée bien arrêtée chez Sa Majesté de rester en parfait accord avec l'Angleterre.

« Nous abordâmes bientôt le sujet le plus important : la question du *Congrès périodique des puissances*, système que l'Empereur avait proposé le premier dans sa lettre à la reine d'Angleterre, en date du 4 novembre 1863; dans cette lettre, il donnait l'idée de créer un « conseil international » qui aurait pour mission de surveiller les affaires d'Europe, de suivre et d'étudier les diverses phases que subiraient les relations d'État à État et de donner aux traités leur vraie interprétation.

« Quelques jours plus tard, ce projet était signalé à M. Drouin de Lhuys comme ayant été conseillé par lord Clarendon à une des séances du Congrès de Paris, lorsqu'il fut question de faire intervenir un État ami, au cas où quelque différend surviendrait entre la Porte-Ottomane et les puissances signataires du traité.

« Cette heureuse innovation était susceptible d'une application plus générale, et l'Empereur fit remarquer qu'un Congrès international produirait le meilleur effet dans l'état actuel de l'Europe; en signalant la guerre d'Amérique, il montra les difficultés inévitables qui s'étaient élevées sur la question des droits des neutres, qui sous bien des rapports étaient bien moins établis que ceux des belligérants.

« Un Conseil international, ajouta-t-il, pourrait se réunir à certaines époques fixes, tous les dix ans par exemple, et les résultats obtenus dans ces assemblées seraient importants et favorables à toutes les puissances du monde, car ils peuvent se formuler comme suit :

« 1° Délibérations du Congrès, éclaircissant les questions, ajustant les différends, par cette raison même qu'il imposerait aux parties en litige le poids de l'opinion internationale, et trancherait ainsi les disputes pour des années.

« 2° En admettant même que la querelle vînt à se renouveler au bout de quatre ou cinq ans, ou qu'il survînt un nouveau problème à résoudre, les peuples diraient : Le Congrès doit se réunir à telle époque ; patientons un peu, et la question sera portée devant lui.

« 3° Les minutes de ce Conseil international serviraient de bases à un code de lois internationales; innovation importante, car, à proprement parler, il n'existe pas de lois internationales, et on n'a aujourd'hui pour se guider que les ouvrages de savants jurisconsultes, les statuts des nations diverses et la théorie.

« 4° A ces résultats anticipés du Conseil international avec sa session périodique viendrait encore se joindre ce fait important : le Congrès ne tarderait pas à fonder un Parlement international, qui servirait non-seulement à sanctionner les lois nouvelles, mais à amender les anciennes, celles que le progrès toujours croissant de notre époque mettra hors d'usage.

« Après avoir parlé ainsi, l'Empereur entra dans des détails secondaires quant à l'exécution, et prit congé de moi avec une affabilité extrême.

« De retour en Angleterre, je reconnus que nos compatriotes n'avaient pas compris la nature de la proposition faite par l'Empereur ; lord Palmerston lui-même, que j'eus l'occasion de voir à ce sujet, émit l'avis que ce principe lui paraissait inapplicable, et que, du reste, il entrevoyait trop de difficultés, trop de risques, pour s'y arrêter.

« Plusieurs hommes d'État partagèrent à cette époque les idées de lord Palmerston, mais ils m'ont avoué depuis qu'ils n'avaient pas au premier abord compris la nature et l'importance de la question, et aujourd'hui la majorité de l'opinion admet les effets probables de ce principe au point de vue des intérêts nationaux.

« Considérant que l'institution proposée par Napoléon III devait produire de grands résultats dans l'intérêt des peuples, et voyant combien le projet était encore imparfaitement compris, excepté par un nombre restreint d'hommes publics, j'avais pendant longtemps vivement désiré revoir celui qui avait conçu cette grande idée ; je voulais le prier de la développer plus explicitement encore, et ce fut pour cela que, grâce à votre bonne intervention, je fus appelé à revoir l'Empereur à Chislehurst. Vous vous le rappelez, mon projet était de demander à Sa Majesté s'il ne voudrait pas écrire un ouvrage sur cet important sujet et lui donner une forme complète ; vous savez avec quelle bonté, avec quelle bienveillance je fus reçu. Je fus vivement frappé des changements qui s'étaient opérés chez l'Empereur ; il avait l'air plus grave et plus réservé, mais il m'écouta avec attention, paraissant peser chacune de mes paroles et suivant les détails à mesure que je parlais, et à la fin de cette conversation, je conclus que l'Empereur m'avait écouté et qu'il écrirait un livre s'il le pouvait, quoiqu'il semblât douter que cela lui fût possible. A ce moment-là je pensais que son hésitation avait pour cause la situation des affaires en France et les diverses questions dont il était obligé de s'occuper, mais la catastrophe survenue depuis m'a révélé une interprétation bien plus triste, bien plus réelle des paroles de Sa Majesté.

« Toutefois, ainsi que je l'ai souvent répété, le jour viendra où le monde se réjouira de l'inauguration de cette institution qui manque encore à la civilisation, le « Conseil international, » et même à cette époque, si la mémoire existe encore chez les hommes, l'humanité reconnaîtra que l'exilé de Chislehurst, Napoléon III, fut le fondateur de cette cour de législation et d'appel juridique des peuples. »

L'éminent journaliste ne s'était pas trompé. L'Empereur avait l'intention de développer, dans un ouvrage dont il m'avait chargé de préparer les matériaux, ce système admirable qui sera sans nul doute adopté lorsque les gouvernements seront plus sages et lorsqu'ils mettront l'intérêt de leurs peuples au-dessus de leurs personnalités. L'entrevue dont parle M. Thornton Hunt eut lieu au mois de novembre dernier, et nous étions loin de nous douter que la carrière de l'illustre homme d'État dût avoir une fin aussi prochaine.

Camden Place,
Chislehurst.

Toile mollet, que semblable
à celui employée dans les
camps de Bury, de 4 pieds
courir sur le pied de [?]

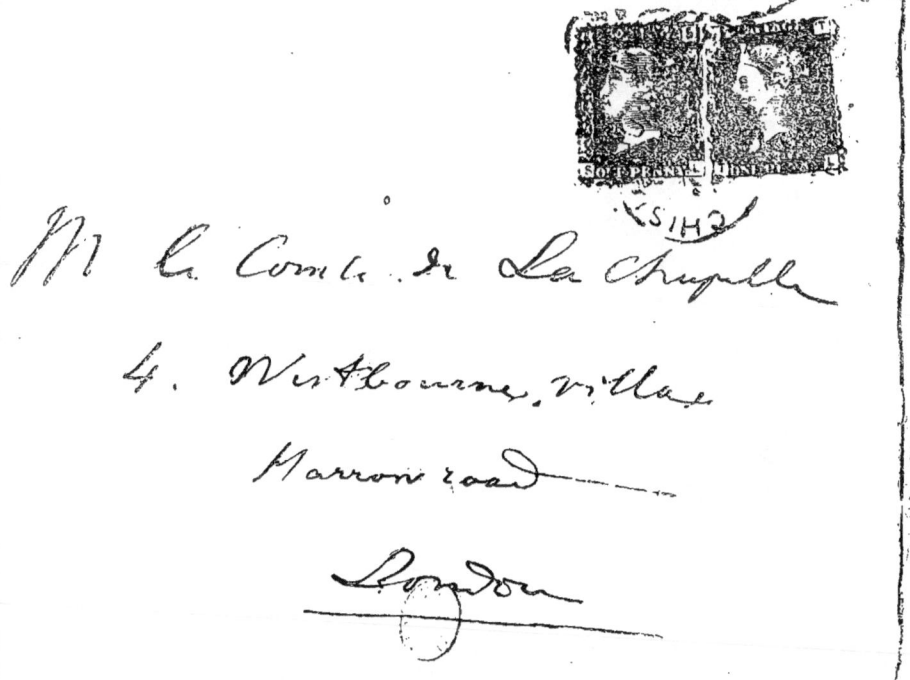

Mr le Comte de La Chapelle
4. Westbourne, villas
Harrow road
London

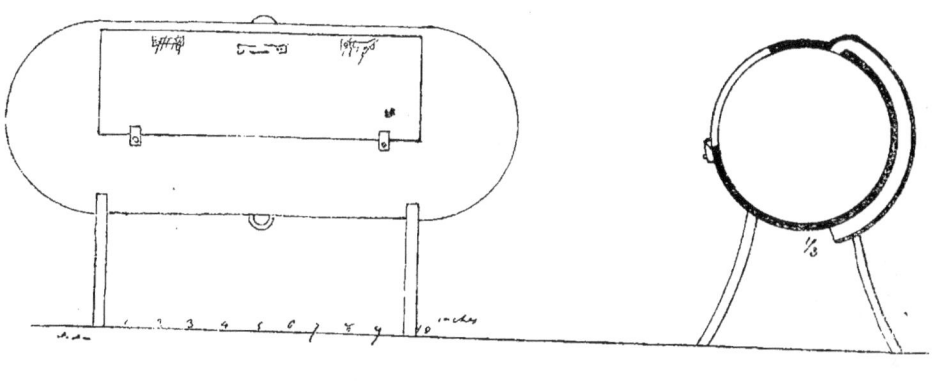

cylindre en fonte s'adoptant
sur les tuyaux des cheminées
ordinaires. Ce cylindre est
muni d'un tube recourbé
pour laisser un passage aux
gaz qui se développent du
charbon contenu dans le cylindre
Le cylindre a une porte qui
permette d'y refroidir et de
retirer le charbon.

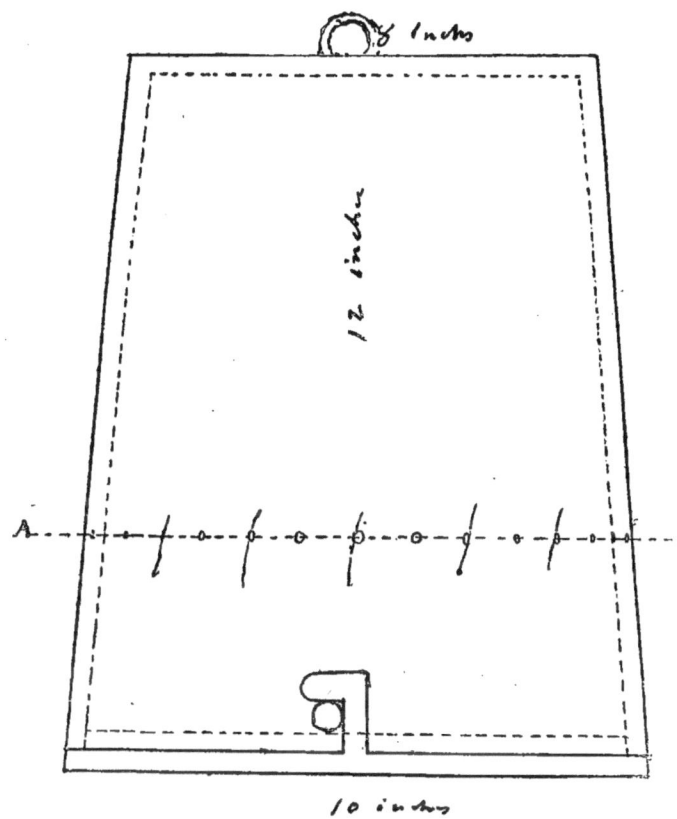

sur AB

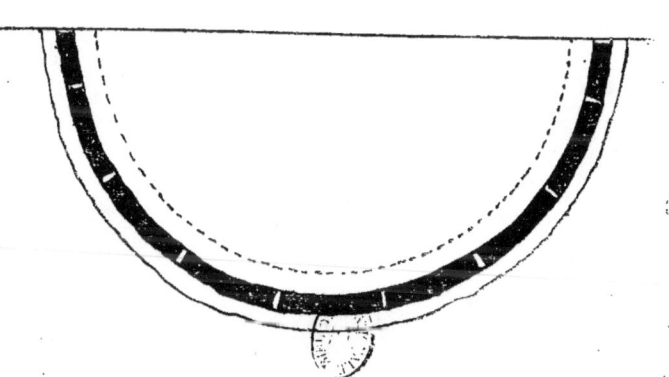

TRAVAUX SCIENTIFIQUES. — LES DERNIERS JOURS

LE PRINCE LOUIS-NAPOLÉON

Après avoir passé une partie de l'été à l'île de Wight, où il avait occupé ses loisirs à écrire un ouvrage sur l'artillerie, l'Empereur était rentré à Chislehurst. Sa santé paraissait s'être améliorée, et il avait repris le cours de ses travaux, de ses expériences scientifiques.

L'hiver approchait, et Napoléon III, qui s'occupait sans cesse du bien-être de la classe ouvrière, m'avait signalé avec sollicitude la cherté toujours croissante du combustible, et les privations auxquelles seraient exposées les pauvres gens pendant les grands froids.

« J'ai pensé, me dit-il un jour, à un appareil de chauffage qui, tout en augmentant considérablement le degré de chaleur dans un appartement, réduirait de plus de moitié les frais de consommation. Voici le dessin de la machine; faites-la construire, et nous ferons les expériences. »

Cet appareil, inventé par l'Empereur, se compose d'un cylindre en fonte s'adaptant sur les foyers des cheminées ordinaires; ce cylindre est muni d'un tube recourbé, pour laisser un passage aux gaz qui se développent du charbon contenu dans le cylindre; l'action du gaz et la concentration de la chaleur du feu d'un foyer ordinaire devaient produire le résultat attendu.

Je confiai le modèle dessiné par l'Empereur à un ingénieur anglais. Je lui transmis quelques explications et l'homme pratique fut étonné de la conception et des résultats qu'elle était appelée à produire.

L'appareil fut construit, les expériences furent couronnées de succès, et une deuxième machine perfectionnée fut dessinée par l'Empereur et fondue en peu de jours ; enfin un troisième appareil, plus parfait encore que les deux autres, étaient en voie de construction au moment même de la mort de l'Empereur.

On accusait Napoléon III de conspirer : il aurait certainement pu le faire avec la plus grande chance de réussite ; les millions lui étaient offerts, l'influence des hommes les plus puissants de l'Europe ne lui aurait pas fait défaut ; mais le monarque, resté souverain légitime du peuple français, ne voulait pas user d'un coup de politique pour remonter sur le trône ; il ne voulait rentrer que par la grande porte, par l'appel à la nation.

« Vous me dites qu'il est temps que j'arrive, écrivait-il à M. le juge Bernier, mais je ne puis arriver que par la grande porte du suffrage universel, et il est peu probable qu'on l'invoque.

« Je déplore de voir dans le gouvernement si peu d'énergie et d'esprit de suite ; espérons néanmoins dans un meilleur avenir. »

L'Empereur travaillait sans cesse à résoudre les questions de haute politique qui préoccupaient l'Europe, et dans ses heures de loisir il s'occupait de science, et sa philanthropie naturelle dirigeait le plus souvent ses travaux vers des projets dont le but était le bien-être de son pays. C'est ainsi que Napoléon III conspirait en exil.

Il ne m'appartient pas de dévoiler les pensées que l'Empereur voulut bien me communiquer sur les hommes, sur les choses ; ses appréciations sur les personnages éminents qui jouèrent un grand rôle — quelquefois le premier — pendant cette longue période qui commença à l'élévation à la présidence par six millions de suffrages, pour finir à Camden Place, sur la terre d'exil.

Il les connaissait tous, il rendait justice à leurs hautes qualités, mais il ne se faisait pas d'illusion sur leurs défauts, sur le côté faible de telle ou telle personnalité ; très sensible à toute défection, il restait muet à chaque nouveau coup qui lui était porté, mais on pouvait remarquer la tristesse profonde, la douleur intérieure qui le dominaient ; puis, se réveillant comme au sortir d'un mauvais rêve, il se plaisait à énumérer la longue liste de ses fidèles, et à admirer leur attitude, leurs efforts devant la persécution qui les entourait.

Il parlait souvent de son fils, il s'en occupait sans cesse, il dirigeait lui-même les hautes facultés qui distinguent le Prince ; et, dans bien des occasions, il aimait à entendre répéter les observations que le Prince avait faites sur tel ou tel sujet.

Pendant plusieurs semaines, j'avais eu l'honneur de faire le voyage de Chislehurst à Londres avec le Prince impérial, qui se rendait, en compagnie de M. Filon, son précepteur, et du fils du docteur Conneau, son compagnon d'études, au King's College, dont il suivait les cours ; j'avais eu la bonne fortune de causer librement avec le Prince et d'admirer la justesse de son esprit, la haute intelligence avec laquelle il appréciait les faits, la logique de ses raisonnements.

Le lendemain, je faisais part à l'Empereur de ce qui m'avait frappé, des admirables réflexions que j'avais recueillies, et la figure du père s'éclairait d'une joie touchante ; un sourire ineffable restait empreint sur sa physionomie.

Aujourd'hui, le prince Louis-Napoléon est tout à fait un homme ; sa taille svelte, élancée, sa tête haute, intelligente, sa démarche hardie, dégagée, en font au physique un élégant cavalier, tandis qu'au moral il ne laisse rien à désirer.

Il a le caractère, l'énergie, la volonté ferme dont l'Empereur était doué ; comme son père, il sait se faire aimer de ceux qui l'approchent ; comme lui, il a la foi, la croyance en tout ce qui est grand et juste.

Les malheurs, les épreuves de l'exil ont puissamment contribué à développer dans le Prince une maturité précoce ; l'étude, la méditation dans l'adversité lui ont fait acquérir un esprit d'analyse et de réflexion bien au-dessus de son âge.

Quel que soit le sort que l'avenir réserve au Prince impérial, il ne faillira pas, car il a en lui le germe des brillantes qualités qui appellent à de hautes destinées ; son amour ardent pour la patrie, pour le peuple, ses idées libérales, son esprit vif et impartial, sa générosité, son éducation pratique, en font vraiment un digne chef du principe qu'il représente par sa naissance, celui de la « monarchie moderne » basée sur le suffrage universel, monarchie héréditaire tant que le peuple n'en a pas décidé autrement.

L'Empereur était fier de son fils, et il était heureux chaque fois qu'il acquérait de nouvelles preuves des nombreuses qualités qui distinguent le Prince ; sa présence auprès de lui était certainement le baume le plus efficace aux cruelles blessures dont il souffrait, et sa plus grande consolation était de voir revivre en son fils, en son héritier, les idées, les grandes pensées qui avaient le plus influencé sa vie.

Les jours s'écoulaient et les courriers de France apportaient des nouvelles dont la gravité donnait beaucoup à réfléchir. Les scènes orageuses de la Chambre à la rentrée des députés semblaient préoccuper vivement l'Empereur ; il voyait avec douleur les progrès de la démagogie et la désunion du parti conservateur ; son thème le plus cher était la conciliation, et il suppliait ses amis de ne penser qu'à une seule chose : à la libération du territoire, aux intérêts généraux du pays.

Un moment il avait paru espérer que le régime constitutionnel dont on avait adopté les bases parerait aux difficultés de la crise ; aussi envisageait-il la démission de M. Thiers comme un malheur dans les circonstances où se trouvait la France.

« En effet, disait-il, pendant qu'un changement de ministère aurait des chances d'arranger les affaires, la démission de M. Thiers amènerait la confusion dans l'Assemblée, et alors que deviendrait la France? Selon toutes les probabilités, la proie du parti radical.

« La droite se croit assez forte pour opposer une barrière solide aux envahissements de la démagogie ; le nom du maréchal Mac-Mahon est un symbole d'ordre ; mais n'a-t-on pas vu trop souvent, malgré l'armée et les honnêtes gens, ce que peuvent dans le désordre les révolutionnaires, et le parti qu'ils savent tirer du premier moment de stupeur? Que M. Thiers reste donc dans ses attributions de chef de l'État ; qu'il évite une collision avec l'Assemblée, et, d'accord avec elle, il peut travailler avec succès à la réorganisation de la France et préparer le pays au choix d'un gouvernement définitif par le suffrage universel. »

Quelques jours plus tard, l'Empereur était vivement préoccupé des complications survenues par le vote de la majorité de la Chambre contre M. Thiers ; il blâmait les tendances du président à s'appuyer sur le radicalisme, et il voyait l'avenir plein d'orages menaçants.

Ce fut au milieu de ces préoccupations, de ces péripéties journalières amenées par l'état provisoire où se trouve la France que l'Empereur comprit plus que jamais la tâche qui lui restait encore à remplir ; il n'ignorait pas que la majorité des Français désirait sincèrement son retour, pendant que l'Europe entière, qui n'avait cessé de le traiter comme le seul souverain légitime de la France, avait les yeux tournés sur lui.

Il savait que le parti conservateur, les hommes d'ordre, concentraient en lui toutes leurs espérances, que la réaction en sa faveur faisait des progrès, et que le jour arriverait où il serait appelé à reprendre ses droits. Le désirait-il personnellement ? Je ne pense pas ; mais Napoléon III n'avait pas oublié ce qu'il devait à son pays, et il était prêt à remplir la mission que la Providence pouvait lui destiner encore.

La maladie faisait des progrès rapides, les souffrances étaient devenues intolérables, et, en présence des devoirs que l'avenir pouvait lui imposer, l'Empereur n'hésita plus à subir une opération qu'il appréhendait et qu'il avait, hélas ! trop longtemps retardée.

SURSUM CORDA !

Le 24 décembre, Sir Henry Thompson, Sir William Gull, Sir James Paget eurent une longue consultation avec les médecins ordinaires de l'Empereur, et il fut décidé à l'unanimité que le traitement de la lithotritie était devenu indispensable. L'Empereur y consentit, et la date de la première opération fut fixée au 2 janvier 1873.

Elle eut lieu, en effet, ce jour-là, à trois heures et demie. A l'aide du chloroforme, le broiement de la pierre fut commencé, et les premiers résultats furent aussi heureux qu'on pouvait le désirer.

Le lendemain, le malade n'avait pas de fièvre, il put même dîner, et la joie était répandue sur la physionomie de ses fidèles serviteurs. Tout paraissait pour le mieux, le plus grand danger semblait être passé.

Le 6 janvier, vers les 10 heures, on se préparait à faire une seconde opération, mais un léger incident la fit retarder de quelques heures. J'étais ce jour-là à Camden Place, et pendant que les médecins étaient auprès de l'Empereur, que l'Impératrice attendait avec angoisse les résultats, que les officiers de la maison vaquaient à leurs diverses occupations, je me trouvais seul dans un des salons et une tristesse profonde s'empara de moi.

Il y a des gens qui ne croient pas à cette voix mystérieuse des pressentiments qui semble venir d'en-haut pour nous avertir au moment du péril, soit qu'il s'agisse de nous-mêmes ou de ceux qui nous sont chers. Pour moi le scepticisme à cet égard a dès longtemps disparu. De vagues indices m'indiquent presque toujours le danger ou le malheur qui approche.

Ce fut donc avec une terreur secrète que je sentis mon esprit s'égarer dans des appréhensions que j'essayais vainement de combattre ; il me semblait que j'assistais à l'agonie de l'Empereur, que sa physionomie calme et sereine exprimait le regret de quitter la vie avant d'avoir rempli sa mission, qu'il appelait son fils, puis... qu'il rendait le dernier soupir !

Sous le poids de cette hallucination, je tombai anéanti dans un fauteuil, et je ne fus rappelé à moi-même qu'en entendant la voix du comte Clary, qui venait me charger d'une mission.

Je partis pour Londres, mais l'image bien-aimée de l'Empereur ne pouvait s'effacer de ma mémoire et la certitude d'un malheur prochain me poursuivait sans cesse.

Les journées du mardi, du mercredi, se passèrent sans incidents nouveaux ; cependant l'état de l'Empereur était plus grave et les médecins le veillaient à tour de rôle, sans toutefois appréhender un danger immédiat.

La nuit du mercredi au jeudi avait été bonne, et Sir Henry Thompson, Sir Willam Gull, le baron Corvisart et le docteur Conneau devaient se réunir à 11 heures pour faire une troisième opération.

A dix heures le baron Corvisart était auprès du malade ; il remarqua l'affaiblissement dans le pouls et certains symptômes qui ne pouvaient échapper à l'œil de l'éminent médecin ; aussi fit-il appeler les docteurs Conneau et Thompson, qui accoururent et comprirent en un instant que l'Empereur n'avait plus que quelques minutes à vivre, que la fin approchait.

On fut chercher l'Impératrice.

Sa Majesté se précipita dans la chambre de l'auguste malade, au moment où le pouls s'affaiblissait encore; déjà il ne battait presque plus ; elle s'approcha encore de celui qui l'avait tant aimée, prononça quelques paroles en lui donnant un baiser; l'Empereur ouvrit les yeux, un sourire ineffable se réfléchit un instant sur sa physionomie, ses lèvres murmurèrent quelques mots : c'était sans doute l'adieu suprême. Napoléon III venait de s'éteindre doucement. Il était dix heures trois quarts.

L'abbé Goddard avait administré les derniers sacrements, et, par un mouvement spontané, les témoins de cette scène déchirante se précipitèrent à genoux, pendant que la grande âme de celui qui fut Napoléon III se détachait de sa dépouille mortelle.

Un cri suprême de douleur se fit entendre. L'Impératrice, à bout de forces, ne pouvant plus contenir son désespoir, tomba évanouie, puis, la force morale prenant le dessus sur la nature, Sa Majesté revint à elle, se prosterna de nouveau, arrosant de ses larmes les restes bien-aimés de celui que la mort venait de lui enlever d'une manière aussi inattendue.

A la nouvelle du danger, le comte Clary était allé à Woolwich chercher le Prince impérial ; mais deux heures s'étaient écoulées, et le Prince n'arriva qu'après la mort de son père. Reçu à la porte du vestibule de Campden Place par le comte Daviller, il ignorait encore le malheur qui venait de le frapper. Le comte lui annonça que l'Empereur était à toute extrémité. Douloureusement frappé, il se précipita dans les couloirs, tomba, se releva, et courut aux appartements de son père, en disant à ceux qui le suivaient : « Mais, enfin, s'il est arrivé un malheur, pourquoi ne pas me le dire ? j'ai le courage de tout supporter. » Et sur ces paroles, il arriva sur le seuil de la chambre mortuaire. Là il rencontra l'Impératrice. La mère se jeta dans les bras de son fils en disant : « Je n'ai plus que toi, Louis ! » Le Prince venait d'être frappé au cœur par la réalité. Il se précipita dans la chambre, se jeta au pied du lit, récita à voix haute et sans verser une larme une courte et touchante prière, puis il embrassa l'Empereur. Son calme, sa douleur contenue étaient effrayants ; mais c'en était trop. On l'entraîna loin de ce spectacle douloureux. Il fondit en larmes en entendant le récit des derniers moments de son illustre père.

J'étais arrivé à Camden Place deux heures après la mort de l'Empereur. Tout le monde était dans la désolation ; le comte Daviller sanglotait en essayant de parler, le secrétaire intime Piétri était en pleurs, le comte Clary était péniblement affecté, le docteur Conneau ne pouvait retenir ses larmes, qui coulaient malgré ses efforts.

Le duc de Bassano cherchait à retrouver son calme pour répondre à lord Sydney, grand chambellan de la Reine, qui venait se mettre à la disposition de l'Impératrice. J'aperçus le Prince ; il faisait mal à voir, tant sa douleur était profonde. Il courut à moi, me prit les mains : « Merci, me dit-il, d'être venu ; vous comprenez ma souffrance, vous qui avez été si malheureux. On aime à voir ses amis auprès de soi dans de si cruels moments ; » et de nouvelles larmes lui coupèrent la parole. Je ne pus répondre ; mon chagrin était inexprimable. J'étais cruellement atterré par la mort de l'Empereur, et je mesurais déjà toute l'étendue de la catastrophe qui venait de frapper la France et le jeune et sympathique héritier de cette grande dynastie.

Un peu plus tard, j'étais admis dans la chambre mortuaire. Il semblait que l'Empereur fût paisiblement endormi ; ses traits n'avaient pas encore pris la rigidité de la mort. J'élevai mon âme vers Dieu, et après, une courte prière je déposai un long et respectueux baiser sur le front de celui qui, en exil, m'avait honoré de son amitié, et dont la mémoire ne s'effacera jamais de mon souvenir. Ce fut mon dernier adieu.

Pendant que les fils télégraphiques annonçaient au monde la mort de Napoléon III, on assista en Angleterre à un spectacle saisissant : à Londres, les magasins se fermaient, les comptoirs étaient abandonnés, on s'accostait dans les rues sans se connaître pour échanger quelques mots de regrets sur la perte que l'Europe venait de faire.

Partout la désolation, le deuil public, les signes d'une grande calamité; alors, les plus sceptiques s'arrêtaient, et on entendait répéter cette phrase sacramentelle : « Napoléon III était vraiment le plus grand, le plus illustre souverain de son temps. »

La presse étrangère, oubliant les questions d'actualité, les controverses politiques, ne s'occupa pendant quelques jours que de ce gros événement, et ceux même parmi les écrivains qui avaient le plus attaqué la politique de l'Empereur furent les premiers à rendre justice à sa mémoire. Nous citerons entre mille ces phrases textuelles du *Times,* de ce journal qui combattit Napoléon III à outrance, en exil comme sur le trône.

« Ce n'est pas parce que l'homme n'est plus, » dit le *Times,* « ce n'est pas parce qu'il est descendu dans la tombe après avoir été la victime de grandes calamités que nous venons rendre hommage à ses grandes vertus, à ses hautes qualités; mais c'est parce que c'est la vérité, et que la vérité doit être accentuée.

« Napoléon III était sincère dans ses affections, loyal envers ses amis, toujours franc et vrai avec ceux qui l'entouraient, le connaissaient; son courage était calme et raisonné. En un mot, il avait toutes ces qualités qui assurent à ceux qui en sont doués le dévouement, la haute estime, l'admiration.

« Il avait un amour réel pour son pays, même au détriment de ses propres intérêts ; et tous ses projets de réforme, l'œuvre d'émancipation du commerce et de l'industrie qu'il poursuivit sans cesse, la resplendissante prospérité qu'il donna à la France resteront comme autant de preuves incontestables de son génie et de son patriotisme. »

FIN.

www.ingramcontent.com/pod-product-compliance
Lightning Source LLC
Chambersburg PA
CBHW071334150426
43191CB00007B/732